中经金课数字经济类精品课程
高校新质型人才培养规划教材

数字营销
SHUZI YINGXIAO

主　编　刘　伟　张晓艳　李建民
副主编　余永铨　董燚君　韦乐平
　　　　韦　蕾　韩韫真　宋　蕾

中国经济出版社

图书在版编目（CIP）数据

数字营销 / 刘伟，张晓艳，李建民主编. -- 北京：中国经济出版社，2025.5. -- ISBN 978-7-5136-8154-4

Ⅰ. F713.365.2

中国国家版本馆CIP数据核字第2025FJ8344号

选题策划　雷　生
责任编辑　彭　欣
责任印制　李　伟
封面设计　牧野春晖

出版发行	中国经济出版社
印刷者	宝蕾元仁浩（天津）印刷有限公司
经销者	各地新华书店
开　本	889 mm × 1194 mm　1/16
印　张	14
字　数	375 千字
版　次	2025 年 5 月第 1 版
印　次	2025 年 5 月第 1 次
定　价	59.00 元

广告经营许可证　京西工商广字第 8179 号

中国经济出版社　网址 www.economyph.con　社址 北京市东城区安定门外大街 58 号　邮编 100011
本版图书如存在印装质量问题，请与本社销售中心联系调换（联系电话：010-57512564）

版权所有　盗版必究（举报电话：010-57512600）
国家版权局反盗版举报中心（举报电话：12390）　　服务热线：010-57512564

在当今这个日新月异的数字经济时代，营销领域正经历一场深刻的变革。随着互联网技术的飞速发展，特别是大数据、人工智能等前沿技术的广泛应用，数字营销已成为企业竞争的新高地，是推动企业转型升级、实现高质量发展的重要引擎。随着市场对数字营销人才需求的不断增长，这些课程的开设范围也在持续扩大。正是在这样的时代背景下，本书应运而生，旨在为学生提供一套全面、系统、实用的数字营销知识体系。在瞬息万变的市场环境中，企业要想脱颖而出，就必须紧跟时代步伐，掌握先进的营销理念和工具。

数字营销作为数字经济时代新营销的关键方式，是"互联网+"变革的趋势及企业竞争焦点，是企业追求高增长的必由之路。本书系统阐述了数字营销的知识体系，全面介绍了数字营销的基本概念、战略策略、营销渠道、消费者开发、数据采集与分析、客户管理及组织结构与管理等内容。从数字营销的初识到深入实践，本书逐步引导学生掌握数字营销的核心知识和技能。通过丰富的案例分析和课堂讨论，学生可以了解数字营销的最新趋势和发展方向，掌握数字营销的关键技术和方法。同时，融入思政教育，以提升学生的社会责任感并塑造正确价值观，致力于培育拥有高尚职业操守的全方面人才。在编写过程中，本书注重理论与实践的结合，通过案例分析、课堂讨论、拓展阅读等多种形式，激发并提高读者的学习兴趣和思考能力。同时，本书也积极引入最新的研究成果和行业动态，确保内容的时效性和前瞻性。

本书具备以下几个鲜明的特色：

（1）知识体系全面又连贯。与同类教材相比，本书通过构建系统且逻辑清晰的知识架构，帮助读者全方位、深层次地掌握数字营销的精髓，确保知识学习的完整性与深度。

（2）案例多样且丰富。通过融入大量实际案例，本书将理论知识与实际应用紧密结合，提升读者实践操作能力，增强读者解决实际问题的能力。

（3）配有思维导图进行解析。每个章节均附有直观的思维导图，清晰呈现章节要点，帮助读者快速抓住核心内容，显著提升学习效率。

（4）配有案例分析及实战演练。通过案例分析与实践任务，学生能够深入体会理论知识在实际场景中的应用，强化学习效果。

（5）特别增设"德育天地"栏目。每章节均设有这一板块，不仅注重学生的专业知识积累，还着重培养其社会责任感与职业道德，引导学生树立积极向上的价值观，助力个人综合素养的全面提升。

本书既可作为高等职业院校市场营销、国际贸易、工商管理等相关专业数字营销课程的教材，也可作为从事市场营销、市场运营与管理相关工作人员的参考书籍，希望本书能够帮助读者更好地理解和掌握数字营销的核心知识和应用技能，为未来的职业发展或学术研究提供有力的支持。

尽管在本书的编写过程中，编者力求完善，但书中难免有疏漏之处，恳请广大读者批评指正，以便编写组对本书进行优化。

编 者

2025 年 2 月

目录 CONTENTS

第 1 章　数字营销概述　001
1.1　初识数字营销　002
1.2　数字营销的模式　010
1.3　数字营销的发展　020

第 2 章　数字营销的战略与策略　029
2.1　数字时代的 STP 战略　031
2.2　数字营销的 4P 策略　035

第 3 章　数字营销渠道　046
3.1　数字媒体运营的概念与程序　048
3.2　数字营销平台　055
3.3　数字媒体运营活动　074

第 4 章　数字时代消费者的开发　084
4.1　消费者画像的实施及应用　085
4.2　消费者心理洞察与影响消费行为的个人特征　093
4.3　消费行为分类与客户价值分析　099

第 5 章　营销数据采集与分析　111
5.1　营销数据采集　112
5.2　营销数据分析　128
5.3　数字营销效果评价　134

第 6 章　数字营销客户管理　151
6.1　数字渠道与销售管理　152

6.2 数字化客户关系管理 ································· 165

第 7 章　数字营销组织结构与管理　　181
7.1 数字营销组织 ······································· 183
7.2 数字营销组织运作流程 ························· 190
7.3 数字营销组织业务模式 ························· 193

第 8 章　数字营销问卷设计实践　　203
8.1 认识调查问卷 ······································· 205
8.2 设计调查问卷 ······································· 208

参考文献　　217

第1章 数字营销概述

知识目标

★ 掌握数字营销的基本概念与特征
★ 掌握数字营销的构成要素与模型及主要模式
★ 理解数字营销的理论框架与升级必然性
★ 理解数字营销的发展历程与发展趋势

素养目标

★ 通过分析传统营销向数字营销升级的必然性，树立学生对创新和变革的积极态度
★ 引导学生认识到数字营销在推动经济发展、提升社会效率方面的重要作用，培养学生的社会责任感

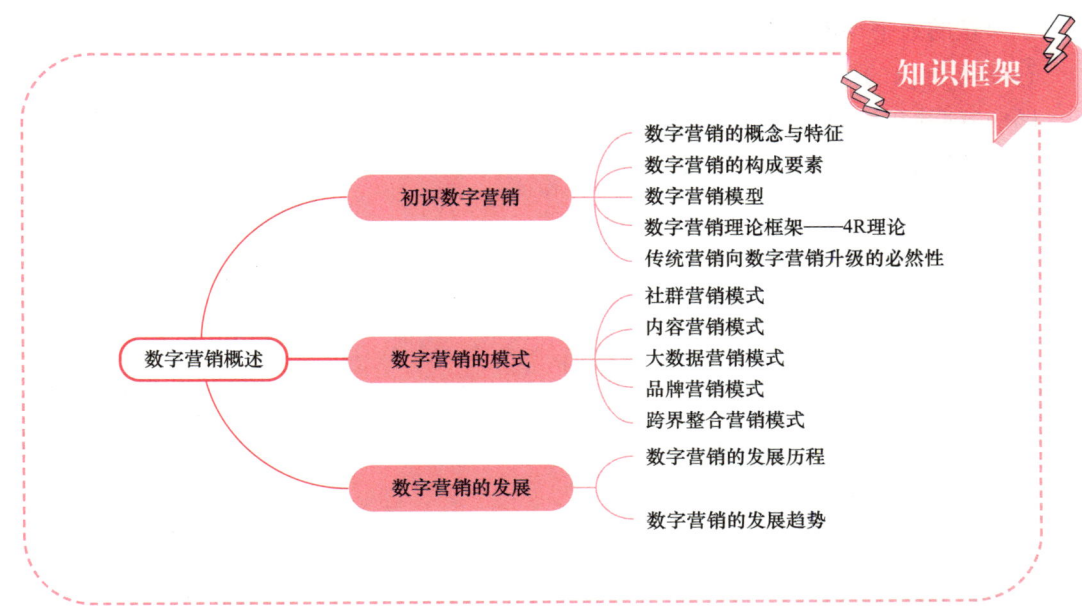

抖音话题＃美好旅行在泉州 上线　数字营销"吹爆"泉州文旅①

2024年10月17日,"2024域见美好城市——巨量引擎城市生态大会"泉州站在泉州文庙广场举办。活动中,"福建美好目的地"营销活动暨"城市奔赴计划——来南方过冬"正式启幕。抖音话题＃美好旅行在泉州 也同步上线。活动将持续一个月,通过线上线下联动,"吹爆"美好旅行目的地——泉州。

近年来,泉州文旅在全网出圈出彩,入选"中国十大旅游向往之城",游客的接待量屡创新高,国庆假期共接待旅客660多万人次,文旅消费持续增长,年旅游收入超过千亿元。

巨量引擎是抖音集团旗下综合的数字化营销服务平台。巨量引擎城市生态大会自2020年起已成功举办四届,其面向政务机构、行业专家、优质内容创作者等推出线下大会、线上话题、品牌展馆、传播覆盖等系列活动,旨在打造全面的文旅行业顶级盛事,做大、做强、做优当地文旅。

"今年以来,泉州市的抖音年度搜索用户打卡热度居全省首位。巨量引擎作为国内领先的数字营销平台,拥有强大的技术实力、广泛的用户基础和丰富的互联网平台资源。"泉州市副市长黄文捷表示,希望巨量引擎平台发挥资源优势,用数字营销驱动泉州文旅事业再上新的台阶。

据巨量引擎本地业务酒旅政务行业总经理徐嘉年介绍,在文旅融合发展的趋势下,未来,巨量引擎将发挥大数据精准分析和推送优势,打造文旅IP②,助力泉州,以及更多城市持续"出圈",让目的地营销"双向奔赴"。

当天,泉州文旅集团、巨量引擎、抖音生活服务、行业专家、文旅企业及新媒体内容创作者纷纷从各自角度分享精彩的内容。同时,大会还搭建起一个集"市集"和"歌舞表演"于一体的特色活动区,邀请游客一起感受千年古城烟火气息。本次大会不仅给我国各地文旅发展带来启发,同时也树立了一个优秀的数字营销典范。

自20世纪90年代中期以来,随着互联网的广泛应用与大众参与度的大幅提升,数字科技催生了海量的数字媒体渠道,消费者的生活方式也发生了巨大的变化,进入了由美国学者尼葛洛庞帝在1996年提出的"数字化生存"的新阶段。在这样的背景下,传统的营销模式已跟不上时代的步伐,顺应互联网时代的数字营销应运而生,快速发展,并逐渐走向成熟。通过本章的学习,我们将探索数字营销为我们带来的无限惊喜与便利。

1.1　初识数字营销

随着数字技术的持续演进,媒介组织形态不断推陈出新,催生了多样化的数字媒体。在此背景下,营销活动展现出由传统媒体向数字媒体转型、从线下迁移至线上的明显趋势。这一转变催生出

---

① 谢玉妹. 抖音话题＃美好旅行在泉州 上线 数字营销"吹爆"泉州文旅［EB/OL］.（2024-10-18）［2024-12-27］. https://qz.fjsen.com/2024-10/18/content_31759216.htm.

② IP（Intellectual Property）指的是拥有巨大市场价值和广泛受众基础的知识产权。它不仅是简单的版权,更是一种能够跨平台、跨领域运作,并持续创造经济效益和文化影响力的超级品牌。

数字营销方式，具有精准定位、个性展现与量身定制的特征。这些特征不仅定义了新的营销范式，也标志着营销领域正迈向一个更高效、更贴合消费者需求的数字化新时代。

1.1.1 数字营销的概念与特征

1.1.1.1 数字营销的概念

数字营销又称在线营销，是指利用网络技术、数字技术和移动通信技术等手段，借助各种数字媒体平台、针对明确的目标用户，为推广产品或服务、实现营销目标而开展的精准化、个性化、定制化的实践活动。它是数字时代与用户建立联系的一种独特的营销方式。数字技术的升级推动数字经济的发展与营销方式的变革，数字营销已逐渐成为数字经济时代最重要的营销手段之一。

数字营销主要通过以下3种途径实施：

（1）借助传统大众媒体（如数字电视）推广。
（2）运用数字技术的互联网媒体营销。
（3）依托移动通信网络的手机、移动车载电视等平台营销。

当前，企业更倾向于采用后两种途径，尤其是互联网媒体，已成为数字营销的核心战场。这一转变不仅体现了数字技术的飞速发展，也反映了企业在营销策略上对高效性、互动性和个性化传播的追求。互联网媒体凭借其广泛的覆盖面、精准的用户定位及实时的数据分析能力，能够帮助企业更有效地触达目标受众，提升营销效果。同时，移动通信网络的普及使手机等移动设备成为重要的营销平台，增强了数字营销的多样化和灵活性。总体而言，数字营销的演进推动了技术驱动下营销模式的创新与变革。

1.1.1.2 数字营销的特征

数字技术的强大驱动力促使产品、价格、渠道、市场、企业及媒介组织形式全面更新迭代，催生了多种形态的数字媒体。在此背景下，媒介转型趋势明显，由传统媒体迈向数字媒体，渠道则从线下转移至线上。数字营销作为数字时代的独特营销方式，具备营销技术化、深度互动性、目标精准性、平台多样性、服务个性化与定制性、注重转化率与时效性等特点，体现了精准化、个性化、定制化的营销特征，成为市场发展的主流趋势。

1. 营销技术化

营销技术化几乎重塑了整个营销体系。云原生、大数据、人工智能及区块链等前沿技术不断进步，由行业数字营销公司推动落地，通过升级产品和服务，精准匹配广告主需求。随着人工智能（Artificial Intelligence，AI）、增强现实（Augmented Reality，AR）、虚拟现实（Virtual Reality，VR）、物联网（Internet of Things，IoT）等技术的成熟，顶尖营销企业已开始运用这些技术提升消费者体验，并降低成本。例如，实体店内部署智能设备，结合多种技术手段，实现线下流量数据化，苏宁的无人快递车等产品便是例证。

从人工智能到新零售，数字技术不仅驱动消费变革，也引领品牌营销升级。品牌营销需重构用户体验，以消费者需求为核心，建立更紧密的品牌—消费者连接，这要求企业掌握更多营销技术。

技术日益融入品牌营销各环节，数据成为核心驱动力。利用大数据可以"读懂"消费者需求，

实现精准个性化营销，提升消费者体验。数据、技术不仅关联营销效果，更渗透至客户关系管理、营销决策、投放等品牌营销全链路。跨屏营销因数据驱动而更智能、更协同，精细的人群数据处理成为企业的宝贵资产。

碎片化信息及渠道导致"数据孤岛"现象，成为企业痛点。整合多方资源，促进数据流通至关重要。企业需制定"大数据战略"，加大营销技术、数据投入，自主掌控营销，通过数据和技术打通多维场景，构建全面消费者画像，科学指导品牌决策，全渠道触达用户，实现营销智能化、个性化。

2. 深度互动性

数字技术正引领营销转型。企业需借助数字营销提升业绩，强化核心竞争力；消费者则期待智能化、精准化的信息管理。菲利普·科特勒指出，营销重心正从产品、消费者向以人为本转变，企业在数字营销时代的新挑战在于如何与消费者积极互动，让其参与品牌价值构建。这带来了两大转变：消费趋势由功能导向转为参与体验导向；营销趋势由信息告知转为参与互动。

互动性是数字营销的核心。在数字技术推动下，数字媒体普遍具备互动功能，消费者享有双向或多向信息传播渠道。这种互动不同于传统反馈，它贯穿信息传播过程，实现传播者与受众间的信息交流。

传播模式已从直线转向循环互动，创意、营销与传播一体化。消费者权利增大，能自主完成信息收集、互动参与、购买及反馈的全过程。

体验经济下，品牌信息传播体验成为吸引受众的关键。消费者素养提升，对品牌的分析比较能力增强，基本功能性诉求已无法满足其完整性感知。从传播角度看，图文设计的单向传播正逐渐转变为通过互动体验完成的传播模式。这一转变要求企业更加重视消费者的参与和体验，通过数字营销手段，构建与消费者的深度互动，提升品牌价值，满足消费者对商品价值的完整性感知。

3. 目标精准性

技术进步推动互联网时代大数据技术革新，主要体现在两个方面：一是成本降低，门槛下降，由依赖传统数据库转向使用分布式系统及内存技术，虽然数据分析流程未变，但成本大幅缩减；二是数据特性变化，从结构化数据扩展到非结构化数据，如日志、用户行为、图片声音等，这些数据能快速与结构化数据关联，通过大数据关联分析快速得出结果，发挥更大价值。这些变革均得益于技术的进步，使用大数据技术解决更多问题。

技术发展促使数字营销个性化特征显著，从"一对多"广播式传播转向基于媒介和消费者属性的精准传播。企业利用多维数据实现精准营销，形成场景化、电商化的营销闭环。精准定位消费者、优化资源投放以最大化营销效果，成为企业追求。因此，目标精准性成为数字营销新特征。国内一站式营销平台智能挖掘大数据价值，结合消费者需求与企业营销目标，实现品牌与消费者的高效触达。众多营销平台运用大数据分析技术，评估并优化渠道，实现精准营销，涵盖数字信号处理技术（Digital Signal Processing，DSP）、用户画像、程序化购买、智能推荐等。精准数字营销分为两个阶段：第一阶段通过精准推广吸引新客户；第二阶段通过精准运营转化新用户，促进交易，提升品牌忠诚度。

精准营销的核心是用户画像，而画像基于标签。这些标签，诸如"热衷健身"或"偏好修身款式"，由用户、消费、商品、行为及客服等数据提炼而成。数据管理平台通过处理这些数据，进行标签管理，包括定义、编辑等，并建立用户购买力、群体画像、购买兴趣等模型。这些模型分析得出用户的品类、品牌、促销及价格偏好等标签，用于推送相关产品或服务，实现精准营销。

精准营销的应用涵盖多个方面：

（1）个性化搜索。电商平台根据用户喜好推送不同搜索结果，如手机搜索，系统会基于用户行为推荐其可能想要的款式，类似门店促销员的角色。

（2）社交传播。如微信广告，后台分析系统根据用户兴趣推送相关广告，实现精准推送，提高广告效果。

（3）热图工具。企业内部使用的大数据分析工具，显示用户关注度高的区域和品类，助力企业决策。

（4）会员营销。基于大量数据分析，通过短信、邮件、宣传单等方式进行会员营销，提升用户黏性。

（5）智能选品。网站或应用程序（Application，App）根据用户画像智能排序展示商品，甚至实现智能定价，提升用户体验。

（6）DSP广告。需求方广告平台，根据用户浏览历史推送相关广告，实现精准营销。

（7）个性化推荐。实时根据用户画像推荐商品，电商平台的个性化推荐转化率在17%~20%，远高于行业平均转化率（3%），说明推荐准确度高、用户画像精准。这些应用均体现了精准营销的核心价值，即基于用户画像实现精准推送，提升营销效果。

近年来，大数据与人工智能技术极大推动了数字营销的发展。通过为行业定制的标签体系和大数据算法，智能匹配系统能结合营销端与客户端的用户画像，运用人工智能推荐算法，构建包含用户心理、品牌、产品及媒体渠道特征的创新IP标签库。该标签库动态交叉匹配，助力制定最合理的资源分配与传播策略，充分发挥数字营销的优势。

4. 平台多样性

消费需求升级后，消费者更看重情感化满足与个性化匹配。为吸引"90后""00后"消费主力，企业可借助大数据与数字技术的力量，运用新媒体平台、创新传播策略以及多元化的内容营销手段，全方位、深层次地抓住年轻消费群体。数字营销渠道多样，包括网站、App、社交媒体及新兴的移动直播、短视频平台。移动互联网使媒体社交化，每个移动终端都是传播渠道，微信、微博、今日头条、抖音等应用成为消费信息交流的平台。媒介融合下，数字化信息表达多样，话语权下放使人们进入"人人都是自媒体"时代。这要求企业关注各营销主体和接触点，构建全方位营销传播平台，解决多平台管理整合及数据分析利用等问题，打造品牌独特的信息传播生态系统。

5. 服务个性化与定制性

在用户层面，知识付费、移动电商及线下的商务机会与互联网结合（Online To Offline，O2O）的兴起显著提升了用户的消费认知和自主意识，使消费偏好更加多元化、个性化，品牌与消费者的关系趋向交互共建。

数字营销时代，产品创新虽能提升竞争力，但不足以支撑品牌的全面发展。企业和品牌需从生产模式到终端平台全方位创新营销方式，洞察市场和消费者，驱动品牌长远发展。

服务个性化与定制性是数字营销的重要特征，源于现代数字技术的发展。随着市场环境的变化，个性化消费、品牌体验式消费成为消费升级趋势，要求企业与消费者深入沟通，打造"千人千面"的营销服务体验。这需要基于大数据分析精准定位消费者，制定适合的最佳营销方式。

数字时代，用户既是信息接收者也是信息传播载体。以服务换数据的互联网产品设计思路，结合来自朋友和KOL（关键意见领袖）的口碑传播，为品牌构建全维度用户画像提供了社交数据，使个性化服务成为可能，购物社交化趋势也日益明显。

6. 注重转化率与时效性

面对业绩和营收压力，宝洁、联合利华等传统广告主削减外部代理商数量，优化广告预算。可口可乐等知名企业的营销战略布局也发生了显著变化，营销负责人角色从首席营销官（CMO）向首席增长官（CGO）转变，这一转变标志着市场营销工作的核心目标从单纯的成本支出控制，逐步转向更加注重销售转化效果与业绩的实质性增长。在此背景下，"增长黑客"这一以创新驱动增长的理念迅速在行业内走红，成为众多企业竞相追捧的新宠。

近年来，广告主和营销公司越发追求短期成效，"品效合一"概念升温，旨在协同品牌长期价值与广告效果转化。2018年，宝洁调整与代理公司合作模式，追求本地化、时效性、高质量、低成本的广告。阿里妈妈2017年提出品效协同概念，吸引广告主。

这种市场变化源于大数据等技术的发展，消除了广告主与营销公司间的信息不对称，营销方法可行性和广告投放效果可迅速验证。微博、微信、直播、短视频等新型移动社交互动平台兴起，传播效果以阅读数、转发量、点赞数等数字直观呈现，广告主和营销公司对广告投放效果的追求变得更加直接而迫切。

1.1.2 数字营销的构成要素

数字营销的构成要素主要包括以下4点：

1. 目标受众

数字营销的首要步骤是明确营销活动的目标受众，涵盖其年龄、性别、地域及兴趣等特征。目标受众不仅涉及终端用户，还包含企业的营销代表、客服经理等内部人员。他们各自拥有不同的需求和关注焦点。确保良好消费体验的关键在于实现个性化理解，而这离不开用户画像的构建。在营销领域，用户画像对品牌建设至关重要，它有助于精准把握受众特征，满足其个性化需求。

2. 营销渠道

数字营销的营销渠道是连接企业与用户的交互场景及活动展现方式，涵盖网站、小程序、App等多种形式，每种场景均构成一个独特的营销渠道。这些渠道各具特色，企业需以用户为核心，提供符合其需求的多样化场景，实施全渠道营销策略。从营销人员视角出发，全渠道营销有助于提升数字化营销效率。相较于单渠道，采用3个及以上渠道的多渠道营销模式，在广告活动中能显著提高用户购买意愿与参与度。因此，企业应精心选择社交媒体、搜索引擎、电子邮件及短信等数字化媒体渠道，以实现信息的有效传播。

3. 营销内容

数字营销中的"品"即营销内容，涵盖有形产品、无形服务、品牌与用户间及用户与用户间的互动，以及相关资讯。需依据目标受众的需求与兴趣，创作富有吸引力的内容，如精心设计的广告文案、图像及视频等，以激发受众兴趣，促进品牌传播与互动。

4. 数据分析

数字营销中的数据分析聚焦于企业与用户互动的记录与成果，如意向单、销售线索、订单、服务请求及用户评价等，反映了营销活动中商业价值的流转、转化与实现。企业追求用户满意与业务增长的目标，离不开数据分析的支撑。通过运用数据分析工具，实时监测并深入剖析营销活动的效果，企业能够迅速洞察市场变化，灵活调整营销策略，以确保营销目标的实现与持续优化。

1.1.3 数字营销模型

数字营销常用的模型有以下 4 种：

1．AIPL 模型

AIPL 模型包含 4 个要素，分别是认知（Awareness）、兴趣（Interest）、购买（Purchase）和忠诚（Lovalty），见表 1-1。

表 1-1　AIPL 模型

模型要素	行为体现
认知	曝光、点击、浏览
兴趣	关注、互动、搜索
购买	支付下单
忠诚	正向评论、分享、转发、重复购买

从竖向结构看，此模型为典型的漏斗模型，每一步骤均设有成交转化率，且转化率越高，模型越理想。该模型为企业提供了用户资产链路化分析的新视角。一旦某品牌发现其他品牌在用户从兴趣到购买的转化率上远超自己，就需立即审视自身，探究是定价策略有误还是促销手段欠妥，并迅速采取调整措施。通过这样的对比分析，企业能及时发现并解决存在的问题，提升转化率。

2．FAST 模型

FAST 模型是在 AIPL 模型基础上构建的，其涵盖 4 大要素：可运营人群（Fertility）、人群转化率（Advancing）、高价值人群总量（Superiority）及高价值人群活跃率（Thriving）。其中，数量指标包括可运营人群（全网消费人群总量）与高价值人群总量（会员总量），质量指标则涉及人群转化率（特指 AIPL 转化率）与高价值人群活跃率（会员活跃率）。

会员与粉丝对品牌至关重要，能在品牌开展大促时释放巨大能量。企业可通过线上线下联动或新零售场景扩大会员规模，为会员运营奠定基础。同时，大促也是提升会员活跃度、激活其潜在价值的关键时机，有助于品牌实现销量目标。此外，企业还应实施会员分级分层运营，优化激活策略，结合公域与私域流量，共同推动会员运营效能提升，确保 FAST 模型各要素的有效提升，为品牌的长远发展注入强劲动力。

3．5A 模型

5A 模型依据"现代营销之父"菲利普·科特勒的"5A 客户行动路径"构建，包括了解（Aware）、吸引（Appeal）、问询（Ask）、行动（Act）和拥护（Advocate）5 大要素，分别对应内容能见度、内容吸引度、内容引流力、内容获客力和内容转粉力 5 个数据维度，如图 1-1 所示。与 AIPL 模型相似，5A 模型将"兴趣"细分为"吸引"与"问询"两个阶段。

该模型赋能品牌实现全链路、分场景的营销效果追踪，助力品牌精准定位营销过程中的弱项与短板。通过 5A 模型，品牌能更有效地识别营销活动的成效，并据此进行针对性的策略提升与优化，从而推动营销效果的全面提升。

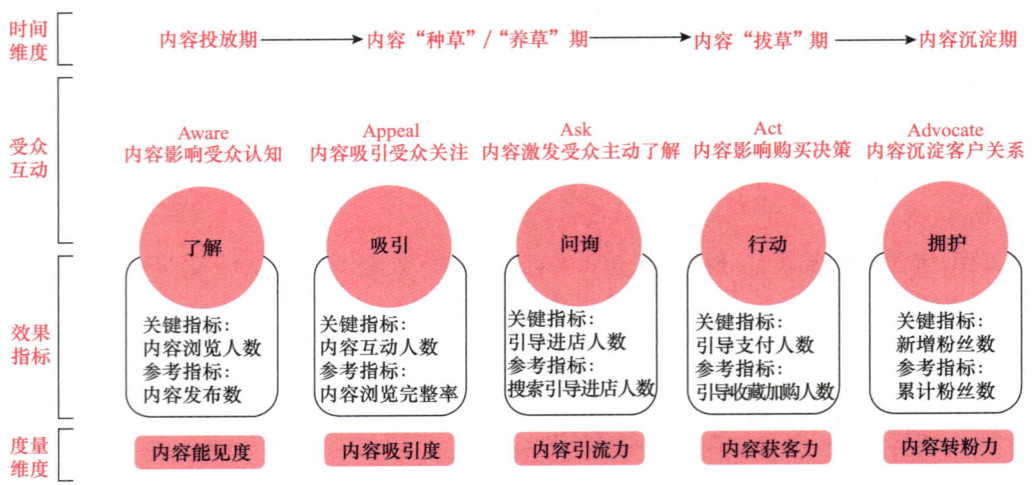

图 1-1 5A 模型

4．GROW 模型

GROW 模型专为快消品设计，这类产品用户接受度高，购买后短期内即消耗完，且易重复购买，如母婴、食品、个护及家用清洁品等。GROW 模型包含渗透力（Gain）、复购力（Retain）、价格力（Boost）和延展力（Widen）4 大要素，见表 1-2。该模型旨在解决企业面临的品类增长方向不明、增长手段缺乏及增长效率低下等问题，为企业提供清晰的增长模式和有效的增长策略。

表 1-2 GROW 模型

模型要素	说明
渗透力	用户购买更多品类或产品对品牌总增长机会的贡献
复购力	用户更频繁或重复购买同一件产品对品牌总增长机会的贡献
价格力	用户购买价格升级产品对品牌总增长机会的贡献
延展力	品牌通过提供现有品类外其他关联类型产品所贡献的总增长机会

1.1.4 数字营销理论框架——4R 理论

4R 营销理论聚焦关系营销，旨在构建并维护企业与客户间长期稳定的互动关系，以增强顾客忠诚度。该理论通过实施关联、反应、关系和报酬 4 大策略，全面提升企业营销效能。其目标在于实现企业与消费者需求的双赢，即在提升企业利益的同时，满足消费者需求。此外，4R 理论强调提升客户忠诚度，确保企业能够长期拥有客户，从而保障长期的利益回报。

1．关联（Relevancy/Relevance）策略

关联策略旨在将企业与客户紧密关联，通过多样化的营销手段触及用户，并借助丰富的互动增强客户对企业的依赖性，从而构建稳固的伙伴关系，有效防止客户流失，确保企业拥有稳定的客源基础。企业需全面了解客户的特征、需求偏好，据此定制专属方案，以显著提升客户满意度，增强

客户黏性与忠诚度。通过这种深度关联，企业能够与客户建立长期稳定的伙伴关系，进而实现市场占有率的稳步增长。

2. 反应（Reaction）策略

反应策略强调站在顾客立场，倾听并快速响应其需求，这不仅能回应顾客的直接需求，也是捕捉市场发展趋势的关键，因为顾客需求往往预示着市场的未来方向，及时满足市场需求，本质上就是满足顾客需求。因此，反应策略要求企业既要迅速回应顾客，也要敏锐捕捉市场动态。企业借助数字营销手段，紧密关注市场波动与客户需求变化，灵活调整和优化产品与服务，确保在激烈的市场竞争中保持敏捷与优势。通过数字营销工具，企业能够高效收集客户反馈与市场数据，将传统的推测性商业模式转变为高度响应需求的模式，迅速调整产品和服务，精准对接市场与客户的需求，从而深化与客户的长期关系，稳固市场地位。

3. 关系（Relationship/Relation）策略

在互联网时代，顾客身份多元，既是消费者也是营销传播者，因此，与顾客建立长期稳固的伙伴关系成为抢占市场的关键。这种关系能促成长期的友好合作，带来持续收益，并激励顾客参与生产过程或成为二次传播者，实现营销裂变；同时能将原本的利益冲突关系转化为利益共同体。企业不仅要确保提供高品质的产品与服务，更要加深与客户的互动沟通。借助社交媒体等数字营销工具，企业能够实现与客户的频繁互动与高效沟通，精准洞察客户需求，进而提供更贴合需求的解决方案，巩固与客户的长期关系，共创双赢局面。

4. 报酬（Reward/Retribution）策略

报酬策略强调企业需重视合理回报以支撑长期发展，而消费者与企业的共赢是理想状态。企业应提供适当的报酬给客户，包括物质（如优惠、礼品）及非物质（如优质售后服务）两方面，以维持客户忠诚度与满意度，巩固长期关系。这能有效提升客户黏性，增强长期合作关系的稳定性，为企业带来持续的客户价值。

4R营销理论为企业制定高效的数字营销策略提供了指导，旨在构建长期客户关系，提升客户忠诚度与满意度。数字营销借助互联网技术（IT）及非互联网技术，如短信、邮件等，实现用户的高效触达与双向沟通，促进用户间的快速信息传播。本书运用4R理论，从关联、反应、关系、报酬4个维度深入剖析企业的数字营销策略，识别存在的问题。从这4个方面出发，提出针对性的改进建议，旨在优化数字营销策略，进一步巩固与客户的关系，提升营销效果，确保企业在市场竞争中保持领先地位。4R理论框架如图1-2所示。

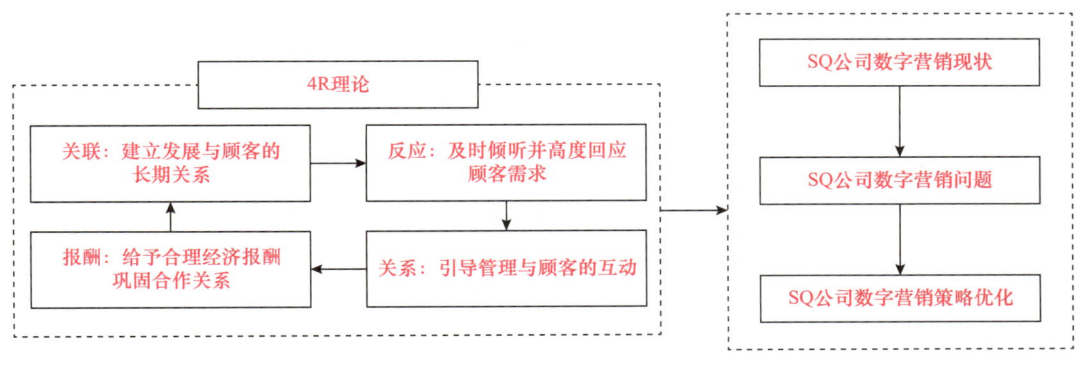

图1-2　4R理论框架

1.1.5 传统营销向数字营销升级的必然性

传统营销向数字营销升级的必然性主要体现在以下6个方面：

1. 技术进步与普及

随着互联网、大数据、人工智能等技术的飞速发展，数字化手段已成为各行各业不可或缺的工具。这些技术不仅改变了人们的生活方式，也深刻影响了企业的营销方式。技术的普及使数字营销成本逐渐降低的同时提高了其效率和精准度，为传统营销向数字营销升级提供了技术支持。

2. 消费者行为变化

当代消费者越来越依赖互联网和社交媒体获取信息、进行购物和社交活动。他们的消费习惯、信息获取方式和决策过程都发生了显著变化。数字营销能够更直接地触达目标消费者，满足他们的个性化需求，提高营销效果。

3. 市场竞争压力

在激烈的市场竞争中，企业需要不断创新营销手段以吸引和留住消费者。数字营销提供了更多元化的营销渠道和方式，有助于企业在竞争中脱颖而出。通过数字营销，企业可以实时收集和分析消费者数据，优化产品和服务，提高市场竞争力。

4. 营销效果可衡量

传统营销的效果往往难以准确衡量，数字营销则提供了丰富的数据分析和监测工具。通过这些工具，企业可以实时跟踪营销活动的进展，评估其效果，并根据数据反馈进行及时调整和优化。

5. 成本效益优势

与传统营销相比，数字营销具有更高的成本效益。通过精准投放广告、优化搜索引擎排名等方式，企业可以较低的成本获得更高的回报。此外，数字营销还可以帮助企业实现自动化营销，降低人力成本。

6. 全球化趋势

随着全球化的加速演进，企业需要跨越国界进行营销。数字营销提供了突破地域限制的传播手段，使企业能够轻松触达全球消费者。通过社交媒体、电子邮件营销等方式，企业可以与全球消费者建立联系，拓展国际市场。

综上所述，传统营销向数字营销升级是技术进步与普及、消费者行为变化、市场竞争压力、营销效果可衡量、成本效益优势及全球化趋势等因素共同作用的结果。这一升级不仅有助于企业提高营销效率和精准度，还能帮助企业更好地适应市场变化，实现可持续发展。

1.2 数字营销的模式

数字技术已深入各行各业，重塑消费者与企业关系。为提供卓越客户体验，企业需摒弃传统营销方式，构建新营销体系，并选择符合战略目标的数字营销模式，培养关键能力。企业营销数字化转型受两大因素驱动：企业级信息技术的飞速发展和数字化传播取代传统广告。新媒体、社会化媒体不断涌现，市场环境多变。主流消费人群更看重产品背后的价值，追求理想自我。企业面临的挑战：如何采用有效营销模式吸引消费者，如何降低客户流失率，留住老客户，如何选择适合自身的数字营销模式。菲利普·科特勒指出，挽留现有客户的成本远低于获取新客户，降低流失率能显著提升利润。

1.2.1 社群营销模式

社群营销，顾名思义是一种以社群为基础的营销方式。它借助线上社交平台，将拥有相同兴趣爱好、需求或目标的人群聚集起来，形成一个具有高度互动性和稳定性的群体，然后利用这个群体的特点，以更为精准、有效的方式传播产品或服务信息，从而达成销售目的。传统营销属于流量思维，它的逻辑是通过广告传播让 10000 个人看到，其中 1000 个人关注，最终 10 个人购买。与此相反，社群营销通过超值的产品和服务体验赢得用户口碑，用户除了复购，还可能带 10 个朋友来购买，这 10 个朋友又可能影响 100 个目标用户，100 个目标用户最终可能影响 10000 个潜在用户，由于是朋友信任背书，所以转化率很高。传统思维与社群思维最大的不同就是，传统思维看中的是一个客户，社群思维看中的是一个客户由口碑裂变带来一群客户。

社群中的成员可以向企业反馈信息，与企业形成互动，社群成员的创意、想法可以为企业创新商品或改善服务提供帮助。社群的定义可以从 4 个方面进行诠释，如图 1-3 所示。

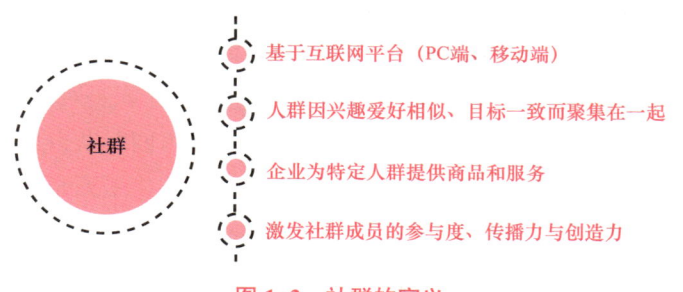

图 1-3 社群的定义

具体来说，社群有 5 个构成要素，即共性、结构、内容输出、运营管理与规模化，见表 1-3。

表 1-3 社群的构成要素

构成要素	说明
共性	一群人对某件事物的共同认可或行为。社群的内在是求同，求同的内在是价值观趋同。这种价值观的相似会有一个具体的投射，可能是一个商品、一种行为、一类标签等。这些具体的投射形成社群连接点，这些连接点就是社群产生的必要条件
结构	社群的结构包括成员、信息流平台、加入原则和管理规范等方面，做好这些方面是社群长久运营的保障
内容输出	能否为用户持续输出有价值的内容是评判社群价值的标准之一。用户加入某个社群，肯定是因为该社群能够满足其某方面的需求。因此，高质量、稳定的内容输出是保障社群价值的基础，是留存成员的保障
运营管理	有组织、有纪律的运营管理是维持社群的必要手段。社群的运营需要建立仪式感、参与感、组织感与归属感
规模化	当社群的管理、维护日趋规范和成熟时，应快速复制，这样社群才可越做越大。对社群进行复制，规模化发展社群，需要综合考虑人力、物力与财力等方面，做好预算规划再实施

1. 社群营销的特点

随着移动互联网的快速发展，越来越多的企业和商家发现了社群营销的价值，并纷纷投身其中。社群营销是一种基于社群成员间相同或相似兴趣爱好的营销模式，通过某种载体聚集人气，并运用特定的销售手段满足群体需求，最终实现商业目标。与传统营销模式相比，社群营销具有鲜明的特点，主要体现在以下几个方面：

（1）多向互动。社群营销的核心在于社群成员之间的多向互动，包括信息和数据的平等交换。在这种模式下，每个成员既是信息的发送者，也是信息的接收者和分享者。这种多向互动性为企业营销创造了更多机会，使信息传播更加高效和广泛。通过社群成员的积极参与，企业能够更直接地了解消费者需求，从而优化产品和服务。

（2）弱中心化。社群营销采用扁平化的网状结构，成员之间可以一对多、多对多地实现互动和传播。这种结构并非只有一个组织者或单一话语权者，而是每个人都能发声，传播主体从单一走向多重，从集中走向分散。这种弱中心化的特点并不意味着完全去除中心，而是通过分散化的传播方式，增强社群的活力和多样性。

（3）情感营销。与其他营销模式不同，社群营销更注重情感连接。社群能够帮助一群拥有共同价值主张和兴趣的人建立情感关联，促使他们实现点对点的连接。这种情感纽带不仅增强了成员之间的凝聚力，还能促使群体成员产生能量叠加，合力创造价值，从而为企业带来相应的商业利益。

（4）自行运转。社群营销的一个重要特点是能够实现自我运转。社群成员可以自主创造和分享信息，这种参与感和创造力不仅能够推动社群的持续活跃，还能为企业提供商品创新理念和完善服务的建议。通过社群的自我运转，企业能够大幅降低交易成本，同时获得更多有价值的市场反馈。

（5）利益替换。社群作为一种组织形态，其长期存续依赖每个成员的价值贡献。在社群的运转过程中，需要不断优化成员结构，将那些无法为组织创造价值的人替换掉，同时引入能够为组织带来价值的新成员。这种利益替换机制能够增强社群的活力和生命力，确保社群始终保持高效运转。

（6）碎片化。社群的资源性和多样性使社群营销呈现信息发布松散、形式多样的特点，这也意味着社群营销具有碎片化的趋势。虽然碎片化可能导致社群缺乏统一性，并给企业的营销活动带来一定的不确定性，但只要企业善于挖掘和整理碎片化信息，就能从中提取出有价值的内容，为营销决策提供支持。

综上所述，社群营销不仅能够帮助企业更精准地触达目标用户，还能通过社群的自我运转和成员参与，降低营销成本并提升品牌价值。在移动互联网时代，社群营销正逐渐成为企业不可或缺的营销手段。

2. 社群营销的优势

当前，社群营销越来越受到企业的重视与推崇，主要得益于其独特的优势。这些优势使社群营销在精准触达目标用户、降低营销成本及提升传播效果方面表现突出。

（1）传播速度快。社群营销虽然无法达到大众媒体传播的广泛性，但其能够快速、精准地触达目标人群，在特定群体中的传播速度非常快。一旦社群营销效果显现，就会形成"一传十，十传百"的裂变式传播，迅速扩大品牌影响力。

（2）精准度高。社群营销基于圈子文化，具有稳定的群体结构、一致的群体意识和共同的需求，因此营销的针对性较强。通过定向需求、人际信任和口碑传播，社群成员能够快速获取所需信息，从而实现精准营销。

（3）营销成本低。与传统营销方式相比，社群营销的成本较低。传统广告费用高昂且客户群体不明确，效果难以保证。而在社群营销中，每个成员既是购买者，也是传播者。只要产品质量过硬且社群运营得当，就能通过社群裂变实现高效营销。

（4）持续时间长。社群营销以人际关系、兴趣和口碑传播为核心，具有持续效应。企业商品的口碑不仅不会随时间消失，还可能被某些因素激活，实现二次甚至三次发酵。社群成员会主动分享内容，吸引更多潜在用户加入，进一步提升营销价值。

（5）针对性强。社群营销以用户为中心，能够根据潜在用户的内在需求进行差异化精准推送。与传统营销的硬广相比，社群营销的软广内容更易被用户接受，针对性更强，有助于企业快速实现潜在客户的转化。

社群营销凭借其独特优势成为企业提升品牌影响力和实现高效转化的有力工具。

3. 社群营销的运行方式

在移动互联网时代，企业可以通过多种社群营销运行方式来发展自身业务。这些方式不仅能够帮助企业精准触达目标用户，还能通过社群的力量实现品牌价值的传递和业务的快速增长。

（1）培养意见领袖。虽然社群营销不像粉丝经济那样完全依赖个人，但它仍然需要一个意见领袖。这个意见领袖通常是某一领域的专家或权威人士，能够推动社群成员之间的互动与交流，树立起成员对企业的信任感，从而有效传递品牌价值。

（2）提供优质服务。企业通过社群营销可以提供实体商品或某种服务，以满足社群成员的需求。例如，企业可以通过招收会员或提供专家咨询服务等方式吸引用户。优质的服务不仅能够提升用户满意度，还能增强用户对品牌的忠诚度。

（3）打造优质商品。无论采用哪种营销方式，优质的商品始终是销售的核心。企业想要做好社群营销，关键在于打造有创意、有亮点的商品。如果没有优质的商品作为支撑，即使营销手段再高明，也难以赢得用户的青睐。

（4）实现口碑传播。在移动互联网时代，社群营销是展示优质商品的绝佳方式。社群成员之间的口碑传播环环相扣，不仅能够快速扩散品牌信息，还能增强用户的信任感。为了激发社群成员自发进行口碑传播，企业需要为用户提供一个传播的理由，例如对自身或朋友有利、能够激发情感共鸣等，同时创造一个适合口碑传播的场景。

（5）选对营销方式。社群营销的开展方式多种多样，企业可以选择自己建立社群，通过线上线下的交流活动增强用户黏性，也可以与目标用户合作，支持或赞助社群活动，还可以与部分社群领袖合作开展活动。只有选择适合自身品牌和目标用户的营销方式，才能达到最佳的营销效果。

通过培养意见领袖、提供优质服务、打造优质商品、选对营销方式以及实现口碑传播，企业可以在移动互联网时代充分利用社群营销的优势，推动业务发展并提升品牌价值。社群营销不仅是一种高效的营销手段，更是企业与用户建立深度连接的重要桥梁。

4. 社群营销的流程

社群营销的流程是营销者成功运营社群的关键。社群营销的流程如下：

（1）明确社群定位。明确社群定位是社群成立的基础，定位的核心在于找到社群成员的共同兴趣或目标。这种共同兴趣可以是基于某个产品、某种行为、某个标签，或共同的空间、情感和价值观等。用户在加入社群时，应该清楚地知道自己为何加入，是基于对某个话题的兴趣，还是为了获取某种利益或情感支持。社群成员通过共同的兴趣形成连接，找到情感慰藉、互动的乐趣或现实的利益，从而确保社群的持续运营。因此，明确的定位是社群能够长期存在的前提。

（2）构建社群结构。社群的结构决定了其存活和发展的状况。首先，社群需要设立意见领袖，即社群的灵魂人物。意见领袖能够引领社群成员，树立对企业的信任和信心，增强社群的凝聚力。其次，社群的成员构成应多元化，除了意见领袖，还需要有普通成员积极参与，提出问题并促进互动。只有大家畅所欲言，才能提高社群的活跃度。此外，社群应设置一定的筛选机制，适当提高进群门槛，确保社群成员的质量。同时，社群需要不断完善群规，杜绝广告和无意义内容，避免引起成员的反感，从而保持社群的良好氛围。

（3）持续输出优质内容。持续输出有价值的内容是衡量社群生命力的重要指标。大部分社群在成立初期活跃度较高，但如果不能持续提供优质内容，社群的活跃度就会逐渐下降，甚至沦为广告群。社群输出内容的形式可以多样化，例如：①社群打卡，通过统一的打卡海报，增强成员的参与感；②社群微课，定期开设微课，分享有价值的知识或技能；③直播活动，邀请社群成员观看直播，增强互动性；④线下培训，组织线下活动，增强成员之间的情感连接；⑤训练营课程，开发针对社群成员的训练营课程，提升社群的附加值。通过这些形式，社群能够持续为成员提供价值，保持其活跃度和吸引力。

（4）注重长效运营。社群的长期存活和活跃度依赖长效运营。首先，社群需要有一个稳定的运营团队，确保社群的日常运营有条不紊。其次，社群应建立稳定的运营形式和节奏，让成员清楚社群的日常流程，并努力使自己的言行与社群的节奏保持一致。营销者需要时刻关注社群成员的感受与需求，不断创新营销活动形式，开展更多有趣的活动，增强成员的参与感和归属感。同时，营销者要筛选好、连接好、服务好社群成员，最终通过长期的积累，让社群爆发出巨大的营销能量。

（5）合理控制社群发展规模。社群的规模并不是越大越好，一个合格的社群需要在完成前4步的基础上，合理控制规模。盲目增加社群人数会导致信息筛选成本过高，成员之间的相互认知成本也会增加，可能导致社群气氛沉闷。相反，规模较小的社群话题相对集中，气氛更容易掌控，成员之间的互动也更加紧密。因此，社群的规模应根据其成长阶段而定。营销者在考虑扩大社群规模时，需要思考以下几个问题：

◎ 扩大规模的目的是什么？
◎ 扩大规模后是否能帮助解决营销问题？
◎ 社群是否适合扩大规模？
◎ 营销者是否有能力维护更大规模的社群？

只有在这些问题得到明确的答案后，才能考虑扩大社群规模。

5. 社群营销的评估指标

社群营销的评估指标如下：

（1）成员增长。通过新增成员数量评估社群的吸引力和增长速度。

（2）参与度。通过统计成员的互动次数、评论次数、点赞次数等因素衡量社群的活跃程度。

（3）内容质量。通过观察用户对内容的反馈、转发和评论，评估内容质量，进而调整内容策略。

（4）转化率。通过跟踪社群成员的转化率（如通过社群带来的销售额、注册量等）评估社群运营效果。

（5）用户满意度。通过定期进行用户满意度调查，了解用户对社群的意见和建议，及时改进社群运营策略。

> **课堂互动**
>
> 你加入过哪些社群？在你加入的社群中，你觉得营销者的运营管理是否合理？运营效果如何？你会提出哪些建议？

1.2.2 内容营销模式

对企业而言，要在海量信息中脱颖而出，关键在于深入洞察消费者，打造用户喜爱的内容，建立与用户的深度连接，实现品牌传播。内容营销，即通过图片、文字、动画等媒介传递企业信息，增强客户信心，推动销售；然而，此定义略显宽泛，未能充分揭示内容营销的本质。当前，内容营销涵盖广告植入、社会化营销、短视频、创意 H5（第 5 代 HTML，超文本标记语言）、跨界合作及创意图画等多种形式。其中，创意是内容营销的灵魂，缺乏创意便失去特色。在营销预算紧缩、流量成本上升的背景下，广告主越发重视高参与度和互动性的内容营销模式，通过优质内容激发话题与情感共鸣，能更有效地触达并影响受众。这种策略旨在以更少的资源实现更大的营销效果。

1. 技术驱动，内容植入进入新时代

提及植入广告，人们首先想到的是影视剧中的产品宣传，但鲜为人知的是，许多产品广告是后期利用 AI 技术加入的。影谱科技就是此领域的佼佼者，其"入易"产品凭借智能扫描技术，精准搜索视频中适合植入广告的位置，巧妙地将品牌形象融入剧集里的楼宇、电脑屏幕、室内海报等场景，以多种形式展现，实现了广告与剧情的自然融合。

2. 网红经济，KOL 价值更加突出

当前，网红经济正蓬勃发展，网红带货备受品牌推崇。在各大社交平台，网红利用这些平台引流，通过直播、短视频、评测文章等多种形式，在消费者购物过程中的"种草"、商品对比、点击购买等环节施加影响。"网红经济+内容营销"为品牌建设与效果营销开辟了新路径。其中，KOL 的作用尤为显著。微博、小红书等平台正在构建 KOL 内容营销矩阵，以 KOL 为核心的营销策略，不仅是与消费者沟通的高效手段，也是传递品牌价值、树立品牌可信度的重要方式。

3. 短视频爆发，成为品牌触及三、四线用户的主要媒体形式

受经济环境波动影响，市场竞争愈演愈烈，短视频顺势成为信息流广告的关键载体。短视频与精准营销的结合，开辟了广阔的市场空间，而用户时间的碎片化趋势加速了短视频平台的蓬勃发展。在此背景下，抖音、快手等短视频平台凭借其庞大的用户基础，在众多品牌积极开拓下沉市场的当前脱颖而出，成为备受青睐的媒体形式。这些平台不仅满足了用户碎片化的娱乐需求，更为品牌提供了触达广泛受众、实现精准营销的有效渠道。

4. 平台垂直细分化，内容更加个性化

当前，社交平台与视频平台繁多，各具特色，服务于不同用户群体。例如，抖音与快手虽同为短视频平台，但内容风格迥异。因此，品牌在投放广告时，需依据自身定位，借助算法或标签数据，实现个性化内容的精准分享与推广。个性化投放策略确保了内容能够高效触达目标用户，不仅提升了广告的覆盖率，更在品牌与用户间建立了深刻的情感连接，增强了用户的品牌认同感与忠诚度。

5."内容营销+社交"更加流行

内容营销的核心在于营销与销售，但优质内容的最终归宿在于有效传播，如此方能达成既定目

标。现今，社交渠道已成为传播的关键路径。借助高质量内容吸引用户眼球后，通过社交平台顺利完成沟通、转化、交易及用户沉淀等环节，可以触发社交裂变效应，实现传播范围的迅速扩大与用户的持续增长。这一过程不仅强化了内容的传播力，也极大地提升了品牌的市场影响力。

6. 内容营销IP化

在泛娱乐化得到极大发展的背景下，与各类IP携手成为品牌营销的绝佳途径。借助IP积累的"粉丝"基础，品牌更容易快速吸引受众注意，达成情感共鸣。也正因如此，越来越多的品牌开始联合各类IP推出相关产品。作为国内最知名的"网红博物馆"，故宫博物院凭借各路"萌萌哒"文创产品形成自己的IP，同时也吸引了众多品牌与其进行跨界合作，更让人震惊的是款款产品爆红网络。而这种借助当下热门的IP资源，围绕强IP内容构建营销生态链，开展精准化的事件营销，已成为很多企业探寻突破传统经营困局的新途径，也是品牌发展的趋势所在。

7. 创意热点兴起

提及内容创意，胜加、天与空、有门、环时互动、马马也、F5等创意机构虽不为众人所熟知，但它们的刷屏作品广为人知。如《法国队夺冠华帝退全款》《世界再大，大不过一盘番茄炒蛋》、淘宝的《一千零一夜》及New Balance的《每一步都算数》等经典案例，均出自这些以"创意为生"的机构之手。它们凭借创意实力赢得了市场的认可与尊重，其坚持也将激励更多企业将重心置于创意之上，致力产出更多杰出作品，推动创意产业的繁荣发展。

8. 技术与创意结合

当前，市场已不再满足于单纯的创意，技术与创意的融合成为行业发展的新趋势。例如，以创意著称的Droga5加入了埃森哲互动；WPP则将伟门（Wunderman）与智威汤逊（J.Walter Thompson）合并，成立了Wunderman Thompson。这家新机构集创意、数据和技术于一身，提供从创意到数据、商业咨询、技术服务等全方位的端到端解决方案。无论是分立还是合并，其核心目的都是更好地服务客户，适应市场的不断变化，满足日益增长的综合服务需求。

拓展阅读

一晚涨粉300万！从李子柒解读达人内容营销的影响力[①]

全网"白月光"回来啦！2024年11月12日16时30分，李子柒带着《雕漆隐花，雕出紫气东来》视频强势回归大众视野。此事一出，#李子柒回归的词条火速登上热搜第一，相关博文的点赞量也迅速破百万。停更千日，这位网红界的"纯元"凭什么在消失三年后仍有这样的影响力？

好内容是第一生产力

自2016年凭借一碗地道的兰州牛肉面火速出圈后，李子柒的视频单在B站播放量就累计超3亿。李子柒的爆火不仅成功塑造了她的个人IP，2018年李子柒同名品牌上线，官旗主要售卖螺蛳粉、藕粉、鲜花饼等产品，其中销量最好的螺蛳粉一个月GMV能达1500万+，吸金能力极强；而且也帮助其签约的MCN机构价值直线上升，为公司后续多轮融资做出了不可磨灭的贡献。尽管有网友调侃"一个李子柒倒下了，千千万万个李子柒站了起来"，沈丹、九月、张同学，甚至是已经"销号跑路"的东北雨姐，视频内容上都有一定程度的莠莠类卿，可看完之后始终让人

[①] 时浪 SeekArk. 一晚涨粉300万！从李子柒解读达人内容营销的影响力[EB/OL].（2025-02-19）[2025-03-05]. http://m.sohu.com/a/860464590_122270081/?pvid=000115_3w_a.

觉得差点味道。直到李子柒复更，弹幕上密密麻麻的"欢迎回来"才让人明白：优秀的视频创作者能让人多么念念不忘，在快餐化的当下，仍能三年不改其爱。也难怪抖音电商总裁魏雯雯在今年的抖音电商作者盛典上说道："好内容将成为生意增长的第一生产力。"

好内容带来的品牌高增长

不仅是观众享受过珍馐后对粗茶淡饭难以下咽，平台和品牌同样看到了"好内容"的影响力。以抖音为例，在刚刚结束的"双十一"大促中，抖音就推出了"星光好物计划"来配合大促上线，为品牌优秀的视频内容加热，来放大品牌的曝光量。此外，抖音还邀请了@薛凯琪、@田亮叶一茜、@黄奕、@多余和毛毛姐等多位明星达人发布品类特色内容，以短视频的形式分享好物的深度评测与使用体验，给平台带来更多"存量"。众品牌为了更好承接平台给予的流量，同样合作多位优质内容创作者和明星，与平台形成双向奔赴，通过发布优质内容来撬动用户兴趣，触达更多潜在用户群体。如@姜十七以"裁员裁到大动脉"的爽文剧情短片，带入"韩束红蛮腰礼盒"当作离职礼物，助力自己有更好的状态打拼事业。竞品也可以通过 SeekArk 时浪后台看到达人近30天的带货成绩，再根据自身调性选择合适的达人。

达人内容营销的未来趋势

各平台繁荣的达人生态，为品牌增量提供了天然的土壤。而近几年，随着营销竞争越发激烈，达人营销如何更精准、更高效成为品牌商家们关注的焦点。李子柒凭什么出走三年归来仍是顶流？核心在于她创作上所坚守的长期主义。对比短视频大量涌现且更新迭代速率奇快的当下，许多创作者为了追求一时的流量往往选择走捷径"粗制滥造"，导致大量同质化的内容充斥网络，自然也引起消费者的审美疲劳，而李子柒的视频始终坚守对传统文化的挖掘和美好情感的传递，在一众快餐文学中脱颖而出也就不足为奇。这同样给品牌敲响了警钟：只有真正能打动消费者并引发共鸣的内容才是长久吸睛的关键，达人如是，品牌亦如是。品牌 YAYA 鸭鸭就看破了这点，在这次"双十一"与贾乃亮的合作中，并没有一味"叫卖"，而是以品牌发展路径、产品的高质量实力以及介绍羽绒服为直播预热，让更多消费者感受到 YAYA 鸭鸭的品牌精神与真诚，从容拿下了女装榜的 TOP1。

在目前平台资源倾斜下，合作正确的达人，凭借优质的内容，将更容易实现品牌的出圈，触达更多的优质人群，释放内容营销的更强价值。

1.2.3 大数据营销模式

大数据营销是指通过互联网采集大量的行为数据，帮助广告主找到目标受众，并对广告投放的内容、时间、形式等进行预判与调配，最终完成广告投放的一种营销方式。其核心在于让网络广告在合适的时间，通过合适的载体，以合适的方式，投给合适的人。

1. 大数据营销的特点

大数据营销的特点如下：

（1）多样化、多平台化数据采集。大数据的数据来源通常是多样化的，包括互联网、移动互联网、广电网、智能电视等，多平台化的数据采集对网民行为的刻画更加全面而准确。

（2）强调时效性。在网络时代，网民的消费行为和购买方式极易在短时间内发生变化，大数据营销能够迅速捕捉这些变化，并做出相应的调整。

（3）个性化营销。广告主的营销理念已从"媒体导向"向"受众导向"转变。大数据技术可让广告主知晓目标受众身处何方、关注着什么，从而实现广告的个性化投放。

（4）性价比高。大数据营销能够最大限度地让广告主的投放做到有的放矢，并可根据实时性的效果反馈，及时对投放策略进行调整，从而提高投资回报率。

2. 大数据营销的应用方式

大数据营销的应用方式有以下5种：

（1）用户行为与特征分析。积累足够的用户数据，分析出用户的喜好与购买习惯，以制定有针对性的营销策略。

（2）精准营销。基于用户数据，实现广告的精准投放，提高广告的转化率和效果。

（3）竞争对手监测与品牌传播。通过大数据监测分析竞争对手的动态，制定有效的品牌传播策略。

（4）品牌危机监测及管理支持。大数据可以让企业提前洞悉品牌危机，及时采取应对措施，维护企业声誉。

（5）重点客户筛选。利用大数据筛选企业的重点客户，为他们提供更具针对性的服务和营销。

3. 大数据营销的优势及其面临的挑战

（1）大数据营销的优势。

第一，大数据营销能够为企业提供全面的用户画像，帮助企业深入了解用户需求。

第二，通过数据分析，企业能够制定更加精准的营销策略，提高营销效果。

第三，大数据营销能够实时跟踪和评估营销效果，及时调整策略，降低营销成本。

例如，云南白药"大数据+明星"品牌营销：云南白药牙膏与阿里合作，利用大数据技术收集和分析淘宝用户行为，策划了将明星粉丝转变为店铺粉丝的营销理念，实现了品牌知名度和销售额的大幅提升。

又如，海尔集团使用大数据实现"零库存"：海尔集团通过大数据技术收集和分析产品销售数据，制定相应的产销策略，实现了"零库存"的管理目标。

（2）大数据营销面临的挑战。

第一，大数据营销需要企业具备强大的数据处理和分析能力。

第二，采集和使用数据需遵守相关法律法规，保护用户隐私。

第三，对大数据营销的效果需建立科学的评估体系。

1.2.4 品牌营销模式

随着社会与科技的进步，市场竞争环境也在发生深刻变化，产品与价格不再是竞争的全部。品牌，这一企业无形资产，正逐渐崛起为市场中的新兴力量，其占据消费者心智并产生"溢价"能力，已成为显著的市场竞争力。品牌营销旨在通过特定手段将产品或服务形象深植于消费者心中。基于目标消费者的需求，企业运用多种营销策略展现产品独特价值，从更高层面提升企业形象与知名度，促进消费者对品牌价值形成良好认知。关键在于发掘品牌独特且能打动消费者的核心价值，明确品牌个性与利益点，以此打造品牌竞争力，使品牌在市场中脱颖而出。

品牌营销策略涵盖个性、传播、销售与管理4大方面：

（1）品牌个性通过命名、设计、定价等策略，强化品牌符号与价值，深入消费者内心。

（2）品牌传播构建全媒体生态，基于目标用户制定媒体与公关策略，塑造良好口碑。

（3）品牌销售采用推销、促销等方式，实现销售目标。

（4）品牌管理旨在在消费者心中树立品牌鲜明形象，以核心价值为中心，制定战略目标，统筹营销传播，推动品牌增值。

 拓展阅读

娃哈哈自1987年由宗庆后创立以来，已经走过了30多年的历程。从最初的校办工厂到如今的饮料行业巨头，娃哈哈凭借其卓越的市场洞察力和持续的创新力，不断发展壮大。其深厚的历史底蕴和丰富的品牌故事，为品牌注入了强大的生命力。首先，凭借其卓越的产品品质和广泛的品牌影响力，赢得了消费者的广泛认可和喜爱。其品牌知名度高，市场占有率持续领先。其次，通过赞助体育赛事、举办音乐节等线下活动，以及与热门IP的跨界合作等方式，不断提升品牌影响力和知名度。最后，积极履行社会责任，通过参与公益事业和扶贫济困行动等方式，回馈社会。这些举措不仅提升了品牌的形象和知名度，还增强了消费者对品牌的认同感和忠诚度。通过娃哈哈这个国民品牌，我们可以看到，品牌营销不仅要注重个性塑造与传播，更要关注社会热点，积极履行社会责任，才能赢得消费者的认同与尊重。

1.2.5 跨界整合营销模式

网络服务形态多元化促使去中心化网络模型日益清晰，数字技术的普及增强了用户的信息处理能力，使网络传播呈现碎片化。在此背景下，互联网内容生产与营销趋向多元化。单一营销模式易导致成本上升、效益下降，封闭式传播已不适应多元化信息时代。因此，构建跨界整合营销的"组合拳"模式，更有利于信息的整合与传播，适应当前碎片化语境下的市场需求。

跨界整合营销需从"跨界"与"整合"两个方面进行剖析。

"跨界"涉及不同企业品牌间的合作，这要求重构传统营销思维，避免单打独斗，积极寻求业内伙伴，发挥品牌间的协同效应。同时，也涉及不同营销传播渠道的跨界，如线上线下融合，实体店融入大数据、移动终端等数字服务，以及不同媒体平台间的跨界，如搜索引擎、网络游戏、社交媒体等，为数字营销提供多元平台。

在此基础上，"整合"旨在构建营销传播的整体平台，形成品牌信息传播生态系统。这种整合的实质，是从多角度、全方位展现共同品牌特征，优化资源配置，实现企业效益最大化。通过跨界合作与整合传播，企业能够打破传统壁垒，拓宽营销视野，提升品牌影响力的同时实现资源的有效整合与高效利用，推动品牌与市场的深度融合，为企业的可持续发展奠定坚实基础。

 拓展阅读

跨界整合营销案例

1. 瑞幸咖啡与《黑神话：悟空》联名

瑞幸咖啡与国产3A游戏大作《黑神话：悟空》进行联名合作，推出"腾云美式"等限定饮品及相关周边产品。联名产品上线首日即实现销量激增，海报等周边商品迅速售罄，成功激活潜在顾客群体，并强化了瑞幸咖啡潮流、年轻、创意的品牌形象。

2．喜茶与《光与夜之恋》联名

喜茶与恋爱手游《光与夜之恋》联名，推出限定饮品及联名周边，如主题喜证等。活动当天订单量激增，联名周边送出超过百万份，相关话题在社交媒体上引发广泛讨论，提升了喜茶的品牌知名度和影响力。

3．麦当劳与三星堆博物馆联名

麦当劳中国与三星堆博物馆联名推出川蜀风味新品"巴适得板风味麦辣鸡腿汉堡"，并结合三星堆面具元素进行包装设计。新品上市后在全国范围内受到热捧，同时麦当劳还以三星堆青铜人像为灵感制作了广告片和短视频，进一步提升了品牌影响力。

4．名创优品与多个IP联名

名创优品与chiikawa、芭比、哈利波特等多个知名IP联名推出相关产品，并在全国多地举办主题快闪活动。联名产品受到消费者热捧，主题快闪活动也吸引了大量人流和关注，提升了名创优品的品牌知名度和美誉度。

这些案例展示了跨界整合营销在2024年的广泛应用和显著效果。通过跨界合作，企业能够打破传统壁垒，拓宽营销视野，实现资源的有效整合和高效利用。

1.3 数字营销的发展

1.3.1 数字营销的发展历程

在过去的20多年里，随着数字技术的不断进步，数字营销工具和手段也在不断更新迭代。以标志性的数字技术应用为重要节点，本书将数字营销的发展历程划分为4个阶段：基于Web1.0的单向传播营销、依托Web2.0的互动营销、运用大数据的精准营销，以及借助人工智能的智能营销。

1．数字营销1.0阶段：基于Web1.0技术的单向传播营销模式

Web1.0时代，网页信息封闭，不对外编辑，用户仅能通过浏览器单向获取信息，更新权限仅属于网站管理员。此阶段，雅虎、新浪、搜狐、网易及腾讯等门户网站成为典型代表，它们作为信息中心，控制着信息的发布与更新。

1994年10月27日，互联网广告的历史篇章被AT&T在Hotwired上投放的一则展示类横幅广告正式揭开。该广告为AT&T的"你会的"（YOUWILL）宣传活动造势，横幅以黑色为底，彩色文字醒目地写着："你用鼠标点击过这儿吗？"箭头指向右侧的宣传语"你会的"。如图1-4所示，这则468×60像素的小广告，虽看似不起眼，却标志着一个全新广告时代的开启，互联网广告自此崭露头角。

图1-4 AT&T在Hotwired发布的首个展示类横幅广告

该广告沿袭传统杂志采购思路，采用合约形式的售卖模式（Agreement-Based Advertising，即合约广告）。展示时长 3 个月，花费 3 万美元，以包断的 CPD（按天计费）方式投放，点击率高达 44%。此成功案例促使人们认识到，线下广告可向线上迁移。互联网广告潜力初显。

1997 年 3 月，中国首个商业网络广告亮相，由 Intel 与 IBM 共同出资，投放于 ChinaByte 网站。该广告为 468×60 像素的动画横幅，IBM 支付 3000 美元。Intel 与 IBM 因此成为中国互联网广告业的先驱，此次投放开创了中国互联网广告的新纪元，如图 1-5 所示。

图 1-5 中国首个商业网络广告

早期互联网广告以单向传播为主，用户被动接受内容，形式单一，多为展示横幅。广告理念聚焦产品销售。这一阶段被视为数字营销 1.0 时代，标志着互联网广告发展进入初期阶段，此时以销售为导向的广告策略占据主导地位。

2. 数字营销 2.0 阶段：依托 Web2.0 技术的互动性营销策略

与 Web1.0 的单向信息发布不同，Web2.0 以 Facebook、Twitter、博客、微博等为代表，内容主要由用户创作发布。用户不仅是内容的浏览者，更是内容的创造者。这一转变赋予 Web2.0 站点更多用户参与和互动的机会，极大地提升了用户体验和网站的互动性。

Web2.0 时代开启的重要标志之一是 SNS（社交网络服务）热潮的涌现。2002 年，Friendster 的创立掀起了 SNS 的第一波浪潮。随后，MySpace、Facebook 及国内的人人网、开心网等网站的崛起，使 SNS 概念逐渐深入人心。作为社会化媒体的重要一员，SNS 的兴起和流行不仅彰显了社会化媒体的蓬勃发展，更预示着一个全新的媒体时代——社会化媒体时代的来临。

社会化媒体凭借互动性、社交性和即时性等特点，使用户不再只是信息的被动接收者，而是能自由表达观点、能与其他用户及商家进行互动。这一转变让社会化媒体营销大放异彩。企业通过与消费者互动，有效拉近了双方距离，在双向传播中加深了彼此的理解，从而实现了更为理想的营销效果。社会化媒体成为企业营销战略中不可或缺的一部分。

数字营销 2.0 时代始于 2002 年，依托社会化媒体的兴起，形成了互动营销模式。企业与消费者在社会化媒体平台上平等对话，构建良好品牌关系，以此促进销售。这一阶段的数字营销，充分利用社会化媒体的"桥梁"作用，实现了营销方式的创新与升级。

3. 数字营销 3.0 阶段：运用大数据实现精确目标定位的营销策略

互联网技术持续进步，网络内容丰富、形式多样，消费者生活日益数字化，留下海量数据"足迹"，迎来大数据时代。大数据在各行各业的深入应用，推动了数字营销迈入新阶段。这一阶段，数据成为营销的核心资源，助力企业更精准地洞察消费者需求，实现营销策略的优化与创新。

此阶段的数字营销与前两阶段的显著差异在于大数据的应用。企业通过对大数据的深度挖掘，能够比消费者自身更精准地理解其需求。基于消费者在门户网站、搜索引擎、电商平台等留下的数据痕迹，企业可以分析出其消费习惯与偏好，进而实施精准营销策略。这一转变不仅减少了无效营销，还显著提升了消费者体验和营销效果，标志着数字营销进入了一个全新的发展阶段。

"大数据"并非新概念。早在 1980 年，未来学家托夫勒就在《第三次浪潮》中赞誉其为"第三

次浪潮的璀璨篇章"；然而，直至约 2009 年，大数据才真正成为互联网行业的热门话题，并引起了学术界的广泛关注。英国学者舍恩伯格在 2013 年 1 月出版的《大数据时代》一书中，从思维、商业、管理 3 个维度深刻剖析了大数据带来的颠覆性变革。同年，李颖在《陈潜：大数据时代的营销变局》一文中指出，大数据浪潮不仅是一场信息技术革命，更是推动全球营销变革、引领社会进步的关键力量。企业应把握大数据机遇，将营销触角延伸至大数据领域，挖掘其巨大潜力，以实现跨越式发展。2013 年 6 月上映的电影《小时代》便是大数据营销的典范之作，该片基于大数据挖掘精准定位核心目标观众，实施精准营销策略，创造了上映 3 天票房破 2 亿元、总票房超 5 亿元的佳绩，在电影行业率先树立了大数据营销的标杆。

2013 年是"大数据元年"，学术界与企业界均将焦点转向大数据。这一年，数字营销迈入了 3.0 时代。自 2013 年起，大数据的应用与发展推动了数字营销领域的深刻变革，开启了数字营销的新纪元，企业界与学术界共同探索大数据在营销中的无限可能。

4. 数字营销 4.0 阶段：借助人工智能技术驱动的智能营销策略

人工智能自 1956 年达特茅斯会议宣告诞生，至 2016 年阿尔法狗战胜围棋世界冠军李世石，历经半个多世纪探索。2017 年，人工智能迎来"应用元年"，全面渗透交通、医疗、金融、教育等领域，标志着人工智能技术进入广泛应用的崭新阶段。

人工智能引发的"智能革命"同样席卷了营销领域。与前 3 个阶段相比，基于人工智能的数字营销的显著特征是具备类似人类的智慧。例如，饿了么推出的语音点餐系统，利用智能语音设备，通过语音互动完成点餐，大幅缩减了点餐时间及人力成本。阿里巴巴的人工智能设计师"鹿班"（原名"鲁班"），在深度学习淘宝、天猫平台的海量海报后，每秒能自动生成 8000 张海报，并针对不同用户推送个性化海报，实现精准营销。这些应用不仅在成本控制和作业效率上展现出惊人能力，更预示了人工智能巨大的技术潜力和对现有营销作业链的深刻影响。

智能营销依托人工智能技术，不仅实现更精准的定位，还大幅提升智能化与自动化水平，极大优化和提高了消费者体验与使用便利性。数字营销迈入 4.0 新时代，标志着营销领域向更高层次的智能化转型，开启了智能营销的新篇章。

数字营销的 4 个发展阶段并非相互替代，而是呈叠加式升级的特点。即当数字营销进入新阶段，前一阶段的营销方式并未被淘汰，而是与新阶段的方式并存互补。企业应灵活运用数字营销"兵器库"中的各种工具，根据实际需求合理搭配，以实现营销效果的最大化。这种叠加式的升级模式，确保了数字营销的持续创新与多元发展。

此外，企业必须紧跟数字科技的发展速度，了解物联网、区块链、元宇宙等新兴技术，它们正不断为数字营销带来新变革。唯有如此，企业才能不断充实自身的数字营销"兵器库"，掌握最先进的营销工具。在竞争激烈的市场环境中，这将使企业保持领先地位，确保在数字营销的浪潮中立于不败之地，持续推动营销创新与业务发展。

1.3.2 数字营销的发展趋势

结合我国的发展，数字营销的发展趋势主要体现在以下几个方面：

1. 市场规模持续扩大

随着我国互联网用户数量的不断增长和互联网技术的不断进步，数字营销市场规模持续扩大。

越来越多的企业开始意识到数字营销的重要性，纷纷加大在数字营销领域的投入力度，推动了数字营销行业的快速发展。

2. 技术驱动创新

大数据、人工智能、机器学习等技术的发展为数字营销提供了新的工具和方法。这些技术使数字营销更加精准、高效，能够帮助企业更好地了解消费者需求和行为，制定更有效的营销策略。例如，通过大数据分析，企业可以深入了解消费者的购买习惯、兴趣爱好等信息，从而进行更加精准的个性化营销。

3. 多渠道整合

在数字营销中，多渠道整合已成为一种趋势。企业不再局限于单一的营销渠道，而是利用社交媒体、搜索引擎、移动应用、视频平台等多种渠道进行整合营销。这种多渠道整合的方式可以扩大企业的营销覆盖面，提高营销效果。

4. 内容营销兴起

高质量的内容成为吸引用户的关键。在数字营销中，内容营销的地位越来越重要。企业通过提供有价值、有吸引力的内容来吸引用户的关注，提高品牌知名度和用户黏性。同时，内容营销还可以帮助企业树立品牌形象，传递品牌价值。

5. 个性化营销成为主流

随着消费者对个性化需求的不断提高，个性化营销成为数字营销的主流趋势。企业利用大数据和人工智能技术，根据消费者的兴趣和行为定制内容和广告，提供个性化的购物体验。这种个性化的营销方式可以提高消费者的满意度和忠诚度，促进销量增长。

6. 社交媒体营销地位凸显

社交媒体已成为数字营销的重要渠道。企业通过社交媒体平台与消费者进行互动和沟通，传递品牌信息，提高品牌知名度和美誉度。同时，社交媒体还可以帮助企业了解消费者的反馈和需求，为产品改进和营销策略制定提供依据。

7. 数据驱动的营销决策成为关键

数据在数字营销中的作用越来越重要。企业通过建立完善的数据收集和分析体系，收集来自不同渠道和平台的数据，了解消费者的行为、偏好及营销活动的效果。通过数据分析，企业可以发现潜在的市场机会和改进点，从而优化营销策略并提高投资回报率。

 案例分析

社群营销案例分析

罗辑思维通过微信社群聚集爱读书的人群，小米社区利用多个社交平台聚集粉丝，星巴克则通过社交媒体推广新产品并提升品牌形象。这些案例都展示了社群营销在不同领域的成功应用。

问题：

（1）请简要分析罗辑思维、小米社区和星巴克在社群营销中的共同点和不同点。

（2）罗辑思维通过哪些方式增强了用户的黏性？这些方式对于其他企业或产品有何借鉴意义？

（3）小米社区是如何提升用户忠诚度的？你认为还有哪些策略可以进一步提升用户忠诚度？

（4）星巴克在社交媒体上的营销策略有哪些亮点？这些策略对于提升品牌形象和销售转化有何帮助？

（5）假设你是一家初创企业的市场营销负责人，你会选择哪种社群营销方式？请说明理由，并设计一份初步的社群营销计划。

要求：

（1）请同学们分组讨论，每组选择一个案例进行深入分析。

（2）分析时请结合案例的具体做法、效果及市场背景等因素。

（3）在讨论结束后，每组选出一名代表进行汇报，其他同学可以提问或补充观点。

调研人工智能驱动的智能营销策略在电商行业的应用

1. 实践背景

随着人工智能技术的快速发展，智能营销成为数字营销领域的重要趋势。人工智能技术能够通过数据分析、用户行为预测、个性化推荐等手段，帮助企业更精准地触达目标用户，提升营销效果。本次实践调研作业旨在通过分析电商行业中人工智能驱动的智能营销策略，帮助学生深入理解人工智能技术在数字营销中的应用，并掌握相关调研方法和分析工具。

2. 实践目的

★ 理解人工智能技术在数字营销中的应用场景与价值。

★ 学会通过数据分析评估智能营销的效果。

★ 培养市场调研与案例分析能力。

★ 提升团队协作与报告撰写能力。

3. 实践对象

★ 调研行业：电子商务行业。

★ 调研企业：北京京东世纪贸易有限公司。

请同学们结合调研结果，在以下空白处填写你对京东的认识，分享你的发现与见解。

京东是一家_____平台，主要销售_____等品类，用户覆盖广泛。京东作为中国电商行业的领军企业，凭借其自营模式、强大的物流网络和技术创新能力，在激烈的市场竞争中脱颖而出。

京东在人工智能领域的应用包括_____，借助人工智能驱动的智能营销策略，京东不断提升用户体验和运营效率，为行业的未来发展树立了标杆。

4. 实践内容与步骤

本次实践调研作业分为4个阶段：前期准备与调研设计、数据收集与分析、智能营销策略评估、总结与报告撰写。实践内容与步骤见表1-4。教师根据各组提交的报告、汇报表现及团队协作情况，进行综合评分，实践评价见表1-5。

表 1-4　实践内容与步骤

任务阶段	任务内容		交付成果
第 1 阶段：前期准备与调研设计（1 天）	任务 1：确定调研主题与目标	1. 调研主题： 人工智能驱动的智能营销策略在京东电商平台中的应用 2. 调研目标： （1）了解京东在个性化推荐、智能客服、动态定价等方面的 AI 应用 （2）分析 AI 技术对用户购物体验和平台业绩的影响 （3）提出优化智能营销策略的建议	调研方案文档（包括调研主题、目标、方法、工具及团队分工等）
	任务 2：设计调研方案	1. 调研方法： （1）文献研究：查阅 AI 在电商营销中的应用案例和相关理论 （2）数据分析：收集京东平台的公开数据（如用户行为数据、销售数据等） （3）用户调研：设计问卷或访谈，了解用户对 AI 功能的体验和反馈 2. 调研工具： （1）数据分析工具：Python、Excel、Tableau 等 （2）问卷工具：问卷星、Google Forms 等 （3）文献检索工具：知网、Google Scholar 等	
	任务 3：团队分工与时间规划	1. 团队分工： （1）数据收集与分析组：负责收集平台数据和用户调研数据 （2）案例研究组：负责分析京东的 AI 应用案例 （3）报告撰写组：负责整理调研结果并撰写报告 2. 时间规划： 明确各阶段的时间节点和交付成果	
第 2 阶段：数据收集与分析（3 天）	任务 1：文献研究与案例收集	1. 文献研究： 查阅 AI 在电商营销中的应用文献，了解技术原理和成功案例 2. 案例收集： 收集京东平台的 AI 应用案例，如个性化推荐系统、智能客服机器人等	数据收集与整理报告（包括数据来源、样本量、分析方法等）。数据分析结果（包括图表和初步结论）
	任务 2：数据收集与整理	1. 平台数据： 通过公开渠道收集京东的用户行为数据（如浏览记录、购买记录等） 2. 用户调研： 设计问卷或访谈，收集用户对 AI 功能的体验和反馈 3. 问卷内容： 可包括用户对个性化推荐的满意度、智能客服的使用频率、动态定价的感知等 4. 数据整理： 对收集到的数据进行清洗和分类，便于后续分析	
	任务 3：数据分析与洞察	1. 用户行为分析： 分析用户浏览和购买行为，评估个性化推荐的效果 2. 用户反馈分析： 分析用户调研数据，了解用户对 AI 功能的满意度和改进建议 3. 案例对比分析： 对比京东与其他电商平台的 AI 应用，找出优势和不足	

续表

任务阶段	任务内容		交付成果
第3阶段：智能营销策略评估（2天）	任务1：评估AI应用效果	1. 个性化推荐：评估推荐系统的准确性和用户满意度 2. 智能客服：评估客服机器人的响应速度和问题解决率 3. 动态定价：评估动态定价策略对销售业绩的影响	AI应用效果评估报告（包括数据分析结果和优化建议）
	任务2：提出优化建议	1. 技术优化：针对现有AI功能的不足，提出技术改进建议 2. 用户体验优化：根据用户反馈，提出提升用户体验的建议 3. 策略创新：结合行业趋势，提出新的AI应用场景	
第4阶段：总结与报告撰写（1天）	任务1：总结调研成果	1. 调研回顾：总结整个调研过程与成果 2. 经验教训：分析调研中的成功经验与不足之处 3. 未来展望：提出AI在电商营销中的未来发展方向	调研报告与展示PPT
	任务2：撰写调研报告	报告结构： （1）引言：调研背景与目的 （2）调研方法：数据收集与分析过程 （3）调研结果：数据分析与案例研究结果 （4）结论与建议：总结调研成果并提出优化建议 （5）报告格式：图文并茂，逻辑清晰，语言简洁	
	任务3：团队展示与答辩	1. 展示内容：以PPT形式展示调研过程与成果 2. 答辩环节：回答评委（教师或其他学生）的提问，进一步阐述调研中的思考与收获	

表 1-5　实践评价

实践题目						
完成时间						
学院						
姓名		年级		班级		
成绩评定	评价内容	评价标准	分值	教师评价（占比60%）	个人评价（占比40%）	实际得分
	调研设计与执行能力	1. 调研方案的合理性与执行效果 2. 团队分工与时间规划的合理性	20			
	数据分析能力	1. 数据收集的全面性 2. 分析方法的科学性 3. 结论的准确性	20			
	案例研究能力	1. 案例分析的深度与广度 2. 优化建议的可行性	20			
	报告撰写与展示能力	1. 报告的逻辑性、完整性 2. 展示的吸引力	20			
	汇报表现	内容完整，表达清晰，视觉美观，互动流畅，自信专业	20			
		总分				

"活力28"持续爆红 冲击1亿件"小目标"！[①]

活力28衣物清洁旗舰店直播间，在今年"双十一"购物节期间，销量较日常增长了2.5倍，直播间已累计卖出9000万件左右，正向着年底销售1亿件的"小目标"稳步迈进。

位于成都市青白江区的成都意中洗涤用品有限公司（以下称"意中公司"）是三位直播大叔背后的"大本营"。与一年多前相比，公司发生了翻天覆地的变化。走进生产车间，只见所有生产线都在紧张有序地进行流水作业，一袋袋洗衣液快速下线并被转运。

意中公司副总经理胡文忠表示，由于2024年订单持续增加，公司此前的9条液体洗涤剂生产线现已增加到了25条，日产洗衣液能达到1250吨，产能较之前翻了10倍。公司还新增了400余名工人。据统计，2024年1月至10月，公司产值达到了10亿元，产量超30万吨。

对于很多品牌而言，突如其来的泼天流量可能是短暂的"巅峰"，但意中公司作为活力28最大的代工厂，却一直保持抖音洗涤产品销售排名前三的好成绩。活力依旧的背后，究竟有什么秘诀呢？

"云股东"助力情感营销赢得市场

胡文忠表示，意中公司的成功离不开广大"云股东"的支持。最初几位大叔没有任何直播经验，经常手忙脚乱，还因不懂平台规矩导致直播间被封。但好在有很多网友为他们出谋划策，他们在网友的在线教学中一点点摸索着直播，这些网友被亲切地称为"云股东"。在随后的直播中，他们定期与"云股东"分享工厂的生产情况，职工们也经常入镜，这种"国货＋老人＋工厂"的数字营销组合直接把情怀拉满；一声声的"云股东"，也让观众的参与感达到极致，无形中提高了观众对品牌的忠诚度。

坚持创新 新品频出满足需求

除了几位大叔的影响力外，意中公司还一直坚持不涨价、顺应市场创新。胡文忠拿出一款设计精致的洗衣液表示，这是今年4月根据"云股东"投票，定向开发的山茶花香留香洗衣液，因实惠的价格和不错的产品效果广受大家喜爱，至今在抖音已卖出2700多万件，排名店铺第一。此外，意中公司还相继推出了活力28内衣洗衣液、柔顺剂、新香型洗衣液等新品，满足了消费者的多样化需求，进一步巩固了活力28的市场地位。

发挥"链头效应"带动相关产业和企业发展

在迅速发展的同时，意中公司也带动了相关供应链企业的发展。"从物流仓储到原料供应到产品包装，我们都能就近解决。比如我们的纸箱，就来自欧洲产业城的玖龙包装公司。"胡文忠透露，粗略估计，公司的订单解决了上万人的就业问题，同时青白江完善的供应链体系也极大地降低了企业经营成本。"一年多前公司濒临倒闭，而现在员工收入翻倍增加，大家也非常喜欢青白江这座城市，有很强的定居愿望。"胡文忠表示，今年在高管委会的积极协调服

[①] 莫靖. 成都青白江："活力28"持续爆红 冲击1亿件"小目标"！［EB/OL］.（2024-11-25）［2024-12-27］. http：//sc.people.com.cn/n2/2024/1125/c379469-41053505.html.

务下，公司20多名员工进行了商品房团购，结束了长期的租房生活。直播间的3位大叔也定居青白江，正式成为"新青白江人"。

谈及未来的发展，胡文忠充满信心。他表示，公司目前的厂房是租赁的，但青白江政府一直都很支持和关心他们的发展，并且具有强大的供应链优势。因此，公司决定明年在青白江新建智能研发生产基地。同时，公司也将探索实施更多创新举措，并持续专注新品研发，开发更环保、更健康的个人护理产品，以确保在日益激烈的市场竞争中立于不败之地。

活力28衣物清洁品牌的成功营销案例，为大学生提供了宝贵的学习经验。品牌通过直播大叔的亲和力与"云股东"建立情感连接，展现了创新营销的力量。更重要的是，意中公司不断推出新品，如山茶花香留香洗衣液，满足市场需求，体现了创新精神。我们应从中学习，不仅要在营销手段上敢于创新，更要注重产品本身的持续研发与创新，以满足消费者日益多样化的需求，从而在激烈的市场竞争中脱颖而出。

本章小结

本章对数字营销进行了系统性的概述，首先界定了数字营销的概念，强调了其利用数字技术和互联网平台进行营销活动的特性，包括技术性、互动性和目标精准性等关键特征。通过对数字营销构成要素和模型的探讨，构建了理解数字营销运作机制的基本框架，而4R理论作为数字营销的理论支撑，进一步揭示了其与传统营销相比的独特之处，凸显了传统营销向数字营销升级的必然趋势。

在数字营销模式的介绍中，本章详细阐述了社群营销、内容营销、大数据营销、品牌营销以及跨界整合营销等多种模式，这些模式各具特色，共同构成了数字营销的多元化生态体系，为企业提供了丰富的营销工具和策略选择。

此外，本章还梳理了数字营销的发展历程，从基于Web1.0的单向传播营销，到依托Web2.0的互动营销，再到运用大数据的精准营销，直至借助人工智能的智能营销，展现了数字营销技术不断革新、理念持续升级的动态过程。这一过程不仅反映了数字营销技术的飞速发展，也体现了营销思维模式的深刻变革。

综上所述，本章内容全面而深入，不仅揭示了数字营销在现代商业中的重要性，也展示了其不断演进和日益成熟的趋势。对希望在数字时代取得商业成功的企业而言，深入理解和有效运用数字营销至关重要。因此，持续关注数字营销的最新趋势和发展情况，及时调整和优化营销策略，是保持竞争优势的关键。

微课资源

微课视频

第 2 章 数字营销的战略与策略

知识目标

★ 掌握 STP 战略概念与 4P 策略概念
★ 理解数字营销 STP 战略与传统 STP 战略的不同之处
★ 理解数字营销 4P 策略与传统 4P 策略的不同之处

素养目标

★ 掌握 STP 战略和 4P 策略在数字营销中的应用,提升学生的战略规划和策略制定能力,提升对消费者需求的敏感度,增强服务意识
★ 对比传统营销与数字营销战略与策略的异同,培养学生的批判性思维和创新能力

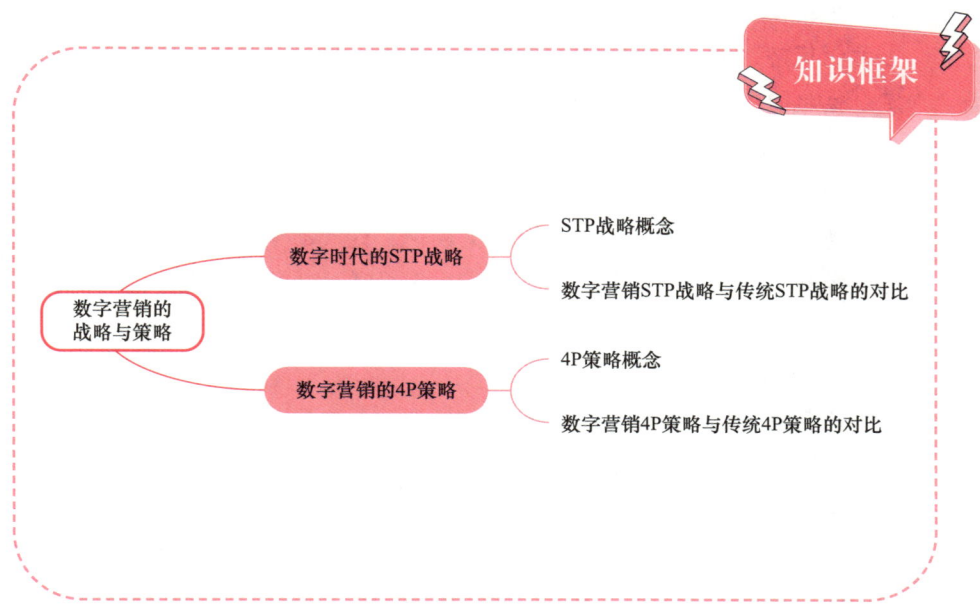

知识框架

案例导入

徕芬吹风机数智化户外营销新篇章[①]

在当今竞争激烈的家电市场中，徕芬科技凭借其创新的数智化营销手段，正在重塑吹风机市场的竞争格局。作为一家致力于高端家电产品研发与制造的企业，徕芬吹风机通过与阿里巴巴旗下瓴羊营销云天攻智投平台的深度合作，开创性地实施了一场覆盖30座城市的大型户外广告营销战役。这一营销活动不仅展现了徕芬科技在品牌推广上的创新思维，更体现了数智化技术在营销领域的巨大潜力。

1．数智化营销的精准布局

在营销活动的筹备阶段，徕芬吹风机依托阿里巴巴瓴羊强大的数据处理能力，精心规划了全矩阵户外广告方案。天攻智投平台通过精细的数据分析，为徕芬吹风机准确圈定了目标消费群体，并优选出了最具投放价值的广告点位。这一过程充分体现了数智化营销的核心优势——精准与高效。通过对消费者行为数据的深度挖掘，徕芬吹风机能够精准锁定潜在顾客，确保广告信息能够有效触达目标人群。

2．实时监控与动态优化

广告投放期间，徕芬吹风机充分利用了天攻智投平台的数智化洞察分析能力，对广告投放效果进行了实时跟踪与评估。这种动态的监控机制使品牌能够及时调整投放策略，确保广告资源得到最大化的利用。例如，在投放过程中，天攻智投平台通过实时数据分析发现某些区域的广告效果显著优于其他区域，徕芬吹风机随即调整了广告资源的分配，进一步提升了整体投放效果。这种基于数据的动态优化策略，不仅提高了广告投放的效率，也为品牌节省了大量的营销成本。

3．数据沉淀与二次营销

广告投放结束后，徕芬吹风机并未止步于此。他们利用天攻智投平台的投后曝光沉淀功能，将此次户外营销的曝光数据沉淀至品牌的线上数据引擎中。这一举措为品牌后续的线上二次营销提供了宝贵的数据支持。通过对这些数据的深度分析，徕芬吹风机能够更精准地制定线上营销策略，进一步提升品牌的市场竞争力。例如，品牌可以根据曝光数据中的用户画像，制定个性化的线上广告推送策略，从而有效提升潜在客户的转化率。

4．营销成果与市场影响

据统计，此次数智化户外营销活动，徕芬吹风机实现了超过1.1亿的曝光人数，曝光人次更是高达114亿。在"双十一"大促期间，这次高频曝光量为品牌带来了大量新客户，同时也显著提升了潜在客户的转化率。徕芬吹风机通过此次数智化户外营销实践，不仅成功打响了品牌知名度，更为其在吹风机市场的深入拓展奠定了坚实的基础。

5．数智化营销的未来展望

徕芬吹风机的成功案例，为家电行业的数智化营销提供了宝贵的经验。未来，随着数智化技术的不断发展，品牌将能够更加精准地触达目标消费者，实现营销效果的最大化。徕芬科技通过此次营销活动，不仅提升了品牌的市场竞争力，也为行业树立了数智化营销的新标杆。

[①] 方案库．2024追觅吹风机年度营销策略拆解［EB/OL］．（2024-09-09）［2025-01-13］．https：//zhuanlan.zhihu.com/p/716826432．（有改动）

第 2 章 | 数字营销的战略与策略

徕芬吹风机数智化户外营销的成功实践，不仅是一次技术与市场的完美结合，更是数字营销战略与策略精准执行的生动体现。从目标消费群体的精准定位，到广告点位的科学选择，再到投放效果的实时评估与调整，每一步都彰显了数字营销的强大力量。在此基础上，本章将进一步深入探讨数字营销的战略与策略，以期在激烈的市场竞争中，为品牌赢得更多机遇。

2.1 数字时代的 STP 战略

2.1.1 STP 战略概念

STP 战略是现代市场营销战略的核心框架，其精髓蕴含于市场细分（Segmentation）、目标市场选择（Targeting）及市场定位（Positioning）这 3 个紧密相连的步骤之中。

（1）市场细分：在现代市场营销中占据举足轻重的地位，它并非对市场进行简单切割，而是深入探索并理解消费者需求、欲望、购买行为及习惯的复杂系统工程。这一过程旨在揭示市场中那些拥有相似特征和需求的消费者群体，为企业勾勒出市场的多元面貌与内在复杂性，进而为制定精确有效的营销策略奠定基础。

（2）目标市场选择：企业市场营销战略中不可或缺的一环。它要求企业全面审视市场环境，深刻洞察市场动态，同时紧密结合自身的资源优势、能力专长及长远战略目标，精心筛选出一个或多个细分市场作为业务发展的重点。这一决策不仅关乎企业资源的合理配置，更深刻影响着市场战略的方向与长远规划，对企业的生存与发展具有深远意义。

（3）市场定位：企业市场营销战略中的点睛之笔。它旨在通过精心设计的营销策略，在潜在客户心中塑造出产品、品牌或企业的独特形象与鲜明个性，从而在竞争激烈的市场环境中脱颖而出，占据客户心智中的独特位置。这一过程不仅关乎企业品牌形象的塑造，更直接关联到市场份额的争夺与竞争优势的构建。

拓展阅读

伊利 STP 战略助力奥运营销大放异彩[①]

伊利集团作为乳制品行业的佼佼者，2024 年在携手中国体育代表团逐梦巴黎的过程中，精心布局体育营销战略，巧妙地将 STP 战略概念融入其中，展现出其全面且深入的营销智慧。通过精准的市场细分，伊利不仅赞助了游泳、跳水、射击等备受瞩目的比赛项目，还精心挑选了樊振东、郑钦文、孙颖莎等热门夺冠选手作为合作对象，这些细分市场的选择紧密贴合了具有特定兴趣和消费习惯的消费者群体，实现了精准触达。

在目标市场选择上，伊利凭借对市场环境的深刻洞察，结合自身的资源优势和长远战略目标，精心筛选了与品牌形象高度契合的细分市场作为业务发展的重点。这一策略不仅优化了资源

[①] 经济观察报. 2024 年度中国最具影响力的十大数字营销传播案例［EB/OL］.（2025-01-07）［2025-01-13］. https://baijiahao.baidu.com/s?id=1820560254557751528&wfr=spider&for=pc.

配置，更确保了市场战略的方向性和可持续性，为伊利的长远发展奠定了坚实基础。

市场定位方面，伊利以高品质乳制品专家的身份自居，通过创新的营销模式与消费者建立起了深厚的情感连接。无论是利用关键节点进行广泛传播，还是结合签约运动员的个人赛事热点开展内容营销，伊利都致力于在消费者心中塑造出独特且鲜明的品牌形象。特别是在奥运周期内，伊利通过一系列创意内容与互动活动，如鲁豫的"脸赞助"幽默话题、沙师弟的诗意营销以及震撼人心的广告片《我们的开幕式》，不断强化人们心中对其作为奥运官方合作伙伴的身份认知，从而在激烈的市场竞争中脱颖而出，成功占据了消费者心智。

在此奥运周期内，伊利的社交媒体表现尤为抢眼。微博话题累计阅读量超过137亿，微信指数大幅增长，逼近600万的量级，抖音品牌搜索指数峰值突破1200万，同比增长超过56%，百度资讯指数也达到了峰值1800万。这些亮眼的成绩不仅充分彰显了伊利强大的品牌影响力，更验证了其STP战略在市场营销中的卓越成效。

2.1.2 数字营销STP战略与传统STP战略的对比

数字营销STP战略与传统STP战略在核心理念上是一致的，都包括市场细分、目标市场选择和市场定位3个关键步骤；然而，随着数字技术的快速发展和消费者行为的变化，数字营销STP战略在实施方式和策略上呈现出一些新的特点，以下是对两者的对比分析。

2.1.2.1 市场细分的对比

市场细分作为市场营销策略中的基础环节，其核心在于将庞大的市场划分为若干具有相似需求和特征的细分市场，以便企业能够更加精准地定位目标市场，制定有效的营销策略。这一环节绝非简单的分类行为，而是依据人们的共同愿望和需求，将市场科学地划分成一个或多个小组，进而围绕这些小组最有可能的接触点和各类媒体渠道，精心设计并实施营销策略。通过这样精准的细分，企业能够锁定和提供更具针对性的产品和服务，在有效聚合潜在买家团体（分类别）的基础上，确保产品在恰当的时机送达合适的客户——这些客户拥有共同的需求，更可能积极响应特定的营销活动。

1. 传统市场细分战略

传统STP战略与数字营销时代下的STP战略在市场细分层面呈现出鲜明的差异。这种差异不仅体现在细分变量的多元选择上，更深刻地反映在细分过程的动态性与实时性上。在传统STP战略框架下，市场细分主要依赖人口统计特征、地理因素、心理因素和行为因素等传统变量。这些变量，如年龄、性别、收入、受教育水平等人口统计特征，以及消费者所在地区、城市规模、气候等地理因素，共同为划分细分市场奠定了坚实基础。同时，消费者的生活方式、价值观、个性等心理因素，以及购买频率、品牌忠诚度、对价格的敏感度等行为因素，也构成了传统市场细分不可或缺的重要依据。

然而，传统STP战略下的市场细分过程相对静态，主要基于历史数据和过往经验进行判断。这种静态性无疑限制了企业对市场变化的敏锐洞察力和快速响应能力。随着市场环境的持续变迁，消费者的需求和偏好也在不断演变，传统的细分变量和策略往往难以及时捕捉这些变化，从而导致企业错失宝贵的市场机遇。

2. 数字营销下的市场细分战略

数字营销 STP 战略在市场细分方面展现出了前所未有的灵活性和精准度。借助大数据和人工智能技术，企业能够深入剖析消费者的在线行为、购买历史、社交媒体互动等多维数据，这些数据为市场细分提供了更为丰富且细致的变量选择。例如，通过分析消费者的在线浏览记录、搜索关键词、购买偏好等数据，企业能够敏锐洞察消费者的潜在需求和兴趣点，进而划分出更为精细的细分市场。此外，数字营销人员还可以充分利用位置信息、社交互动、移动搜索和浏览数据等，对消费者进行更为深入的细分，这种细分更加关注消费者互动的网络联系和更微分的单元。

数字营销 STP 战略下的市场细分过程更加动态和实时。企业能够运用实时数据分析工具，对市场变化和消费者需求进行持续监测和深入分析，及时调整细分策略。这种动态性不仅显著提升了企业对市场变化的敏锐度和响应速度，还使企业能够根据消费者的实时反馈，不断优化产品和服务，进而提升客户满意度和忠诚度。

此外，数字营销 STP 战略还着重强调了个性化营销的重要性。通过大数据和人工智能技术，企业能够为每个细分市场甚至每个消费者量身定制和提供个性化的营销内容及体验。这种个性化营销不仅能够大幅提升营销效果，还能有效增强消费者的参与感和归属感，进一步紧密企业与消费者之间的关系。

在数字营销时代，市场细分已经超越了传统的人口统计和地理细分范畴，形成了一种全新的基于网络的市场细分模式。数字媒体与数据生产的融合，催生出一类新型消费者群体或其他群体，并促使他们形成共同利益诉求与价值观念。这些群体虽然被地理、文化和隔代分歧所分裂，但数字技术将他们紧密地联系在一起。这种亲和力源自部分市场的沟通、分享和识别，通过不断扩大彼此认同的连锁和相交的消费者网络，数字技术的应用范围得以不断扩展。因此，在"市场营销新常态"下，流行的市场细分策略聚焦于每一个目标群体网络，吸引、激励和激活具有影响力的群体，他们会向社会接触者传播自身所支持的信息。

市场细分从传统 STP 战略到数字营销 STP 战略的演变，不仅体现为细分变量的多样化和细分过程的动态化，更显著提升了企业对市场变化的敏锐洞察力和快速响应能力。在数字营销时代，企业需要充分利用大数据和人工智能技术，不断优化市场细分策略，以实现更加精准的目标市场定位和营销策略制定。同时，企业还需积极监测目标分类中的变化，深入挖掘不同目标分类中的客户需求，从而在激烈的市场竞争中脱颖而出。

2.1.2.2 目标市场选择的对比

在市场营销的广阔舞台上，目标市场的选择无疑是一场至关重要的战役。它决定了企业将有限的资源投向何方，以期在竞争激烈的市场中取得突破。传统 STP 战略与数字营销 STP 战略在目标市场选择上的差异，不仅体现在方法论上，更深刻反映了市场营销理念的革新与进步。

1. 传统目标市场选择战略

在传统 STP 战略框架下，目标市场的选择主要基于市场规模、增长潜力、竞争状况及企业资源等关键因素。市场规模与增长潜力是评估细分市场吸引力的重要指标，它们决定了企业能否在该市场中获得足够的收益与成长空间。竞争状况则考量了市场中现有竞争者、潜在进入者及替代品等因素，这些因素共同影响着企业的市场份额与利润率。而企业资源，包括资金、技术、人才等，是

企业能否有效进入并占据目标市场的决定性力量。

然而，传统STP战略下的目标市场选择相对主观，高度依赖市场研究人员的经验与判断。这种主观性可能导致企业忽略某些具有潜力的细分市场，或者错误地进入竞争过于激烈、资源难以匹配的市场。此外，传统市场研究方法往往缺乏实时性与动态性，难以准确捕捉市场变化与消费者快速演变的需求。

2. 数字营销下的目标市场选择战略

随着数字营销时代的到来，目标市场选择的方式与策略发生了深刻变革。数字营销STP战略充分利用数据分析工具，为企业提供了更为准确、科学的目标市场选择依据。通过大数据分析，企业能够深入挖掘消费者的行为模式、兴趣偏好及购买意愿，从而更准确地评估不同细分市场的吸引力与潜在价值。这种基于数据的决策方式，有效降低了市场选择的主观性与不确定性，提升了企业决策的科学性与准确性。

数字营销STP战略还赋予了企业更加精准、高效地触达目标市场消费者的能力。借助社交媒体广告、搜索引擎优化、电子邮件营销等数字营销工具，企业能够精准定位目标市场的消费者群体，实现个性化、精准化的营销信息传递。这种精准触达不仅提升了营销效果，还降低了营销成本，使企业能够以更低的成本获得更高的回报。

更重要的是，数字营销STP战略强调了企业和消费者之间的双向互动与沟通。通过社交媒体、在线评论、客户服务等渠道，企业能够实时收集消费者的反馈与意见，及时调整营销策略与产品服务，以满足消费者的个性化需求与期望。这种双向互动不仅增强了企业和消费者之间的信任与黏性，还为企业提供了宝贵的市场洞察与消费者洞察，为企业未来的市场选择与策略制定提供了有力支持。

在此背景下，科特勒咨询集团（Kotler Marketing Group）提出了小众营销战略的实施框架，认为选择小众市场作为目标市场战略需要将"深潜"与"想象力"相结合。所谓"深潜"，就是要比以往更深入地接近消费者，企业要成为"客户拥有者"，贴近客户以降低成本，通过客户增长来取代以前的市场扩张。通过与客户对话、让客户参与来扩大企业的边界，提供更有深度的内容。所谓"想象力"，就是在"深潜"的垂直思维下，以水平思维来进行补充，增加营销的创造力。小众市场在"深潜"成功的基础上，要通过想象力打开新的市场空间。

2.1.2.3 市场定位的对比

市场定位作为市场营销战略的核心要素，其核心目的在于通过精心策划的营销举措，在目标消费者群体中塑造出独特且鲜明的品牌形象，进而抢占市场份额，获得竞争优势。在传统STP（市场细分、目标市场选择、市场定位）战略框架下，市场定位的实现主要依赖品牌故事的构建、广告宣传的投放及产品差异化策略的实施；然而，随着数字营销时代的到来，市场定位的方式与策略正在经历一场深刻的变革。

1. 传统市场定位战略

在传统STP战略中，市场定位主要侧重品牌故事的讲述、广告宣传的投放和产品差异化策略的执行。品牌故事通过阐述企业的起源、发展历程及核心价值观等方式，与消费者产生情感上的共鸣，进而提升消费者品牌忠诚度。广告宣传则通过多渠道、多形式的传播方式，提高品牌的知名度和曝光率，吸引潜在消费者的关注。而产品差异化策略通过创新产品设计、提升产品质量及优化用户体验等手段，使企业在激烈的市场竞争中脱颖而出。

然而，传统STP战略下的市场定位过程相对静态，一旦确定则往往难以迅速调整。这主要是由于市场环境和消费者需求的快速变化，以及传统营销手段在灵活性方面的限制。随着市场竞争的日益加剧，消费者对品牌和产品的耐心与注意力越发有限，静态的市场定位策略已难以满足企业快速响应市场变化、精准捕捉消费者需求的要求。

2. 数字营销下的市场定位战略

数字营销STP战略的崛起，为市场定位带来了全新的视角和工具。在数字营销时代，企业可以借助实时数据分析技术，深入了解消费者对品牌的认知、态度及购买意愿。通过大数据挖掘和人工智能算法，企业能够精准捕捉消费者的行为模式、兴趣偏好及潜在需求，为市场定位提供更加精准、全面的数据支持。

数字营销手段的应用，使市场定位的调整变得更加灵活高效。内容营销、社交媒体互动、搜索引擎优化等数字营销策略，不仅能够帮助企业迅速传递品牌信息、提升品牌知名度，还能够根据消费者的实时反馈和行为变化，灵活调整市场定位策略。例如，通过社交媒体互动，企业可以及时了解消费者对品牌的看法和态度，从而迅速调整品牌形象和营销策略，以更好地满足消费者需求。

此外，数字营销STP战略还强调了个性化营销的重要性。在数字营销时代，消费者的个性化需求越发显著。企业可以利用大数据和人工智能技术，为消费者提供个性化的产品推荐、营销内容和购物体验。这种个性化营销不仅能够提升消费者的满意度和忠诚度，还能够进一步巩固企业在目标消费者心中的独特市场定位。

在商业世界中，颠覆性的变革正在悄然发生。随着供给的无限可能和传媒业的碎片化，消费者的原始需求几乎都能得到及时满足，但派生性的超细分需求开始凸显。与此同时，过去占据主流地位的商业巨头及其所代表的大众市场背后的优势正在逐渐消失，取而代之的是一个更加多元化、部落化的社会。这使目标市场选择开始出现新的趋势，如选择小众市场作为目标市场的营销策略正在兴起。

市场定位从传统STP战略到数字营销STP战略的转型与升级，不仅体现了手段与策略的创新，更提升了企业对市场趋势和消费者需求的敏锐洞察力与快速响应能力。在数字营销时代，企业需要充分利用大数据和人工智能技术，不断优化市场定位策略，以实现更加精准、灵活的市场定位与营销布局，从而在激烈的市场竞争中占据有利地位。

2.2 数字营销的4P策略

2.2.1 4P策略概念

4P策略是市场营销中的经典理论，由产品（Product）、价格（Price）、渠道（Place/Location，也有版本译为"地点"）和促销（Promotion）4个基本要素组成。这4个要素构成了企业营销策略的基础，是企业在市场竞争中取得优势的重要手段。以下是对4P策略概念的详细阐述。

1. 产品

产品作为企业与消费者之间最为直接且紧密的联结点，其设计与开发始终聚焦满足消费者的具体需求这一核心目标。在产品开发初期，企业需凭借深入的市场调研与精准的消费者洞察，精准捕捉消费者的需求与偏好，进而明确产品的功能定位、设计风格及品质标准。这一过程不仅考验企业的市场敏感度和对消费者的洞察能力，更要求企业拥有强大的产品研发与创新能力，以确保产品能够精准对接消费者的期望与需求，赢得市场青睐。

2. 价格

在市场营销的复杂棋局中，价格无疑是一枚举足轻重的棋子。它不仅是企业赋予产品的交换价值体现，更是消费者在做出购买决策时不可忽视的关键考量因素。价格策略涵盖定价策略、折扣政策、信用条件等方面，不仅深刻影响着消费者的购买能力与决策，还直接关联着企业的盈利能力与市场竞争力。因此，如何制定既符合市场规律又能体现产品价值的价格策略，成为企业市场战略中的重要一环。

3. 渠道

渠道在市场营销的广阔舞台上，扮演着产品从生产者到消费者手中流通路径的关键角色。渠道策略，这一涉及分销渠道设计、存货管理、物流配送等环节的复杂体系，不仅关乎产品的流通效率与市场覆盖范围，更直接影响企业的销售业绩与品牌形象。因此，构建高效、合理的销售渠道，确保产品在恰当的时机、地点以恰当的方式触达消费者，成为企业渠道策略的核心目标。

4. 促销

促销作为连接企业与消费者的桥梁，在激烈的市场竞争中发挥着举足轻重的作用。它不仅是企业传递产品信息、提升产品知名度与销量的有效工具，更是增强品牌影响力、塑造良好企业形象的重要途径。促销策略，这一涵盖广告、人员推销、公共关系、销售促进等维度的综合体系，旨在通过多元化的手段，激发消费者的购买热情，推动销售业绩的持续攀升。

2.2.2 数字营销4P策略与传统4P策略的对比

数据驱动决策是大数据时代的一个重要特点。在营销策略中，广泛应用多种多元统计分析方法可以帮助企业实现精准化、个性化和动态化的营销，在海量数据中发现新的商业机会，提升营销决策的科学水平。

2.2.2.1 产品策略的对比

在市场营销的广阔舞台上，产品策略始终扮演着核心角色。它不仅是企业满足消费者需求、实现市场渗透的关键，更是塑造品牌形象、构建竞争优势的基石。从传统4P策略到数字营销4P策略，产品策略的内涵与实践方式正经历着深刻的变革。

1. 传统产品策略

在传统4P策略中，产品策略的核心在于提供满足消费者需求和欲望的基础产品。这一策略强调，企业需通过深入的市场调研，准确把握消费者的核心需求与潜在欲望，进而开发出符合市场需求的产品。在这一过程中，企业需重点关注产品的设计、品质、包装、品牌等要素，确保产品具有鲜明的差异化特征和竞争优势。设计不仅关乎产品的外观与功能，更在于通过设计语言传递品牌理念，与消费者建立情感连接；品质是产品的生命线，是企业赢得消费者信任与忠诚的基石；包装是产品形象的直接体现，需兼顾美观与实用性；品牌则是企业无形的资产，需通过持续的品牌建设与维护，提升品牌的知名度和美誉度。

2. 数字营销下的产品策略

当前，传统4P策略中的产品策略已难以满足日益多样化的市场需求。在此背景下，数字营销4P策略应运而生，为产品策略注入了新的活力与可能。在数字营销4P策略中，产品策略同样强调满足消费者需求，但更加注重个性化和定制化。这一转变源于大数据与人工智能技术的飞速发展，使企业能够以前所未有的精度分析消费者行为，洞察消费者需求，进而提供个性化的产品和服务。具体表现在以下3个方面：

（1）在数字营销4P策略下，产品策略的实施方式发生了显著变化。企业不再仅仅依赖传统的市场调研手段，而是借助数字化手段，如社交媒体、电子邮件等，与消费者进行实时、高效的互动。通过收集消费者的反馈与意见，企业能够及时调整产品策略，优化产品设计，提升产品品质，以满足消费者的个性化需求。同时，企业还能利用大数据分析，挖掘消费者的潜在需求，提前布局新产品线，抢占市场先机。

（2）在数字营销4P策略下，产品策略强调与消费者建立情感连接。企业需通过创新的产品设计、独特的品牌故事、贴心的客户服务等方式，与消费者建立深厚的情感连接。这不仅能够提升消费者的忠诚度与满意度，还能激发消费者的口碑传播效应，为企业带来更多的潜在客户与市场份额。

（3）在数字营销4P策略下，产品策略需注重产品的可持续性与环保性。随着消费者环保意识的日益增强，企业需将绿色、低碳、可持续的理念融入产品设计、生产、包装、销售等各个环节，以赢得消费者的认可与支持。这不仅能够提升企业的社会责任感与品牌形象，还能为企业创造更多的商业价值与社会价值。

产品策略从传统营销到数字营销的演进，不仅是市场环境变化与消费者需求升级的必然结果，更是企业创新与发展的重要动力。在未来的市场竞争中，那些能够紧跟时代潮流、灵活运用数字营销4P策略、不断创新与优化产品策略的企业，必将赢得更加广阔的市场空间与更加辉煌的发展前景。

2.2.2.2 价格策略的对比

在市场营销的广阔天地中，价格策略始终占据着举足轻重的地位。它不仅关乎企业的盈利能力和市场竞争力，更直接影响消费者的购买决策与满意度。

1. 传统价格策略

在传统4P策略中，价格策略的核心在于制定合理的价格，确保企业在实现盈利的同时，也能充分考虑消费者的购买能力。这一策略要求企业基于产品成本、市场竞争状况和消费者的支付意愿等因素，进行综合考量与权衡。产品成本是企业定价的基础，它决定了价格的底线；市场竞争状况则要求企业在定价时，考虑竞争对手的定价策略，确保自身价格具有竞争力；而消费者的支付意愿是企业定价时不可忽视的重要因素，它直接关系到产品的市场接受度与销售情况。

要实现合理的定价，企业需通过深入的市场调研，了解竞争对手的定价策略、消费者的支付意

愿及市场供需状况等信息。这些信息为企业提供了宝贵的决策依据，帮助企业制定出既符合市场规律，又能满足消费者需求的价格策略。然而，传统4P策略下的价格策略，往往侧重于静态的定价决策，缺乏对市场变化的及时响应与灵活调整。

2. 数字营销下的价格策略

随着数字营销时代的到来，价格策略正经历从静态到动态的深刻转型。数字营销策略下的价格策略，同样强调价格的合理性，但更加注重灵活性与动态调整。这一转变得益于大数据与数据分析工具的广泛应用，使企业能够实时监控市场价格变化，精准把握消费者的购买行为与支付意愿，从而灵活调整价格策略，以应对市场波动。具体表现在以下3个方面：

（1）在数字营销策略下，企业利用数据分析工具，对市场价格进行持续跟踪与分析。这些工具能够捕捉到市场价格波动的微小变化，为企业提供实时的市场反馈。基于这些数据，企业能够迅速调整价格策略，确保价格始终保持在合理区间，既不过高导致消费者流失，也不过低损害企业利润。

（2）数字营销策略下的价格策略，强调通过数字化平台实时更新价格与开展促销活动。电商平台、社交媒体等数字化平台，为企业提供了与消费者直接互动的渠道。企业可以利用这些平台，实时更新产品价格，开展限时折扣、满减优惠等促销活动，吸引消费者关注与购买。这种灵活的价格策略，不仅能够提升企业的市场竞争力，还能增强消费者的购买体验与满意度。

（3）数字营销策略下的价格策略，注重与消费者建立长期的信任关系。企业需通过透明的价格政策、优质的客户服务与售后支持，赢得消费者的信任与忠诚。这种信任关系，不仅能够提升消费者的复购率与口碑传播效应，还能为企业创造更多的商业价值与社会价值。

课堂讨论

假设你是某电商平台的营销总监，面对数字营销时代下的价格竞争加剧、消费者行为多变的挑战，你计划如何利用大数据与数据分析工具，来优化价格策略并提升市场竞争力？请结合实时数据分析工具、数字化平台的价格更新与促销、与消费者建立信任关系等方面，提出具体策略并阐述其如何帮助企业优化价格策略。

2.2.2.3 渠道策略的对比

在市场营销的宏观布局中，渠道策略作为连接产品与消费者的桥梁，扮演着至关重要的角色，也关乎产品的流通效率、市场覆盖范围及消费者体验的优劣。从传统4P策略到数字营销4P策略，渠道策略经历了从线下到线上、从单一到多元的转变，为企业提供了更加广阔的市场机遇和更高效的运营模式。

1. 传统渠道策略

在传统4P策略中，渠道策略的核心在于选择合适的销售渠道，确保产品能够及时、准确地送达消费者手中。这一策略要求企业深入市场，了解消费者的购买习惯与偏好，从而构建起高效便捷、覆盖广泛的分销网络。实体店铺、分销商、零售商等传统渠道，成为企业产品走向市场的主要途径。它们不仅提供了直观的产品展示，还通过丰富的促销活动和优质的服务，吸引了大量消费者的关注与购买。

然而，传统渠道策略也存在一定的局限性。一方面，实体店铺的运营成本高、市场响应速度慢，难以迅速适应市场变化；另一方面，传统分销网络可能存在信息不对称、效率低下等问题，影响了产品的流通速度和消费者的购买体验。因此，在传统4P策略的基础上，企业需要不断探索和创新，以寻找更加高效、灵活的渠道策略。

2. 数字营销下的渠道策略

数字营销4P策略下的渠道策略，同样强调渠道的选择和管理，但更加注重线上渠道的拓展和优化。电商平台、社交媒体等新兴渠道，以其低成本、高效率、广泛覆盖等优势，迅速成为企业拓展市场、提升销量的重要手段。这些线上渠道不仅打破了地域限制，使产品能够轻松触达全球消费者，还通过丰富的互动方式和精准的数据分析，提供了更加个性化、高效的购物体验。

在数字营销4P策略下，企业充分利用搜索引擎优化（Search Engine Optimization，SEO）、社交媒体营销（Social Media Marketing，SMM）、电子邮件营销（E-mail Direct Marketing，EDM）等数字化营销手段，提高线上渠道的曝光率和转化率。通过SEO，企业网站和产品页面能够在搜索引擎中获得更高的排名，从而吸引更多潜在客户的关注；通过SMM，企业可以在社交媒体平台上与消费者进行实时互动，传递品牌价值，提升品牌知名度；而通过EDM，企业可以定期向潜在客户和现有客户发送个性化邮件，促进复购和口碑传播。

需要注意的是，数字营销4P策略下的渠道策略并非完全摒弃传统渠道，而是实现了线上与线下的深度融合。企业可以根据产品特性、市场需求及消费者偏好，灵活选择线上或线下渠道，或者通过O2O模式，实现线上引流、线下体验的无缝衔接。这种多元化的渠道策略，不仅提升了产品的市场覆盖率和销售效率，还为消费者提供了更加便捷、舒适的购物体验。

从传统4P到数字营销4P，渠道策略的演变与拓展，为企业提供了更加广阔的市场机遇和更高效的运营模式。在未来的市场竞争中，那些能够紧跟时代潮流、灵活运用数字化手段、不断创新和优化渠道策略的企业，必将赢得更加广阔的发展空间和更加辉煌的发展前景。

2.2.2.4 促销策略的对比

在市场营销这个多元化且日新月异的领域中，促销策略始终是驱动产品知名度提升与销量增长的关键引擎。它不仅关乎企业市场份额的争夺，更是塑造品牌形象、强化市场竞争力的核心所在。从经典的4P策略迈向数字时代的4P策略，促销策略经历了从由传统媒体主导到由数字化营销引领的深刻变革，为企业营销实践带来了全新的机遇与挑战。

1. 传统促销策略

在传统4P策略的框架下，促销策略侧重于运用多元化的营销工具，精准地向目标消费群体传递产品信息，激发他们的购买欲望，进而提升产品销量及产品市场占有率。在这一过程中，广告、公共关系（PR）和销售促进活动成为促销组合的核心。电视、广播、报纸等传统媒体，凭借其广泛的覆盖面和强大的传播力，一度为企业推广产品的首选渠道。通过精心策划的广告内容与创意形式，企业能够迅速提升产品知名度，吸引消费者目光。同时，开展折扣、赠品、抽奖等促销活动，也是刺激消费、提升销量的有效手段，这些活动不仅直接促进销售，还加深了消费者对品牌的忠诚度与好感度。

然而，随着信息技术的飞速发展和消费者行为模式的不断演变，传统媒体在促销策略中的作用

逐渐减小。消费者越来越倾向通过社交媒体、搜索引擎等数字化平台获取信息，传统媒体的受众规模逐渐缩小，影响力也随之下降。

2. 数字营销下的促销策略

数字营销4P策略下的促销策略，虽然依旧聚焦提升产品知名度和销量，但其实施手段与方法发生了根本性变革。SMM、SEO、EDM等数字化营销手段，凭借其高度的精准性、互动性和高效率，迅速成为企业促销的新宠。通过社交媒体平台，企业能够实时与消费者互动，深入了解他们的需求与偏好，从而制定出更加贴近消费者心理的促销策略。

需要注意的是，数字营销4P策略下的促销策略并非孤立无援，而是与产品、价格、渠道等策略紧密配合，共同构建了一个全面而高效的营销体系。借助数据分析工具，企业能够深入挖掘消费者的行为模式与兴趣偏好，洞悉其购买决策，从而制定出更加精准、个性化的促销策略。这种以数据为驱动的营销方式，不仅显著提升了营销效果，还为企业带来了更加可持续的增长动力。

此外，数字营销4P策略还高度重视营销内容的创意性与互动性。在社交媒体平台上，有创意、有趣且富有情感共鸣的营销内容更容易引发消费者的关注与分享，从而扩大品牌的传播范围与影响力。因此，企业在制定促销策略时，需注重内容的创新与创意，通过故事化、场景化的营销手法，吸引消费者的注意力，激发其购买兴趣。

在营销策略组合中，促销策略关乎如何运用营销传播手段向顾客及其他利益相关者传递企业与产品的信息。互联网和数字营销技术的兴起，对营销传播计划产生了深远影响。现代企业正致力于开发整合度更高的传播方法，以最大限度地将信息传递给目标受众。从广告、销售促进到公共关系，数字营销为传统促销手段提供了在线等价要素，如互动展示广告、在线优惠券、在线公关与影响者拓展等，这些手段均是数字营销时代促销策略的重要组成部分。

从传统4P到数字营销4P，促销策略的转型与升级为企业营销开辟了更加广阔的空间，提供了更加多样化的手段。未来，那些能够紧跟时代步伐、灵活运用数字化营销手段、不断创新与优化促销策略的企业，将在激烈的市场竞争中脱颖而出，创造更加辉煌的业绩。

案例分析

星巴克数字化转型与顾客体验优化[①]

星巴克作为全球咖啡连锁的领军品牌，凭借卓越的数字营销战略与策略，在数字化浪潮中独领风骚。品牌深知，要紧密连接消费者并扩大市场影响力，关键在于提供一致且个性化的品牌体验，同时打破线上与线下的界限，实现无缝融合。

星巴克推出的"星巴克星享俱乐部"会员计划，是其数字营销战略与策略的精彩演绎。该计划充分利用大数据和AI技术，深度挖掘会员的消费习惯与偏好，从而提供定制化的产品推荐与服务。会员只需在线上完成预点单与支付，即可到店自提或享受店内服务，这种线上线下无缝衔接的体验，极大地提升了消费的便捷性与满意度。在社交化营销方面，星巴克同样表现出色。品牌通过社交媒体平台，举办创意营销活动，如"星巴克星杯大赛"，鼓励用户分享自己的星巴克

[①] 小猪V5社区社群电商系. 全域营销案例分析：成功背后的策略与实践［EB/OL］.（2024-07-01）［2025-01-13］. https://www.sohu.com/a/789817507_121783453.

体验，形成病毒式传播效应，有效扩大了品牌的影响力与知名度。

此外，星巴克还注重会员权益与激励机制的设计。星享俱乐部构建了多层次的会员等级体系，不同等级会员享有不同特权，如免费升杯、生日礼遇等，这些丰富的权益吸引了大量消费者加入并持续消费。同时，星巴克建立了高效的顾客反馈系统，鼓励用户分享体验与建议，用于产品和服务的持续优化，形成了一个正向的顾客体验改善循环。星巴克数字营销战略与策略的成效显著。自星享俱乐部推出以来，会员数量激增，会员销售额占比大幅提升。更重要的是，通过精准的个性化营销与服务，星巴克成功深化了与消费者的情感联系，增强了品牌忠诚度。这种以消费者为中心，线上线下融合的数字营销战略与策略，不仅提升了用户体验，还推动了销售增长与市场份额的提升。

问题：

以上案例反映了哪些数字营销的 STP 战略与 4P 策略？如何具体运用的？

实战演练

调研数字营销 STP 战略与 4P 策略在快消品行业的应用

1. 实践背景

企业的营销战略和策略需要结合数字化工具和平台进行优化和创新。STP 战略和 4P 策略是营销的核心框架，但在数字营销中，这些理论需要结合数据驱动、用户互动和个性化传播进行调整。本次实践调研作业旨在通过分析快消品行业中数字营销 STP 战略与 4P 策略的应用，帮助学生将数字营销的理论与实践结合，并掌握相关调研方法和分析工具。

2. 实践目的

★学会通过数据分析优化 STP 战略与 4P 策略。

★培养市场调研与案例分析能力。

★提升团队协作与报告撰写能力。

3. 实践对象

★调研行业：快消品行业。

★调研企业：宝洁公司（Procter & Gamble，P&G）。

请同学们结合调研结果，在以下空白处填写你对宝洁公司的认识，分享你的发现与见解。

宝洁公司是全球最大的快速消费品（FMCG）公司之一，成立于_____年，总部位于_____。宝洁以其多元化的品牌组合和创新的产品闻名，旗下拥有多个家喻户晓的品牌，如_____、_____、_____、_____、_____、_____等，涵盖美容、健康、家居护理和婴儿护理等多个领域。宝洁在数字营销领域积极探索，通过大数据分析、社交媒体营销和个性化推荐等手段，提升品牌影响力和市场占有率。

4. 实践内容与步骤

本次实践调研作业分为 4 个阶段：前期准备与调研设计、数据收集与分析、STP 战略与 4P 策略评估、总结与报告撰写。实践内容与步骤见表 2-1。教师根据各组提交的报告、汇报表现及团队协作情况，进行综合评分，实践评价见表 2-2。

表 2-1　实践内容与步骤

任务阶段	任务内容		交付成果
第 1 阶段：前期准备与调研设计（1 天）	任务 1：确定调研主题与目标	1. 调研主题： 数字营销 STP 战略与 4P 策略在宝洁公司中的应用 2. 调研目标： （1）了解宝洁公司数字营销 STP 战略（市场细分、目标市场选择、市场定位） （2）分析宝洁公司数字营销 4P 策略（产品、价格、渠道、促销） （3）提出优化数字营销战略与策略的建议	调研方案文档（包括调研主题、目标、方法、工具及团队分工等）
	任务 2：设计调研方案	1. 调研方法： （1）文献研究：查阅数字营销 STP 战略与 4P 策略的相关应用案例和相关理论 （2）数据分析：收集宝洁公司的公开数据（如用户行为数据、销售数据等） （3）用户调研：设计问卷或访谈，了解用户对宝洁品牌和产品的认识与反馈 2. 调研工具： （1）数据分析工具：Python、Excel、Tableau 等 （2）问卷工具：问卷星、Google Forms 等 （3）文献检索工具：知网、Google Scholar 等	
	任务 3：团队分工与时间规划	1. 团队分工： （1）数据收集与分析组：负责收集平台数据和用户调研数据 （2）案例研究组：负责分析宝洁公司的 STP 战略与 4P 策略应用案例 （3）报告撰写组：负责整理调研结果并撰写报告 2. 时间规划： 明确各阶段的时间节点和交付成果	
第 2 阶段：数据收集与分析（3 天）	任务 1：文献研究与案例收集	1. 文献研究： 查阅数字营销 STP 战略与 4P 策略的相关文献，了解理论框架和成功案例 2. 案例收集： 收集宝洁公司数字营销 STP 战略与 4P 策略应用案例等	数据收集与整理报告（包括数据来源、样本量、分析方法等），数据分析结果（包括图表和初步结论）
	任务 2：数据收集与整理	1. 平台数据： 通过公开渠道收集宝洁公司的用户行为数据（如社交媒体互动数据、电商平台销售数据等） 2. 用户调研： 设计问卷或访谈，收集用户对宝洁品牌和产品的认识与反馈 3. 问卷内容： 可包括用户对宝洁品牌的认知度、产品使用体验、价格敏感度、购买渠道偏好等 4. 数据整理： 对收集到的数据进行清洗和分类，便于后续分析	

续表

任务阶段	任务内容		交付成果
第2阶段：数据收集与分析（3天）	任务3：数据分析与洞察	1. STP战略分析： （1）市场细分：分析宝洁公司的目标用户群体及其特征 （2）目标市场选择：评估宝洁公司在不同市场的表现 （3）市场定位：分析宝洁品牌在用户心智中的定位 2. 4P策略分析： （1）产品：分析宝洁公司产品的创新点与用户满意度 （2）价格：评估宝洁公司的定价策略及其市场竞争力 （3）渠道：分析宝洁公司的线上线下渠道布局 （4）促销：评估宝洁公司的数字营销活动效果	数据收集与整理报告（包括数据来源、样本量、分析方法等）。数据分析结果（包括图表和初步结论）
第3阶段：STP战略与4P策略评估（2天）	任务1：评估AI应用效果	1. 个性化推荐： 评估推荐系统的准确性和用户满意度 2. 智能客服： 评估客服机器人的响应速度和问题解决率 3. 动态定价： 评估动态定价策略对销售业绩的影响	STP战略与4P策略评估报告（包括数据分析结果和优化建议）
	任务2：提出优化建议（1）	1. 技术优化： 针对现有AI功能的不足，提出技术改进建议 2. 用户体验优化： 根据用户反馈，提出提升用户体验的建议 3. 策略创新： 结合行业趋势，提出新的AI应用场景	
	任务3：提出优化建议（2）	1. STP战略优化： 针对市场细分、目标市场选择和市场定位提出改进建议 2. 4P策略优化： 针对产品、价格、渠道和促销提出创新建议	
第4阶段：总结与报告撰写（1天）	任务1：总结调研成果	1. 调研回顾： 总结整个调研过程与成果 2. 经验教训： 分析调研中的成功经验与不足之处 3. 未来展望： 提出数字营销STP战略与4P策略的未来发展方向	调研报告与展示PPT
	任务2：撰写调研报告	报告结构： （1）引言：调研背景与目的 （2）调研方法：数据收集与分析过程 （3）调研结果：数据分析与案例研究结果 （4）结论与建议：总结调研成果并提出优化建议 （5）报告格式：图文并茂，逻辑清晰，语言简洁	
	任务3：团队展示与答辩	1. 展示内容： 以PPT形式展示调研过程与成果 2. 答辩环节： 回答评委（教师或其他学生）的提问，进一步阐述调研中的思考与收获	

表 2-2　实践评价

实践题目						
完成时间						
学院						
姓名		年级		班级		
成绩评定	评价内容	评价标准	分值	教师评价（占比60%）	个人评价（占比40%）	实际得分
	调研设计与执行能力	1. 调研方案的合理性与执行效果 2. 团队分工与时间规划的合理性	20			
	数据分析能力	1. 数据收集的全面性 2. 分析方法的科学性 3. 结论的准确性	20			
	案例研究能力	1. 案例分析的深度与广度 2. 优化建议的可行性	20			
	报告撰写与展示能力	1. 报告的逻辑性、完整性 2. 展示的吸引力	20			
	汇报表现	内容完整，表达清晰，视觉美观，互动流畅，自信专业	20			
		总分				

德育天地

安踏（中国）有限公司数字营销策略解析[①]

安踏（中国）有限公司，自1991年创立以来，已逐步成长为涵盖设计、生产、销售运动鞋服及配饰等运动装备的综合性、多品牌体育用品巨头。安踏凭借精准的品牌定位和丰富的品牌矩阵，成功打入多个层级市场，精准对接不同消费群体的需求。

在数字营销战略上，安踏近年来展现出了非凡的创新力。公司运用大数据分析技术，深度剖析消费者行为模式，精确捕捉市场动态，为旗下各品牌量身定制个性化的营销策略。例如，安踏成功收购并重塑FILA品牌，借助数字营销的力量，将其从专业运动领域品牌转型为时尚运动代表，赢得了众多年轻消费者的青睐。

安踏在品牌传播上尤为注重情感连接，通过生动讲述品牌背后的故事、展示独特的品牌文化，与消费者建立起牢固的情感纽带。其广告作品中频繁呈现运动员的励志经历、普通人的运动精彩瞬间，这些真实动人的场景深深触动了消费者的情感，激发了广泛的情感共鸣。

此外，安踏积极拥抱社交媒体等数字营销平台，与消费者保持实时互动。通过发布最新产品信息、策划线上互动活动等形式，安踏不仅显著提升了品牌的知名度和市场影响力，还进一步加深了消费者对品牌的认知与认同。

[①] 艾媒网. 2024—2025年中国品牌营销产业企业案例分析：数字营销市场日趋成熟，品牌营销策略创新驱动企业发展［EB/OL］.（2024-12-14）［2025-01-13］. https://www.iimedia.cn/c1020/103929.htm/.

安踏在数字营销策略上的辉煌成就，缘于其对市场需求的精准洞察和对消费者心理的深刻理解。公司凭借大数据分析、情感营销、社交媒体互动等先进手段，实现了品牌的迅速崛起与稳健发展。

安踏的成功案例揭示，数字营销战略与策略的制定必须紧跟时代步伐，注重创新与个性化。企业应通过深度挖掘消费者需求与心理特征，运用科学的方法与工具，制定出更加精准、高效的营销策略，推动品牌的迅速崛起与持续繁荣。同时，企业还需强化与消费者的情感沟通，通过讲述品牌故事、展现品牌文化等方式，与消费者建立起牢固的情感连接，从而提升品牌的忠诚度和建立品牌的良好声誉。

 本章小结

首先，在数字时代的 STP 战略部分，阐述了 STP 战略的概念，并对比了数字营销 STP 战略与传统 STP 战略的差异。在市场细分层面，数字营销 STP 战略展现出更高的灵活性和精准度，借助大数据和人工智能技术，企业能够深入剖析消费者行为，实现更加精细的市场细分。在目标市场选择方面，数字营销 STP 战略利用数据分析为企业提供科学依据，帮助企业更精准地触达目标市场。而在市场定位方面，数字营销 STP 战略强调个性化营销，借助实时数据分析技术，企业能够灵活调整市场定位策略，满足消费者不断变化的需求。

其次，在数字营销的 4P 策略部分，分析了 4P 策略的概念，并对比了数字营销 4P 策略与传统 4P 策略的异同。在产品策略方面，数字营销 4P 策略更加注重个性化和定制化，借助数字化手段与消费者进行实时互动，收集消费者反馈以优化产品设计。在价格策略方面，数字营销策略下的价格更加灵活，企业能够实时监控市场价格变化，精准把握消费者购买行为，从而灵活调整价格策略。在渠道策略方面，数字营销 4P 策略强调线上渠道的拓展和优化，利用电商平台、社交媒体等新兴渠道提升市场覆盖率。在促销策略方面，数字营销 4P 策略利用社交媒体营销、搜索引擎优化等数字化营销手段，实现更加精准、高效的促销信息传递。

本章旨在帮助读者理解数字时代下 STP 战略与 4P 策略的新变化与实践应用，提升读者在数字营销领域的认知与实战能力。无论是企业还是个人，在数字营销领域，都需要紧跟时代潮流，充分利用大数据和人工智能技术，不断优化和创新营销策略，以实现最佳的营销效果。

 微课资源

微课视频

第 3 章 数字营销渠道

知识目标

★ 了解数字媒体运营的基本概念
★ 熟悉数字媒体分类与技术形态
★ 理解数字营销平台及其特点
★ 掌握数字媒体运营的程序
★ 掌握数字媒体运营活动的策划与执行

素养目标

★ 提升学生的数字媒体运营活动策划和执行能力,培养跨界合作思维
★ 通过分析数字媒体运营案例,引导学生关注社会热点

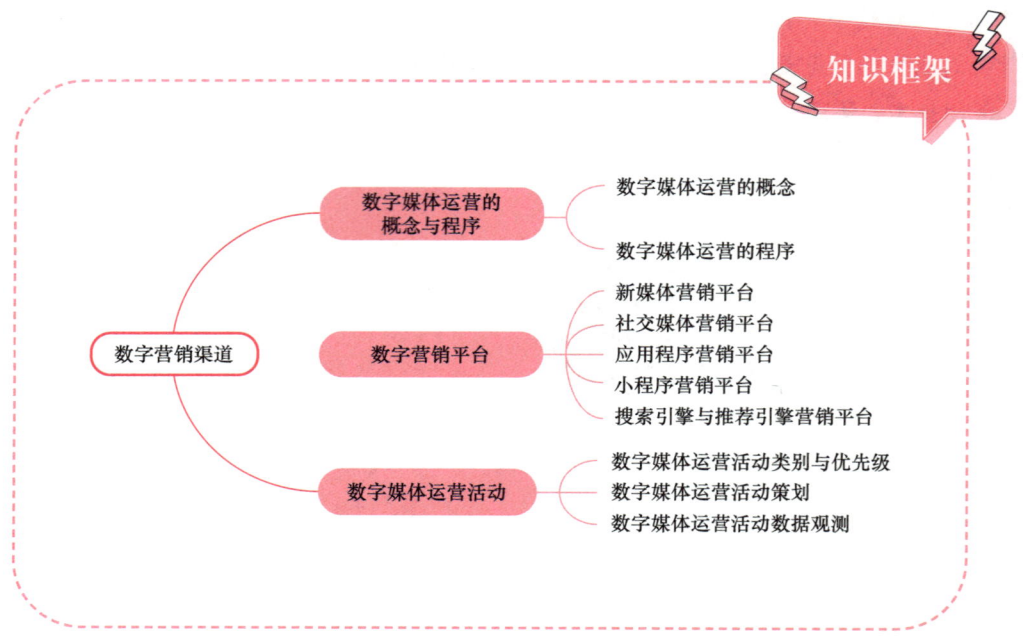

知识框架

> **案例导入**

2小时"爆卖"300万斤！董宇辉来渝开播卖脐橙，"被迫"提前下播①

"不是说好播到下午4点吗？为什么2点多就结束了？"这是12月18日，在"与辉同行"重庆奉节脐橙溯源专场直播间，网友们刷屏的提问。品尝脐橙的清甜、了解脐橙的种植嫁接技巧、化身"果农"采摘……应重庆市商务委邀请，董宇辉再次来渝开播，为奉节脐橙"代言"。本来一切都很"完美"，没想到脐橙实在卖得太快，原本预计的4个小时直播的货品，2个小时便"爆单"。不得已，董宇辉"提前下播"了。当"重庆的优品好物"遇上"董宇辉的超高人气"，叠加产生了"1+1＞2"的效果，而这正是得益于重庆市商务委聚焦电商赋能产业发展，创新打造的"直播+"场景和模式。

直播+董宇辉=人气
创下直播生涯两个"首次"

这次董宇辉重返重庆奉节之行，创下了两个"首次"——首次脐橙溯源专场和首次提前下播。在奉节的果园里，董宇辉和团队一起采摘脐橙，采摘下来的橙子从果园到检测中心，都将历经严苛的检测。提及这次前来的初衷，董宇辉直言："希望通过这次实地的走访，让大家看到橙子育苗、嫁接、采摘、耕种的状态，这些比销售的数据更重要。"短短几分钟时间，直播间便引来超十万名网友津津有味地观看，纷纷留言："拍了橙子还长了知识，'与辉同行'一路长虹，棒棒哒！"但让人意外的是，这份真诚却让董宇辉再次遭遇了另一个"首次"。原本为4个小时直播准备的20万单现货和10万单预售，迅速销售一空。如此"火爆"的情形，让董宇辉也直呼意外。出于对发货量和脐橙品质的考虑，董宇辉直接说"我们克制克制，不要再卖了"，提前2个小时下播。这可让不少来晚了的网友"伤心"了："怎么橙子和人都不见了？""拍慢了，橙子没了；拍快了，宇辉没了。你让我们咋做？"

直播+柑橘=双赢
助力重庆柑橘走入千家万户

据第三方统计，此次直播共吸引1100万人次在线收看，一直位居同时段抖音全网总榜和生鲜榜榜首，在线峰值人数24.6万人；销售额约1700万元，其中，销售脐橙近60万单、300万斤。而在微博、抖音等平台，"与辉同行重庆奉节脐橙溯源专场"相关话题总曝光量（阅读量、点击量、播放量）累计逾10亿。这一场"直播+柑橘"的搭配，换来的是"双赢"，成为展示重庆柑橘品种和产业的绝佳契机。奉节脐橙无疑是本次最受关注的。直播间中，网友们看着一颗颗金色的果实，从树上被采摘、挑选、打包，期待着几天后送到手中。这种直观的感受，更让网友有参与感。

直播+消费=活力
为乡村振兴注入数字营销新动能

"与辉同行"重庆奉节脐橙溯源专场的火爆，不仅为重庆柑橘打开了销路，同时也进一步探索了重庆电商"直播+"的多元化发展模式，助力乡村振兴。近年来，重庆市商务委聚焦柑橘等全市特色支柱产业，以创新"直播+"场景和模式为抓手，培育电商新质生产力，助力培

---

① 周盈. 2小时"爆卖"300万斤！董宇辉来渝开播卖脐橙，"被迫"提前下播［EB/OL］.（2024-12-19）［2025-01-02］. https://www.cqrb.cn/jingji/zixun/2024-12-19/2121307_pc.html.

育行业新业态，积极搭建线上直播资源四大赋能体系：

以数据赋能，建设电商大脑、重庆市电子商务公共服务平台，发布《重庆柑橘产业网络销售报告》等，深化数据价值；

以活动赋能，连续8年举办"重庆6·18电商节"，举行万物直播季·资源对接大会、电商产业带沙龙，搭建行业对接合作的平台，促进资源整合；

以培训赋能，开展星未来直播电商训练营、抖音乡村英才计划、腾讯巴渝新农具计划等，培养农村电商人才；

以品牌赋能，创建"渝品云集"电商公共品牌，常规性开展"爱尚重庆 播动四季"活动，邀请与辉同行、七哥民间菜等头部中腰部主播为奉节脐橙、开州春橙等推介带货，提升品牌价值。

据第三方统计，2024年1—11月全市网络零售额达2112.77亿元，同比增长13.81%，较全国高出4.26个百分点；农村网络零售额实现454.65亿元，同比增长16.7%，较全国高出5.22个百分点；直播网络零售额实现313.9亿元，直播观看规模累计64.56亿人次。累计直播场次达88万场次，同比增长27.8%。

数字媒体正以其场景化、多元化、交互性等特点，成为受众获取信息、娱乐消遣、沟通社交的日常选择。数字媒体不仅已融入生活，也超越了传统媒体，成为当下数字营销活动的重要载体。因此，如何获取用户、抢占市场，为用户提供优质的信息与服务，不仅成为所有数字媒体平台面临的重要课题，也成为数字媒体运营者无法回避的话题。

3.1 数字媒体运营的概念与程序

数字媒体运营的概念诞生于数字媒体出现之后，是围绕内容生产、用户管理和平台维护所展开的一系列策略性活动。搭建一款优质的数字媒体平台，除了开发产品本身，得当、独到的运营策略也可以帮助平台迅速建立辨识度和认知度，从同质化的竞品中胜出。

3.1.1 数字媒体运营的概念

数字媒体运营是指通过互联网和移动互联网等新兴媒体平台，利用数字媒体技术，对数字媒体内容进行创作、传播、互动和管理，以实现品牌曝光、产品推广、用户增长和营收增长等目标的一系列活动。

数字媒体的运营与媒体平台、用户息息相关，主要通过阶段性、周期性的策略活动，对内带动用户的参与和活跃，维系用户忠诚度，对外塑造品牌形象，扩大影响力，实现变现与营收。数字媒体运营不是单一的、孤立的具体活动，而是着眼于平台的长期发展，根据当下的市场环境与媒体生命周期，形成的统合性、战略性的策略手段。

3.1.1.1 数字媒体运营的发展

数字媒体运营作为一个新兴概念，其起源紧密关联于互联网的演进历程。21世纪前，"运营"一词主要指企业管理策略，与现今的媒体运营概念大相径庭。转折点出现在2001年前后，随着BBS（Bulletin Board System，网络论坛）等网络社交平台的兴起，诞生了以"管理员"和"编辑"角色为代表的社区管理者，他们实际上担当了早期运营者的角色，标志着数字媒体运营的前身正式登场。

1．Web1.0时代

随着Web1.0时代的到来，互联网真正走进千家万户，电商、网游、门户网站等的兴起壮大，吸引了海量网民会集于互联网平台。在这个阶段，"人口"和"流量"成为互联网运营中的重要概念，运营也逐渐作为一个正式职能出现在行业领域。相较于传统的版主、编辑、贴吧管理员，内容运营、社区运营等被赋予了更系统性且综合性的职责。媒体运营开始发展出内容管理和用户维系意识，并逐渐开始注重提升网站流量和用户参与度。

2．Web2.0时代

Web2.0之后，互联网环境发生了巨变。去中心化的社交媒体带来了传授双方地位的逆转，微博、微信、QQ等全民普及的社交媒体平台让原本的由少数资源管理者自上而下控制的互联网体系瓦解，取而代之的是用户主导的自下而上的新体系。在这个阶段，个体力量与自我意识的崛起使"用户"在数字媒体运营中占据了核心位置。运营人员需要更加关注用户需求，制定更具针对性的运营策略，以提升用户满意度和忠诚度。同时，社交媒体平台的崛起也为数字媒体运营提供了更多的可能性。运营人员可以通过社交媒体平台与用户进行更加紧密的互动，收集用户反馈，优化运营策略。此外，社交媒体平台的数据分析能力也为运营人员提供了更加精准的用户画像，帮助他们更好地了解用户需求和行为。

3．移动互联网时代

随着移动互联网时代的到来，智能手机和移动互联网技术的普及使人们可以随时随地访问互联网，数字媒体运营也迎来了新的挑战和机遇。在这个阶段，品牌争相投入对用户注意力的抢占，运营与产品的联系也越来越密不可分。运营人员需要更加注重用户体验和产品功能的优化，以提升用户留存率和转化率。大数据技术的应用也为数字媒体运营提供了更多的可能性。运营人员可以通过数据分析工具对用户行为进行深入挖掘和分析，发现用户的潜在需求和偏好，制定更加精准的运营策略。此外，大数据技术还可以帮助运营人员实现内容的个性化推荐和精准投放，提高运营效率和运营效果。

4．未来发展趋势

数字媒体运营的未来发展趋势体现在以下方面：①智能化。随着人工智能技术的不断发展，数字媒体运营将逐渐实现智能化。运营人员可以利用AI技术进行内容创作、用户画像构建、精准投放等工作，提高运营效率和运营效果。②视频化。视频内容因其直观、易消费的特性，在数字媒体运营中占据越来越重要的位置。未来，短视频、直播等形式将成为吸引用户注意力、提高用户参与度的主流方式。③社交化。社交媒体平台的崛起使用户之间的连接更加紧密。未来，数字媒体运营将更加注重社交功能的开发，通过用户生成内容（User-Generated Content，UGC）、话题挑战、社

群运营等方式，增强用户参与度和互动性。④跨界合作。跨界合作将成为数字媒体运营的重要方向之一。通过与其他品牌或IP的联合，可以实现资源共享和优势互补，拓宽营销渠道，提升品牌影响力。

课堂讨论

历史回顾：请大家回顾数字媒体运营的起源和发展历程，并讨论在这个过程中有哪些关键的转折点或里程碑事件。

趋势预测：你认为未来数字媒体运营的发展趋势是什么？会有哪些新的技术或模式出现，并如何影响我们的日常生活？

3.1.1.2 数字媒体运营的特征

数字媒体运营的特征主要体现在以下7个方面：

1. 技术驱动性

数字媒体运营高度依赖技术，包括大数据分析、人工智能、社交媒体算法等。这些技术不仅能帮助运营者更好地了解用户需求和行为，还能优化内容创作、传播和互动策略，提高运营效率和运营效果。

2. 内容多样性

数字媒体运营的内容丰富且形式多样，包括文字、图片、音频、视频、直播等。这种多样性使运营者能够根据不同平台和受众的特点，选择最合适的内容形式进行传播，以吸引和留住用户。

3. 互动性

数字媒体运营强调与用户的互动，通过评论、点赞、分享、私信等方式，建立与用户的紧密联系。这种互动性不仅增强了用户的参与感和归属感，还能帮助运营者收集用户反馈，优化运营策略。

4. 实时性

数字媒体运营具有实时性，能够迅速响应市场变化和用户需求。通过实时监控和分析数据，运营者可以及时调整运营策略，确保内容传播的有效性和精准性。

5. 个性化

数字媒体运营注重个性化，通过数据分析和技术手段，实现内容的个性化推荐和精准投放。这种个性化不仅提高了用户的满意度和忠诚度，还能帮助运营者更好地构建用户画像，优化产品和服务。

6. 多渠道整合

数字媒体运营涉及多个渠道和平台，如社交媒体、搜索引擎、电子邮件、短信等。运营者需要整合这些渠道，实现内容的多渠道传播和互动，以扩大品牌影响力和用户覆盖范围。

7. 数据驱动决策

数字媒体运营强调数据驱动决策，通过数据分析工具和技术手段，收集、分析和挖掘运营数据，以指导运营策略的制定和优化。这种数据驱动决策的方式提高了运营的科学性和精准性。

3.1.1.3 数字媒体分类

数字媒体是利用 PC 端与移动端，传播文字、图片、声音及影像信息的新型媒体平台。依据媒介形态，它可被划分为社交媒体、信息门户、视听媒体、电商媒体和游戏媒体等类别；而从平台载体的角度出发，数字媒体又涵盖门户网站、移动客户端及小程序等多种形式。这些分类展现了数字媒体在传播媒介和平台技术上的多样性和灵活性，使其能够更有效地传递信息，满足用户多样化的需求。

数字媒体的不同媒介形态主要由其功能和服务决定。其中：一部分形态是传统媒体与互联网技术融合的结果，如在线视听媒体和信息门户，它们仍以文字、图像、影音为主要内容；另一部分则是互联网催生的新型媒介，如社交媒体、电商媒体和游戏媒体，为用户带来全新的社交和互动体验。数字媒体的媒介形态仍在不断演进，持续探索并创造着更多可能性，以满足用户日益多样的需求。

1. 社交媒体

社交媒体是指以社交为基本属性，为用户提供信息分享、观点交流、内容生产与传播等互动功能的媒体工具。社交媒体的运营和发展依赖用户的自主交流，因此，庞大的用户数量和高活跃度、海量信息流动是社交媒体的显著特征。Web2.0 技术促进了社交媒体的崛起，其后，先后出现了论坛、博客、社交网站、QQ、微博、微信等典型的社交媒体平台，推动了信息传播的去中心化，成为滋养优质 UGC 的沃土，也在网络社会树立起一批以网络红人为代表的新型意见领袖。目前，随着网络交互技术和社交理念的发展，社交媒体的实现形式也更加多样，衍生出语音社交、视频社交等多媒体社交平台，也出现了以知乎、分答为代表的问答型社交媒体。可以预见，未来社交媒体的发展将更加多样。

2. 信息门户

信息门户是指专注批量信息收集与分发的专业性信息聚合网站，涵盖新闻门户、资讯网站及特定专业领域的门户等。在 Web1.0 时代，信息门户网站曾占据网络世界的主导地位。与以 UGC 为核心的社交媒体不同，信息门户在很大程度上仍以专业生产内容（Professional Generated Content，PGC）为主，内容由专业团队定制并经过管理人员审核编辑后，统一呈现给广大受众。

在众多知名的门户媒体中，新浪、网易、搜狐、腾讯被誉为中国的 4 大门户。而在新闻类媒体领域，新华网、《人民日报》及今日头条等也是备受瞩目的新闻门户媒体平台。这些平台凭借专业的内容生产能力和广泛的受众基础，持续为用户提供高质量的信息服务。随着技术的不断进步和用户需求的变化，信息门户也在不断发展和创新，以适应新的网络环境。

3. 视听媒体

视听媒体也称影音媒体，其核心运营内容在于音乐与影像的传播，常见为各大在线音乐网站和视频播放平台。影音媒体通过引进优质、独家的影音内容吸引用户，进而实现盈利。这些内容一部分源自对专业音乐、影视剧作品版权的购买，另一部分则出自平台上培养的自媒体创作者，他们创作的小众、个性化内容促进了平台的多样性。

近年来，影音媒体呈现出明显的社交化趋势。除了常规的评论、点赞和热门推荐，视频弹幕和直播技术的发展为用户提供了更多元化的互动方式。这些创新不仅增强了用户的参与感，还有助于

维护用户活跃度和用户对平台的黏性。通过不断探索和创新，影音媒体正在为用户带来内容更加丰富和互动性更强的视听体验，满足用户日益增长的娱乐和社交需求。

4．电商媒体

电商媒体即我们常见的网络购物平台，其核心功能在于实现商品的线上销售。与其他数字媒体相比，电商媒体的运营重心不在于内容信息的生产和消费，而是致力于搭建卖家与目标消费者之间的对接平台，以促进商品交易，并从中获取佣金作为收益。

电商媒体不仅是数字营销活动的重要媒介渠道，在很多情况下，它直接成为营销推广的终端环节，即营销活动的实际发生地。通过电商媒体，卖家能够直接触达潜在消费者，而消费者也能方便地浏览和购买心仪的商品。这种直接的销售模式使电商媒体在数字营销领域扮演着举足轻重的角色，为商家和消费者提供了高效、便捷的交易平台。

5．游戏媒体

游戏媒体即网络游戏平台，主要分为网页游戏和客户端游戏两大类型。游戏媒体的市场表现和发展前景在很大程度上受游戏产品本身的开发技术和运营策略影响。

与其他媒体相比，游戏媒体的一个显著特征是生命周期相对短暂。与影音、门户、电商等可以长期维持市场地位的媒体不同，游戏媒体的市场环境日新月异，更迭迅速。尽管在游戏产品爆发期，游戏媒体能够吸引大量用户并实现巨额盈利，但用户的兴趣和口味难以长期保持不变。通常几年后，游戏媒体便难以阻挡用户兴趣的流失和市场地位的逐渐衰退。

因此，为了保持竞争力和吸引用户，游戏媒体的运营需要不断更新迭代，研发新版本，以满足用户不断变化的需求和口味。这种持续的更新迭代是游戏媒体在激烈的市场竞争中保持生命力的关键。

6．其他数字媒体

除了以上提及的几种类别，互联网上还存在许多功能、属性和技术各异，难以直接归类的数字媒体，如应用商店、企业网站、百科全书等。技术的不断进步正在不断拓展数字媒体的呈现形式。

当前的互联网环境已经迈入了一个"众媒时代"，在这个时代，万物皆有可能成为媒体，无处不在的信息传播构成了媒体的新生态。只要依托互联网技术，面向广大的网络受众，无论其承担何种功能，都在一定程度上扮演着数字媒体的角色，参与着数字信息的生产和传播。这种趋势使数字媒体的形式更加多样，影响也更加广泛。

3.1.1.4 数字媒体的技术形态

数字媒体的技术形态丰富多样，主要包括以下 7 个方面：

1．数字化表示与处理

数字媒体利用二进制代码表示信息，使文字、图像、音频和视频等得以数字化存储与处理。数字图像处理技术能够编辑、修复和优化图像；数字声音处理技术则可录制、编辑和加工音频；而数字视频处理技术专注视频内容的制作与编辑。这些技术共同构成了数字媒体处理的核心，使信息的存储、编辑和传播更加高效和灵活，为数字内容的创作和应用提供了强有力的支持。

2．多媒体元素整合

数字媒体常融合图像、音频和视频等多种元素，旨在为用户提供更为丰富的体验。借助数字媒体技术，这些元素能够被巧妙地整合，创作出多媒体作品，如引人入胜的电影、生动有趣的动画及创意独特的广告等。这些作品不仅展现了数字媒体技术的强大功能，还为用户带来了视觉、听觉上的双重享受，进一步提升了数字媒体的应用价值和吸引力。

3. 互联网传播

数字媒体利用互联网进行广泛传播，能够迅速地将信息送达全球各地的受众。这种传播模式以其易扩散、高速传递和广泛覆盖的特点著称。通过互联网，数字媒体信息能够跨越地理界限，实现即时分享与接收，极大地扩大了信息的传播范围，并加速了信息的流通。这种高效的传播方式不仅提升了信息的可及性，也促进了全球文化的交流与融合。

4. 互动性

数字媒体普遍具备互动性，使用户能够参与到内容的创作或操作过程中。这一特性在在线游戏和社交媒体互动等应用中得到了充分体现。用户不仅能够享受数字媒体带来的信息，还能通过互动方式积极参与其中，如进行游戏操作、发布社交媒体内容等。这种互动性不仅丰富了用户的媒体体验，也增强了用户与数字媒体之间的连接与互动。

5. 移动应用

移动应用作为数字媒体的关键一环，为用户在移动设备上便捷地访问和使用各类数字内容提供了可能。这些应用广泛覆盖社交、娱乐、教育和商务等领域，满足用户多样化的需求。通过移动应用，用户可以随时随地享受数字媒体带来的便利与乐趣，无论是与朋友互动、观看娱乐内容，还是在线学习、处理商业事务，都能轻松实现。

6. 流媒体服务

数字媒体的发展推动了流媒体服务的兴起，使音乐、视频、直播等内容能够通过互联网实时传输给用户，省去了下载的步骤。这种流媒体服务为用户带来了前所未有的媒体消费体验，既灵活又便捷。无论身处何地，用户只需连接互联网，即可实时享受各类媒体内容，满足其多样化的娱乐和信息需求，极大地丰富了人们的数字生活。

7. 虚拟现实与增强现实

数字媒体技术的进步为实现 VR 和 AR 技术奠定了坚实基础，使用户能够沉浸于数字内容之中，享受前所未有的体验。这些前沿技术为娱乐、教育、医疗等多个领域开辟了全新的应用空间。通过 VR 和 AR 技术，用户能够在虚拟环境中互动学习、沉浸娱乐或接受精准医疗指导，极大地扩大了数字媒体技术的应用范围和影响力。

3.1.2 数字媒体运营的程序

数字媒体运营是一个持续创新和优化的过程，需要不断关注市场动态、用户需求及运营数据的变化，以制定并执行有效的运营策略。

1. 市场调研

数字媒体运营的市场调研包括以下3个步骤：

（1）品牌和产品定位分析。深入了解企业的品牌特色和产品定位，明确企业的核心价值和竞争优势。

（2）用户分析。通过问卷、访谈、数据分析等方式，收集目标用户的基本属性（如年龄、性别、地域等）和行为特征（如消费习惯、兴趣爱好等），构建用户画像。

（3）竞品分析。分析对标账号或竞争对手的运营策略，发现差异点，并学习其成功经验。

2. 策划定位

策划定位分为运营目的和形象定位。

（1）运营目的。根据企业的整体战略，明确新媒体运营的商业目标，如品牌曝光、产品销售、用户增长等。

（2）形象定位。设计并塑造新媒体账号的形象，包括头像、昵称、风格等，以符合目标用户的审美和偏好。

3. 具体实施

数字媒体运营具体实施步骤如下：

（1）内容规划。根据用户画像和运营目的，制订内容计划，明确内容主题、形式（如文字、图片、视频等）和发布时间。

（2）内容创作。创作高质量、有价值的内容，确保内容能够吸引目标用户的注意力并激发其兴趣。

（3）发布与推广。将内容发布到相应的数字媒体平台，并利用社交媒体、搜索引擎优化等渠道进行推广，以扩大内容的曝光度和影响力。

（4）用户互动。及时、友好地回复用户的评论和私信，解答疑问，处理投诉或建议，增强用户的满意度和忠诚度。同时，通过问答、投票、活动等方式，鼓励用户参与，增加用户黏性。

（5）举办活动。定期举办线上或线下的活动，如抽奖、问答、直播等，以增加用户的参与度和互动性。

（6）用户分层与个性化运营。根据用户的活跃度和贡献度，将用户分为不同的层级，并针对不同层级的用户提供个性化的运营策略和服务。

4. 数据监测与优化

数据监测与优化包括以下4个步骤：

（1）数据监测。利用数据分析工具，对新媒体账号的各项数据（如阅读量、点赞量、评论量等）进行实时监测和分析。

（2）数据分析。数字媒体运营必须掌握一定的数据分析能力。运营者应根据运营目的和重点，筛选出关键指标，对其加以分析，观测数据走势并对当下运营情况做出判断。无论是好的数据表现还是异常的数据表现，都要提取出来着重分析，观察其成功或失败的地方是否有共同点，并归纳出问题成因。数据的分析和观测是一项长期的工作，不仅要善用实时数据，也要善用历史数据，定期进行同比分析和环比分析，总结经验教训。

（3）效果评估。根据数据监测结果，评估运营策略的效果，发现存在的问题和不足。

（4）优化调整。根据评估结果，对运营策略进行优化调整，如调整内容方向、改进推广方式等，以提升运营效果。

3.2 数字营销平台

数字营销平台是指利用互联网、大数据、人工智能等数字技术，通过自动化、智能化手段，对企业营销流程进行全面管理和优化的综合性平台。数字营销平台集成了多种数字营销手段和技术，如新媒体营销、社交媒体营销、应用程序营销、小程序营销、搜索引擎优化等，覆盖从客户数据收集、分析，到营销策略制定、执行，再到营销效果评估的全过程。

数字营销平台在现代商业环境中具有不可替代的作用。它能够帮助企业实现精准定位、降低成本、增强互动性、衡量运营效果及适应市场变化，从而提高企业的竞争力和市场份额。因此，企业应该积极拥抱数字营销平台，充分利用其优势，推动企业的快速发展。数字营销平台分为以下几种：

3.2.1 新媒体营销平台

随着移动互联网的普及，短视频蓬勃兴起，不仅深刻改变了人们的生活方式，也为各行业企业及商家创造了全新的营销路径，开辟了广阔的市场空间。

3.2.1.1 短视频营销

短视频营销是一种利用短视频平台向目标受众传递富有价值的内容，旨在引起他们对企业的品牌、产品及服务的兴趣，并最终促成交易的新型营销方式。它隶属内容营销的范畴，相较于传统营销手段，短视频营销展现出了更为独特的魅力。

短视频营销通过构建场景化、富有创意的视听内容，不仅极大地满足了人们的感官体验，更能够直击人心，触动受众的情感。这种营销方式极大地增强了营销内容的真实感和震撼力，使受众对产品或品牌产生更为深刻的体验与印象。

此外，短视频营销还具有传播能力强、流量变现效率高、操作方法简便及制作成本相对较低等优势。这些特点使短视频营销在当下市场环境中备受青睐，成为众多企业实现营销目标的重要工具，助力企业取得更为显著的营销成效。

1. 短视频营销的特点

短视频营销的特点可归结为5个方面，这些特点使它成为现代营销中不可或缺的一环。

（1）营销目标精准度高。短视频营销相较于其他营销方式，其指向性更为明确，能够实现精准营销。短视频平台通常会配备优化的搜索功能，用户通过关键词搜索，能够直接观看相关企业或商家的内容。这种行为模式赋予了短视频营销高度的精准性。此外，企业或商家还可以在平台上策划有奖活动，以此吸引并聚集目标用户，进一步提升营销的针对性和有效性。

（2）传播速度快且范围广。短视频的传播渠道多样，内容裂变式传播的特性显著。企业或商家不仅可以在自有平台上转发和传播短视频，还可以与短视频平台及微博、微信等社交平台进行深度合作，使优质内容迅速触达更广泛的受众。短视频的可持续性传播特点同样不容忽视，用户可能会观看新发布的短视频,也可能会回顾之前的经典内容,只要内容足够吸引人,就能持续获得用户的关注和观看。因此,短视频营销兼具传播速度快、覆盖范围广及可持续传播的优势。

(3)深度契合用户需求。短视频的时长适中,用户可以在短时间内轻松观看完毕,无须投入过多精力,这符合现代人快节奏的生活方式和碎片化的阅读习惯。在内容上,短视频覆盖了技能分享、幽默搞怪、时尚潮流、社会热点、街头采访、公益教育、广告创意等多个领域,满足了用户个性化和多元化的审美需求。同时,短视频内容开门见山、主题明确、观点鲜明,易于用户理解和接受,能够提升用户的黏性和参与度。

(4)营销成本低廉。随着信息技术的飞速发展,短视频的拍摄、制作、上传与推广等环节变得越发简单易行。企业或商家可以组建自己的短视频创作团队,创作优质内容。由于短视频观看免费,受众群体庞大,只要内容精良,就能迅速提升目标用户对产品的好感度,实现低成本高效推广。短视频的迅速传播并不依赖高昂的成本,只要内容精准击中用户需求点,就能轻松实现裂变式传播。

(5)营销数据清晰可衡量。短视频营销具有网络营销的典型特点,即数据化营销效果分析。企业或商家可以通过点赞量、关注量、评论量、分享量等关键数据,对短视频的传播和营销效果进行精确评估。这些数据为企业提供了判断短视频营销效果的客观依据,有助于筛选出能够促进销售的优质内容,为制定更加精准有效的市场营销方案提供指导。

2. 短视频营销平台

视频营销平台近年来发展迅速,成为品牌推广和用户互动的重要渠道。下面介绍几款国内外主流的短视频营销平台。

(1)国内平台:①抖音。抖音是国内最受欢迎的短视频平台之一,用户群体广泛,覆盖各个年龄段。品牌可以通过创意短视频、挑战赛、达人合作等方式进行营销。②快手。快手以"老铁经济"著称,用户主要集中在二、三线城市及以下地区。其内容更贴近生活,适合接地气的品牌营销。③视频号(微信短视频)。依托微信生态,视频号具有强大的社交传播能力,适合私域流量运营和社交裂变营销。④哔哩哔哩(B站)。B站以年轻用户为主,内容以ACG(动画、漫画、游戏)为核心,适合品牌通过创意内容与年轻用户互动。⑤小红书(短视频板块)。小红书以生活方式和消费决策为核心,短视频内容多与美妆、时尚、旅行等相关,适合品牌通过种草视频进行推广。

拓展阅读

杨紫魔性舞步"一天内舞遍全国",近百个文旅官方号花式"整活"[①]

2025年3月,女演员杨紫在个人社交平台发布的两段模仿韩国明星李羲承的跳舞视频,突然爆火出圈,个人账号一天涨粉30万。更让网友惊叹的是,全国近百个文旅部门的官方抖音号(以下称官方号)集体下场"整活",利用杨紫的魔性舞步和背景音乐进行"二创",将其融入当地文旅资源宣传片中。参与此次集体"整活"的,有省级、市级、区级文旅部门,规模之大,刷屏之多,让不少网友惊呼杨紫"一天之内'舞'遍全国"。

2025年3月1日18时27分,在抖音平台拥有超2800万粉丝的知名演员杨紫,发布了一条

---

① 卡思数据."樊登读书"抖音矩阵粉丝过亿,矩阵号还能玩出哪些花样?[EB/OL].(2024-03-05)[2020-03-18].https://www.niaogebiji.com/article-36563-1.html.(有改动)

时长仅为14秒的短视频。视频中，杨紫穿着牛仔裤和黑色蝴蝶结上衣，头发盘起，在节奏感十足的节拍下跳起舞来。该舞步相对简单，重复动作多，"僵硬中透着喜感"，很有"尴尬又上头"的喜剧效果。跳了约十秒钟，杨紫举手叫停，并向观众抱拳示意，配文是"对不起了各位"。

这段短视频上传网络后，引发网友大量点赞和转发、留言，"太有喜感了，忍不住也想扭扭""上到99（岁）下到小朋友都喜欢你""你放弃了，各地文旅可没放弃"……截至3月4日上午10时许，这条视频的点赞量达到284万，留言达13.5万条。

在第一条魔性舞步视频发布大约20分钟后，杨紫又发布了一段视频，配文"既然这样，那就继续对不起了"，继续跳起这款魔性舞蹈。这次视频时长28秒，同样是跳到中途主动停下，抱拳说"对不起"。该视频点赞量有70万。

杨紫这款魔性舞步爆火出圈，与全国各地文旅部门官方号的花式"整活"不无关系——杨紫魔性舞步意外引发全国文旅部门官方号的"二次创作热"。至少有北京、重庆、浙江、云南、西藏、河北、广西、辽宁、湖北、福建、黑龙江、山东、安徽等十多个省级文旅官方号发布了涉及杨紫魔性舞步的"二创"视频——均将杨紫魔性舞步导入地方旅游资源宣传片中，推荐本地旅游产品。

比如《中国国家旅游》杂志官方号"中国国家旅游"于3月2日下午发布"二创"视频，引来大量转发。配文称："当我用杨紫的李羲承进行曲打开云贵川渝……你们要的云贵川渝来啦！这次没分开哦。"视频中，杨紫的魔性舞步被单独抠了出来，融入视频中央，背景音乐仍是让人上头的"李羲承进行曲"，背景画面分别截取云南的大理、丽江，贵州的九洞天，四川的凉山，重庆的鹅公岩大桥、南滨路，画面多为春景，繁花似锦，煞是好看。

（2）国外平台：① TikTok。TikTok是抖音的国际版，全球用户基数庞大，尤其受年轻人欢迎。品牌可以通过挑战赛、网红合作等方式进行全球化营销。② Instagram Reels。Instagram推出的短视频功能，适合品牌通过创意短视频和网红营销触达全球用户。③ YouTube Shorts。YouTube推出的短视频功能，依托YouTube庞大的用户基础，适合品牌通过短视频与长视频结合的方式进行营销。④ Snapchat Spotlight。Snapchat用户以年轻人为主，适合品牌通过创意内容和AR滤镜进行互动营销。

3. 短视频营销方法

企业可运用以下6种主要策略，通过短视频进行品牌或产品营销：

（1）直接呈现策略。当产品本身富有创意，具备独特卖点时，企业可依据品牌或产品的特性，直接拍摄产品短视频，直观展示产品的优势与亮点。这种方式能迅速解答用户疑问，吸引目标用户群体。知名品牌常采用创意短视频，直接展现产品特色，增强品牌记忆点。

（2）侧面烘托策略。若产品创意平平，与竞品相比无显著差异，企业则可利用配套物品来间接展示产品。例如，化妆品企业可通过包装盒、优惠卡、说明书等配套物品的特色设计，从侧面提升主打产品的价值感，增强品牌识别度。

（3）口碑宣传策略。产品的优劣，有时无须直接言明，通过短视频展示产品的热销场景，如品牌与用户合作的舞蹈、线下门店排队购买的盛况等，能更有效地传达产品的受欢迎程度，激发消费者的购买欲望。

（4）场景植入策略。为了加深用户对品牌的印象，企业可将产品巧妙植入生活场景。如在短视

频的生活小窍门或搞笑片段中，不经意间展示产品，如桌角的产品摆放、背景画面中的品牌Logo、品牌专属广告声音等，这种隐性宣传方式能自然融入用户生活，提升品牌曝光度。

（5）疑问解答策略。解答用户疑问是短视频营销不可或缺的一环。企业可以以"如何解决……"为标题，制作短视频，快速有效地解决用户痛点，提升用户满意度和信任度。

（6）品牌展示策略。短视频为企业提供了展示品牌文化和特色的绝佳平台。企业可拍摄并制作展现企业开展活动、员工日常工作等场景的短视频，传递企业价值观，提升品牌形象。通过展示企业更多产品及品牌信息，增强用户对企业品牌或产品的认知，拉近品牌与用户的心理距离，建立情感连接。

综上所述，短视频营销为企业提供了多元化的营销手段，企业可根据自身特点和目标用户，灵活运用上述策略，实现品牌或产品的有效推广。

4. 短视频营销推广

提高短视频流量是做好短视频营销的关键，而做好短视频的营销推广可以有效提高短视频的流量。创作者可采用多平台分发、构建引流矩阵及付费推广的方式进行短视频的推广。

（1）多平台分发策略是提升短视频曝光率、实现营销目标的关键。创作者需确保短视频能覆盖更多新媒体平台，触及更广泛的用户群体。通过多渠道便捷地分享推广短视频，可以吸引不同用户群体的关注。只要短视频内容优质且富有吸引力，就能赢得更多用户的喜爱和支持。

1）精准@好友推广。许多短视频平台提供@功能，创作者在发布短视频时，可通过@好友的方式，将内容精准分享给特定人群。为提升短视频的可见度，创作者应优先考虑人气高或互动频繁的好友，这样有助于短视频被更多用户发现。

2）微信平台推广。创作者可将短视频分享至微信朋友圈，或利用微信公众号进行推广，以此扩大短视频的传播范围，吸引更多潜在观众。

3）微博裂变传播。微博作为国内主流的社交媒体平台，是创作者分享短视频的重要渠道。其广场属性使内容易于裂变传播，创作者将短视频分享至微博，能显著提升曝光率，吸引更多用户观看。

4）线下精准推广。除了线上新媒体社交平台，线下渠道也是推广短视频的有效途径。创作者通常会将短视频营销广告投放在人群密集的场所，如社区电梯广告展示位、地铁广告位、城市商圈（如大型商场内外的大型广告屏）、公交候车厅及线下店铺等。这些场所覆盖的用户群体特征明显，使推广效果更为精准。通过线上线下相结合的推广方式，创作者能够更有效地实现短视频营销目标。

（2）构建引流矩阵。短视频创作者可以通过构建短视频引流矩阵达到推广短视频的目的。引流矩阵包括单平台账号矩阵和多平台账号矩阵。

1）单平台账号矩阵。单平台账号矩阵常见的运营模式见表3-1。

表3-1 单平台账号矩阵常见的运营模式

运营模式	说明
"AB"型矩阵	此模式以"形象短视频账号＋品牌短视频账号"的形式组建账号矩阵，达到塑造品牌形象的目的。通常"A""B"两个账号一主一辅同时发力，但创作者要确保两个账号定位清晰，避免信息混乱

续表

运营模式	说明
蒲公英型矩阵	此模式是以一个账号为核心，此账号发布信息后，让其他多个账号进行转发，再以其他账号为中心进行新一轮的扩散
"1+N"型矩阵	此模式是在一个主账号下再开设N个产品专项账号，以此构成完整的产品宣传体系。例如，抖音的"美的官方旗舰店"主账号下面另有"美的厨卫旗舰店""美的冰箱旗舰店""美的空调旗舰店"等一系列产品账号

创作者在构建单平台账号矩阵引流时，需留意以下要点：①精准内容定位。各账号应拥有独特的内容定位，避免内容雷同，以获取平台推荐并实现账号间有效引流。②构建关联性。在保证内容差异的同时，矩阵账号间需存在某种关联点，便于通过此连接相互引流，增强矩阵整体效应。③保持风格统一。矩阵运营中，内容风格需保持一致，避免杂乱无章。创作者需精心策划短视频内容，确保其对用户具有强大吸引力，同时维护矩阵内账号的整体性和协调性。通过精准定位、构建关联性与风格统一，创作者能更有效地利用单平台账号矩阵实现引流目标。

2）多平台账号矩阵。实施短视频营销既要求短视频创作者能找准垂直领域，又要求创作者能充分利用多个平台同步推送信息，尽可能扩大短视频的覆盖范围。除了短视频平台，微博、微信、今日头条等平台也可以作为创作者推广短视频的阵地。

一般来说，多平台账号矩阵是多平台同账号矩阵，这样有助于加深用户对账号的记忆，创作者构建多平台账号矩阵时，要注意以下几点：①寻找适配平台。不同类型的短视频账号适合的平台类型也不尽相同，首先是形式匹配，其次是内容兼容。单从形式上看，可以发布短视频的平台有很多，如微博、西瓜视频、今日头条等平台。除了形式，创作者还要看内容的兼容性，同时要注意把握平台用户群体的特征。②引导流量交流。在创作者选择适配的引流平台后，短视频账号与其他平台之间就具备了建立联系的基础。创作者要想让不同平台的账号真正实现互相引流，就要让不同平台的流量之间产生交流。③维系平台联系。账号在不同平台上的粉丝之间形成联系和转化后，并不代表引流就完成了，创作者要持续性地维持这种联系，保持不同平台间的联系不中断。

拓展阅读

"帆书"借助账号矩阵收获上亿粉丝[1]

作为一个学习平台，截至2024年12月，帆书App注册用户已突破7500万，并且注册用户的数量每年仍在高速增长中。当前的"帆书"（原樊登读书）不只是一期节目，还构建了直播、短视频、读书会等项目的阅读新生态体系。"帆书"之所以能快速发展起来，除了有优质内容做基础，矩阵式布局也在其中发挥着重要的作用。

打开抖音，搜索"帆书"，用户会发现各种"帆书"的"蓝V"账号，各个账号的粉丝数从几万到几百万不等。粉丝数最多的单个账号有900多万粉丝，拥有二三百万粉丝的账号更是有多个，这些账号都是"帆书"在抖音平台构建的账号矩阵中的成员。

"帆书"在抖音平台有几百个短视频账号，运营者用大量的视频内容打造IP。因为一个账号的推荐量是有限的，使用多个账号会让IP获得更多流量，而抖音平台的流量池足够大，也可以

---

[1] 韩红梅，王佳. 数字营销基础与实务［M］. 北京：人民邮电出版社，2023：131.

容纳这么多账号的内容输出。另外一个重要的原因是，"帆书"拥有上千个独立运营的授权点，这些授权点也共同打造了"帆书"的矩阵号。

"帆书"在抖音上获得了上亿粉丝，其中大部分粉丝来自"帆书"的授权点，这些授权点是"帆书"分布在全国各地，负责推广"帆书"的业务点。"帆书"用矩阵的方式让授权点参与短视频账号的运营，通过多个账号的积累，最终大大提高了"帆书"IP的影响力。

另外，"帆书"还将矩阵中的短视频账号分为职场、亲子、生活、情感等不同类型，这更加满足了用户的个性化需求，而且账号的定位不同就为不同的账号贴上了个性化的标签，可以让账号矩阵在不同维度建立起评价体系。

（3）为了有效地为短视频吸引流量，一些创作者会选择付费推广这一策略。在实施付费推广前，短视频创作者需首先明确推广的具体目标，比如是增强个人或品牌账号的社会影响力，还是直接促进产品销售。基于不同的目标，创作者可以有针对性地选择适合的付费推广渠道。

以抖音平台为例，以下是短视频领域常见的几种付费推广形式：

1）信息流广告。这种广告形式能够巧妙地融入各类内容中，为用户提供一种沉浸式的观看体验。信息流广告因其高度的灵活性和广泛的曝光度，成为创作者实现用户数据收集、产品推广、品牌传播等目标的有效手段。通过精准投放，创作者可以显著提升其内容的可见度和互动性。

2）KOL推广。根据产品的特性和预算限制，创作者可以选择合适的KOL进行合作，利用他们的短视频内容来推广产品或品牌。特别是那些拥有庞大粉丝基础且垂直领域影响力强的头部KOL，是创作者优先考虑的合作对象。不过，头部KOL的合作成本通常较高，因此创作者需根据自身预算做出明智选择。

3）贴纸广告。这种广告形式主要针对企业或知名品牌。贴纸广告以其生动有趣的形象、良好的用户体验和高的接受度，能够激发用户的主动分享和传播，从而实现广泛的品牌传播效果。由于贴纸广告属于非标产品，创作者需要与平台官方进行具体价格谈判。

4）发起挑战赛。挑战赛是一种互动性强的广告形式，旨在通过多样化的活动吸引用户参与，为短视频账号引流，并扩大品牌在线上线下的影响力。不过，发起挑战赛门槛较高，除了预算，品牌本身的知名度也是决定其营销效果的关键因素。挑战赛通常与贴纸广告、KOL推广等广告形式结合使用，以达到最佳效果。由于挑战赛也属于非标产品，创作者需与合作方进行详细商谈。

5）投放DOU+。DOU+是抖音平台提供的内容加热和营销推广工具，能够显著提升短视频的播放量、互动量和曝光度。DOU+提供速推版和定向版两种投放方式。速推版操作简单，创作者只需确定推广目标和预算即可；定向版则需要创作者设置更详细的参数，如期望提升的目标、投放时长、投放金额及目标用户群体等。通过智能推荐或自定义定向推荐，创作者可以精准地将视频推送给潜在兴趣用户，实现高效的营销推广。

3.2.1.2 直播营销

随着互联网的发展，直播作为全新的信息传播方式，以其即时互动性、现场真实性、目标明确性、内容丰富性等特点，获得了人们的喜爱，也得到了企业和品牌方的重视，成为一种新兴的营销方式。

1. 直播营销的特点

直播营销是指企业或品牌方以直播平台为载体、以互联网技术为依托开展营销活动，以达到增强品牌影响力和提高商品销量的目的。直播营销具有以下 4 个特点：

（1）直接触达与即时互动。直播营销的一大显著特点是其直接性和即时互动性。通过直播，企业能够实时与用户沟通，主播在展示商品信息的同时，用户可以即时发表评论、分享体验，并将反馈直接传达给企业。这种双向交流不仅增强了用户的参与感，还拉近了企业与消费者的距离，提升了用户对品牌的忠诚度与黏性。主播在直播中解答用户疑问、表达感谢，进一步满足了用户的多元化需求，使直播逐渐成为企业不可或缺的营销手段。

（2）低成本与广泛传播。直播营销相较于传统营销方式，具有成本低廉、传播范围广泛的优势。企业仅需一部手机即可完成直播，直播场景也可自主搭建，大大降低了营销成本。同时，直播营销的话题性强，易于引发用户关注和传播。视频形式的营销内容便于二次传播，使直播营销具有传播速度快、覆盖面广的特点，有效提升了品牌知名度和影响力。

（3）精准定位与良好营销氛围。直播营销能够精准定位目标用户，通过前期宣传推广，引导目标用户在特定时间内进入直播间观看直播。这些用户通常对企业或品牌具有较高的忠诚度，有助于实现精准营销。在直播间，用户易受环境（如直播间内争相购买的氛围、主播使用商品的效果展示或主播话术营造的紧迫感等）影响产生消费行为。这些环境因素共同作用，能够极大地激发用户的消费热情，促使用户产生购买欲望，形成直播间的消费热潮。

（4）真实场景与优质用户体验。直播营销能够展示商品相关的真实场景，如生产环境、生产过程等，让用户直观了解商品的制作过程。同时，通过试吃、试穿、试用等环节的展示，用户可以直观感受商品的使用效果，增强真实感和信任感。这种真实场景的呈现优化了用户的购物体验，提升了用户的购买意愿。直播营销通过提供直观、真实的商品信息，有效刺激了用户的购买欲望，促进了用户购买行为的产生。

2. 直播营销平台

直播平台众多，涵盖了公域直播和私域直播两大领域。

（1）公域直播。公域直播是指在公共平台上进行直播活动，这些平台通常是由中立的第三方提供，面向广大网友开放。具有公共性、稳定性、功能性特征。公域直播平台的典型代表包括抖音、快手、视频号等，这些平台在直播领域具有广泛的影响力，吸引了大量主播和观众参与。

（2）私域直播。私域直播是指在特定的私有领域内进行的直播活动，它专注为特定群体提供更加私密和互动性更强的观看体验。具有封闭性、专属性、强互动性特征。私域直播平台有微信小程序直播、花椒直播等平台。

3. 直播营销常见方式

为了有效吸引用户观看直播，营销者需根据具体情境灵活选用适宜的直播营销策略。以下是 6 种主流的直播营销方式：

（1）直接推销式。该模式下，主播在直播间内直接展示并推荐商品，通过评论区互动了解用户需求，进而详细讲解并推荐相应商品，以此激发用户的购买欲望，促使其下单。

（2）现场制作式。主播在直播间现场加工、制作商品，直观展示商品加工后的状态，尤其适用于食品、小型家电、3C 产品等类别，让观众亲眼见证商品品质，增强观众购买信心。

（3）基地走播式。主播前往由专业直播机构设立的直播基地进行直播。这些基地提供直播间、

商品等资源，主播可根据需求挑选商品，并利用基地的直播设施进行直播，享受供应链优势。

（4）产地直销式。主播深入商品原产地或生产车间直播，真实展现商品的生产环境和过程，通过详尽讲解和镜头捕捉，使用户近距离感受商品质量，促进交易转化。

（5）知识教学式。主播以授课形式分享专业知识、技能或技巧，如商务礼仪、服饰搭配、化妆技巧、运动健身方法等，同时融入商品推广，使观众在获取知识的同时产生购买兴趣。

（6）开箱测评式。主播在直播中拆箱并介绍箱内商品，强调诚实、客观的商品描述和使用体验分享，全面展示商品功能、性能，帮助用户全面了解商品，达到推广目的。

4. 直播营销的商业模式

主播在直播中销售商品，为用户讲解商品功能，介绍品牌价值，从而提升用户对品牌的认知。如今，直播营销已成为一种新兴的商业模式。直播营销的商业模式见表3-2。

表3-2　直播营销的商业模式

商业模式	说明
直播＋电商	此模式广泛用于线上店铺，是由主播介绍店内商品，或者传授知识、分享经验的一种营销方式
直播＋发布会	此模式灵活多样、生动有趣，能够为企业商品和品牌带来更多的流量和人气，且比传统营销模式下的发布会的营销成本更低、影响力更大、效果更好
直播＋企业日常	此模式已逐渐成为企业与用户建立密切关系的社交与营销方式，企业通过直播的方式展示企业文化，如分享员工的工作日常、传递品牌理念等
直播＋广告植入	在直播场景下，主播可以自然而然地进行商品或品牌的宣传与推荐。在商品讲解和分享时，导入购买链接，引导用户购买
直播＋访谈	直播时主播通过访谈的方式，以第三方视角来阐述观点和看法，如采访行业意见领袖、特邀嘉宾、专家、路人等，利用第三方的观点来提高商品信息的可信度

课堂讨论

假设你是某电商平台的直播运营经理，面对直播带货市场竞争激烈、内容创新难度高的挑战，你计划如何利用直播带货营销的特点与优势增强用户参与感并提升销售转化率？请结合直播带货运营步骤，提出具体策略并阐述其如何助力实现低成本高效营销。

3.2.2　社交媒体营销平台

社交本是人与人之间的一项社会活动，但在互联网和移动互联网的推动下，社交与企业营销逐渐融合，形成了一种独特的营销模式，即社交营销。

社交营销是指基于社交网络类新媒体平台，通过分享和互动建立良好的社交关系，以实现营销目标的一种营销模式。参与程度高、互动性强、能够带来心理归属感的网络社交便于企业向用户传达品牌信息，尤其是用户之间口碑传播的力量，更能使品牌传播效果迅速提升。

互联网催生了网络营销，而社交营销模式恰好符合网络用户的真实需求，顺应了网络营销发展的新趋势。在互联网快速发展的背景下，只有真正符合网络用户需求的营销模式才能帮助企业更好地发展。

1. 社交营销的优势

社交营销较传统营销更加高效，企业能够通过社交大数据对市场、受众进行分析，洞察用户需求，掌握市场痛点，然后采取有针对性的营销策略。社交营销的优势主要体现在以下 5 个方面：

（1）在成本控制方面，社交营销的优势尤为显著。它摒弃了传统营销中对大量广告投放的依赖，转而利用网络的传播特性，激发用户的参与、分享与互动热情，形成口碑传播效应，往往能以更低的成本取得更为出色的营销效果。这种转变不仅为企业节省了营销开支，更在效果上超越了传统广告宣传。

（2）社交营销深深契合了网络用户的内在需求。在数字化时代，人们渴望在网络空间中展现自我，参与讨论，分享见解，寻求互动。企业可以借助微信、微博等社交媒体平台，发布商品信息，激发用户的转发、分享、评论等互动行为，这种营销方式相较于传统模式，更易于被用户接受和喜爱。

（3）社交网络为企业提供了无限的营销想象空间，能够满足多样化的营销策略需求。无论是线上活动策划、商品植入、市场调研，还是裂变式营销等，社交营销都能轻松实现。社交网络的核心优势在于人与人的互动，这是所有营销活动得以开展的基础。

（4）社交营销能够实现精准营销。在社交网络中，用户往往是彼此熟悉的朋友，其注册信息相对真实可靠。企业可以根据地域、收入状况等条件，轻松筛选目标用户群体，开展有针对性的营销活动，使营销效果更加精准有效。

（5）社交营销还赋予了用户新的角色——企业营销者。在当下，网络口碑和用户评论对品牌认知和消费行为的影响日益加深。社交网络为企业与用户搭建了近距离互动的桥梁，通过良好的互动，企业能够在用户心中树立起积极的品牌形象，吸引更多潜在客户。此外，企业还可以通过奖励或报酬的方式，激励用户参与营销活动，使用户从消费者转变为营销者，成为推动企业网络营销的重要力量。

2. 社交营销策略

要在社交营销领域取得成功，掌握以下策略至关重要：

（1）强化口碑传播，塑造正面品牌形象。在传统时代，口碑传播依赖亲友间的口口相传，而在数字营销的新纪元，这一模式借助互联网平台得到了前所未有的发展。互联网打破了传播者、用户与传播媒介之间的界限，每个个体都成为信息的发布者、传播者与消费者，能自由选择传播渠道，创作并分享个性化内容。社交营销中的口碑传播呈网状结构，信息在用户间迅速、高效地流通。因此，企业需注重通过社交营销手段树立正面口碑，利用这种高效的传播模式，为品牌或商品赢得更广泛的认可与信赖。

（2）聚集并培养粉丝，提升粉丝忠诚度。在社交营销时代，用户成为主导力量，粉丝成为企业、品牌与商品成功的关键。粉丝不仅是消费市场的主力军，更是企业打开市场、提升品牌号召力的基石。企业需积极吸引并聚集粉丝，提供优质的商品与服务，让粉丝成为企业营销的积极参与者、传播者与主导者。一个企业拥有庞大且忠诚粉丝群体，意味着拥有稳定且持续的消费市场，能为企业带来长远的经济利益。如华为、小米等智能手机品牌，正是凭借其庞大的粉丝基础与高效的粉丝管理，得以在激烈的市场竞争中脱颖而出。

（3）优化粉丝管理，构建稳定社群。粉丝是社交营销的资源宝库，社群则是管理这些资源的有效工具。企业要想在社交营销中取得佳绩，单凭个别粉丝的力量远远不够，构建并管理一个庞大的粉丝社群是实现良好营销效果的关键。社群能统一群体行为，明确指向性，迅速达成目标。多样化的社群改变了信息传递与内容分享的方式，使传播内容更具针对性，目标用户更精准，社群用户黏性更强。通过社群，企业可以高效地管理用户，打造互动场景，与用户充分交流，为决策优化与问题解决奠定坚实基础。

（4）创造传播源，推动裂变式传播。裂变式传播是社交营销中的利器，具有传播速度快、用户接受度高、更新频繁、范围广、成本低等优势。其关键在于创造具有强大感染力的传播源，使之成为引爆话题的焦点，激发用户自发传播。情感类话题往往具有较强的裂变性，企业可以从用户情感需求出发，寓情感于营销中，激发用户共鸣。

（5）借助名人效应，策划事件营销。事件营销是企业通过策划、组织并利用具有新闻价值、社会影响力及名人效应的事件，吸引媒体、社会团体与目标用户的关注，以提升品牌知名度、美誉度，塑造良好形象，并最终促进商品销售的一种策略。借助名人知名度或热门事件是快速引发关注的有效途径。选择名人时，需确保其粉丝群体与企业商品受众相契合，气质与企业商品形象相一致。同时，结合名人知名度开展活动，如转发抽奖等，以激励用户扩散与转发，提高品牌或商品知名度。通过精心策划的事件营销，企业可以更有效地传达品牌价值观，提升品牌形象，实现营销目标。

3. 社交平台种类

社交平台种类繁多，常见的社交平台有以下几种：

（1）微信。作为国民级App，微信已成为人们生活中不可或缺的一部分，不管是出行还是办公，几乎都需要使用它。它支持跨通信平台使用，方便用户随时随地进行交流。

（2）新浪微博。一款潮人必备的微博手机客户端，用户可以在这里了解新闻资讯，关注并互动大牌明星发布的动态，同时也可以在这里找到各种资源，浏览海量高清短视频。

（3）小红书。一款集购物与分享社区于一体的手机软件，用户可以通过文字、图片、视频笔记分享各种海淘心得。

（4）QQ。作为在线聊天交流软件，QQ拥有庞大的用户群体和丰富的功能，如文件传输、语音通话、视频聊天等。

3.2.3 应用程序营销平台

App主要指安装于智能手机上的软件，依赖相应的手机系统运行。目前，主流手机系统包括iOS、安卓系统（Android）及鸿蒙系统（HarmonyOS）。随着智能手机的广泛普及，App已深度融入用户的日常生活。作为移动互联网的关键入口，App已成为企业竞相角逐的重要营销平台。各大企业纷纷通过App开展营销活动，以期在移动互联网时代占据有利位置，扩大市场影响力。

3.2.3.1 了解App

1. App的分类

分类依据不同，App的类别也不同。

（1）根据App的安装来源不同，App分为手机预装软件和第三方应用软件。手机预装软件一般指手机出厂自带或第三方刷机渠道预装到用户手机当中且用户无法自行删除的软件。第三方应用软件是指用户从手机应用市场下载安装的软件。

（2）根据 App 所属的领域和功能属性不同，App 可以分为 7 大类，见表 3-3。

表 3-3 根据 App 所属的领域和功能属性分类

类型	说明	举例
社交类	在互联网平台上提供社交互动、即时聊天、视频通话等功能，能满足人们日常沟通交流需求的 App	微信、QQ
新闻类	向用户提供各类新闻资讯的 App	今日头条、腾讯新闻
购物类	满足用户网上购物需求的 App	京东、淘宝
娱乐类	为用户提供各种娱乐休闲方式的 App，包括游戏类 App、影音直播类 App 等	爱奇艺、网易云音乐
金融类	为用户提供支付、金融理财等服务的 App	支付宝、云闪付
生活类	为用户提供便捷生活服务的 App，主要包括旅游类 App、地图导航类 App、饮食服务类 App、社区服务类 App	携程旅行、高德地图
工具类	帮助用户解决生活或工作中的问题的 App，包括办公软件、图片处理软件、视频剪辑软件等	钉钉、剪映

2．App 的优点

App 作为移动互联网时代的标志性产物，相较于传统互联网产品，其优势显著，主要体现在以下 4 个方面：

（1）用户体验的极致优化。与笨重的 PC 端产品相比，App 凭借智能手机的便携性，让用户随时随地享受服务。其碎片化使用的特性，允许用户随时中断并恢复操作，极大地提升了使用的灵活性和便捷性。

（2）设计风格的革新。App 设计追求简单明了，板块划分清晰，排版整洁有序，视觉冲击力强烈，能够迅速吸引用户注意。相较于传统网站信息的冗长全面，App 更注重展示企业的核心信息，针对性强，数据量小，加载迅速，完美适配手机终端，营销价值显著。

（3）用户基数庞大，营销高效。App 以其便捷性和实用性，迅速吸引了大量用户，形成了庞大的用户群体。企业自建 App 平台，相当于构建了一个专属的粉丝社群，营销效果远超传统渠道。通过 App，企业可以直接向用户推送精美的视频、文字等内容，全面展示企业形象，同时节省了大量的广告费用。

（4）互动性大幅提升。App 以其丰富的表现形式和移动设备的技术支持，为用户提供了前所未有的互动体验。例如，通过内置社交网络服务平台，App 能够让使用同一应用的用户实现即时交流，这种互动不仅促进了用户之间的口碑传播，还提高了用户的品牌忠诚度。在互动的过程中，品牌形象得到深化，用户黏性得到增强，为企业带来了长期的营销效益。

3.2.3.2 认识 App 营销

App 营销是企业借助 App 平台，向用户展示产品、服务等信息，并利用移动互联网进行的营销活动。起初，它仅是第三方应用的一种互联网商业模式；然而，随着移动互联网蕴含的商机日益增多，App 已成为连接用户与移动互联网的关键桥梁。众多企业纷纷加入 App 营销的行列，通过这一新兴渠道积极开拓市场、提升品牌影响力，以期在移动互联网的浪潮中占据一席之地。

1. App营销途径

App营销主要通过两种途径实现：①自有App，企业自主设计、构建、推广及运营App，以此开展全面的市场营销活动；②利用第三方App平台，将其作为业务拓展或广告投放的阵地。

企业在第三方App上的营销策略，主要聚焦以下3大目标：①拓宽销售渠道，如在淘宝App内设立官方旗舰店；②强化品牌建设，有效管理并维护客户关系；③投放广告，以提升品牌及产品知名度，例如，在抖音或微博等热门App上投放带有"广告"标识的品牌或产品宣传（见图3-1）。这些广告巧妙融入用户浏览页面，既醒目又不突兀，为企业营销开辟了新路径。通过以上两种途径，企业能够灵活高效地触达目标用户，实现营销目标。

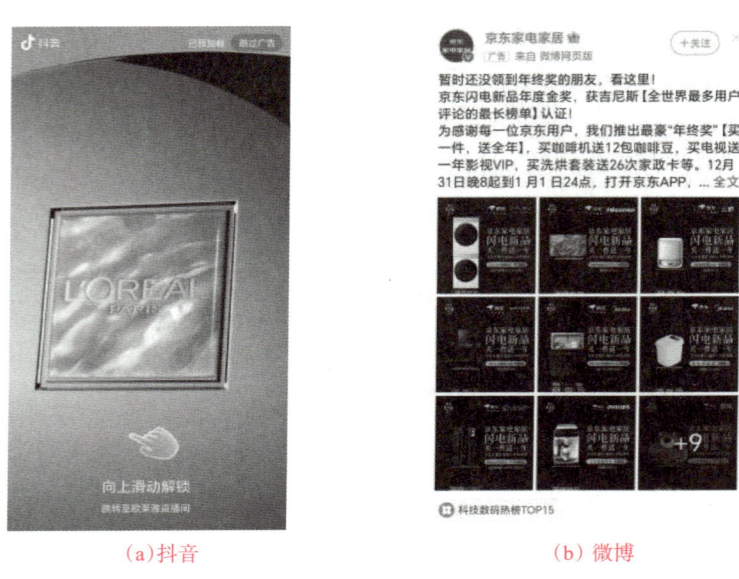

(a) 抖音　　　　　　　　　(b) 微博

图3-1　App广告

2. App营销特点

App营销具有以下4个特点：

（1）成本效益显著。相较于传统的网络、电视及报刊广告，App营销展现出其独特的成本优势。企业仅需投入专属手机应用的开发，尽管后期运营可能伴随一定费用，但总体而言，其成本远低于传统媒介，且能收获更为出色的推广成效。这一特性使App营销成为众多企业的优选策略。

（2）即时反馈机制。用户在App内可直接完成产品订购，企业营销团队则能借助App平台，迅速与用户建立沟通桥梁，实时捕捉用户反馈。这种高效的交流模式不仅优化了企业与用户间的互动体验，还为营销人员提供了宝贵的用户偏好洞察，助力其精准调整产品策略与设计方向。

（3）精准营销能力。依托市场定位、数据库及网络通信技术，企业营销人员能在App上实施个性化沟通策略，显著提升营销活动的精准度与可控性。App通过综合分析用户手机信息，如系统、位置及行为数据，精准识别用户兴趣，进而推送定制化推广信息，实现高效触达。

（4）高用户黏性构建。企业的自有App作为私域流量核心，一旦用户下载并体验，其高实用价值往往能促使用户在互动引导下形成稳定的使用习惯。用户定期访问、浏览App，逐渐对App产生依赖，形成强大的用户黏性，为企业的长期发展奠定坚实基础。

3. App营销策略

掌握App营销策略，对企业提升营销效果至关重要。企业在实施App营销时，可采纳以下6个策略：

（1）以创新用户体验为核心。用户体验是App营销的关键。正面体验能为企业赢得良好口碑，负面体验则可能导致用户不满。企业应视用户反馈为宝贵资源，特别是负面反馈，作为优化App的指南。随着App市场的日益丰富，用户期待也在提升。因此，企业需不断创新，通过独特而新颖的方式吸引用户，创造令人难忘的体验，从而增强用户黏性。

（2）全面优化App体验。App营销的核心在于用户，企业应围绕用户需求，从界面设计、性能优化、细节处理及功能创新等维度对App进行深度优化。例如，提升界面视觉美感，确保App响应迅速，注重前端设计的每一个细节，使App在众多同类中脱颖而出，形成独特的竞争优势。

（3）提供附加服务。除了核心产品与服务，企业还应通过App提供额外服务，满足用户的多元化需求，提升用户生活便利性。当用户发现App不仅提供基础功能，还能满足学习、娱乐等额外需求时，其对App的依赖度将显著增强。

（4）线上线下深度融合。企业应充分利用App的特色功能，引导用户线上关注产品与服务，形成良好的品牌形象，进而驱动线下消费。同时，将线下产品线上化，实现线上销售、线下配送的无缝衔接，既拓宽销售渠道，又加深用户对品牌的认知与信任，扩大利润来源。

（5）激发用户分享意愿。在App营销中，企业应鼓励用户分享与转发，通过设定转发奖励、体验分享、免费服务等激励机制，激发用户的分享热情，扩大营销信息的传播范围，提升品牌影响力。

（6）营造活动氛围。App作为多媒体平台，集文字、图片、音频、视频、动画等多种形式于一体，为用户提供丰富的感官体验。企业可巧妙融入与营销活动相关的音乐、动画等元素，营造轻松愉快的活动氛围，使用户在享受中参与，提高活动的吸引力和参与度。

综上所述，通过创新用户体验、全面优化App体验、提供附加服务、线上线下深度融合、激发用户分享意愿及营造活动氛围等策略，企业能有效提升App营销的效果，深化用户关系，拓展市场份额。

4. App营销活动形式

常见的App营销活动形式有以下4种：

（1）抽奖。抽奖活动是企业吸引用户常用的营销手段。抽奖活动的成本较高，一般用于在短期内提高App下载量，企业会对用户提出明确的任务要求，如下载安装、注册账号、成功支付等，用户只有完成规定的任务后才能获得奖品。

（2）充值有奖。充值有奖一般是为了鼓励用户在App上注册并绑定支付账号，开通支付功能，下单购买平台上的产品和服务而策划的活动。这类活动以充值有奖的方式引导用户下单，常见的方式有低价促销红包、充值送红包等。

（3）页面游戏。企业在App上设置页面游戏，以趣味性较强的游戏体验和较为丰厚的奖品吸引用户参与，主要用于企业大型活动上线前期的预热和引流，目的是在短时间内吸引大量用户，引导用户关注和参与活动。常见的页面游戏有砸金蛋、猜价格、摇一摇、拼图等。

（4）刮卡刮奖。刮卡刮奖活动的参与难度较低，企业可以设置每位用户每天有3次机会刮卡，分享至朋友圈可以增加一次刮卡机会。刮卡刮奖活动可以刺激用户注册或登录账号，为 App 带来新用户，并提高 App 的用户活跃度。在开展刮卡刮奖活动时，企业需要设置中奖率、奖品、每人中奖的额度，并根据后台数据变化实时调整。例如，企业发现该活动在 1 人可以刮卡 3 次时分享次数很少，就可以调整为 1 人只能无条件刮卡 1 次，但可以通过分享 3 次获得 3 次刮卡机会，这样有利于增加分享次数，获得更好的传播效果。

课堂讨论

在日常使用 App 时，你们是否留意过某些 App 的营销方式？你认为哪种营销手段更为贴心、易于接受？反之，哪些手段又让人感到厌烦、难以忍受？结合个人体验探讨，在 App 营销中，应如何巧妙设计，以减少对用户的不必要干扰。通过分享和分析，我们可以更好地理解用户心理，优化营销策略，实现更加和谐的用户体验。

3.2.4 小程序营销平台

随着通信技术的进步，轻应用成为备受瞩目的新趋势，小程序顺势而起，替代了许多体验不佳、易替代的 App。微信、百度、支付宝、今日头条、抖音等平台纷纷加入，共同构建起了小程序发展的生态系统。

小程序是一种不需要下载安装即可使用的应用。它实现了应用"触手可及"的梦想，用户通过扫一扫或直接搜索即可打开应用，也体现了应用"用完即走"的理念，用户不用担心小程序安装太多的问题。小程序将无处不在，随时可用。

小程序由微信团队首先发布。2016 年 11 月 3 日，微信团队宣布，微信小程序正式开放公测，2017 年 1 月 9 日，微信小程序正式面对 C 端用户开放。支付宝、百度、今日头条等紧随其后，先后发布了自己的小程序，很多手机厂商也推出了快应用。尽管快应用与小程序的名字不同，但其本质也是小程序。对开发者来说，小程序的开发门槛相对较低，而且它可以满足简单的基础应用，适合生活服务类线下商铺应用。对用户来说，小程序能够帮助他们节约使用时间、使用成本和手机内存空间。

用户使用小程序十分方便。以微信小程序为例，用户只需在微信聊天界面下拉菜单，即可出现小程序界面，显示"最近使用的小程序""我的常用小程序"两个选项，如图 3-2 所示。

图 3-2　小程序界面

相较于其他营销方式，小程序营销展现出了一系列显著优势，并在互联网日新月异的演进中，不断呈现出新的发展趋势。

微信小程序作为一种轻量级应用，凭借其便捷性、高效性和低成本等特点，成为企业营销的重要工具。以下以微信小程序为例，阐述小程序营销的优势及其发展动向。

1. 小程序营销的优势

小程序营销的优势体现在以下几个方面：

（1）即用即走，用户体验佳。小程序无须下载安装，用户通过微信扫码或搜索即可使用，操作简单便捷。这种"即用即走"的特性降低了用户使用门槛,提升了用户体验,尤其适合碎片化场景下的快速需求。

(2)低成本高效率。相比开发独立 App,小程序的开发成本更低、周期更短,且无须考虑多平台适配问题。企业可以快速上线营销活动,及时响应市场变化。

(3)强大的社交传播能力。小程序依托微信生态,支持一键分享给好友,分享至群和朋友圈,结合拼团、砍价等社交裂变玩法,能够快速触达大量用户,实现低成本获客。

(4)数据驱动精准营销。小程序提供丰富的数据分析工具,企业可以实时追踪用户行为,如访问量、转化率、留存率等,从而优化营销策略,实现精准触达。

(5)线上线下无缝衔接。小程序支持扫码、定位等功能,能够将线上流量与线下场景无缝衔接。例如,用户可以通过小程序预约线下服务、扫码点餐或领取优惠券,提升消费体验。

2. 小程序营销的发展趋势

小程序营销的发展趋势如下:

(1)私域流量运营成为核心。随着公域流量成本上升,企业越来越重视私域流量的构建与运营。小程序作为私域流量的重要载体,通过会员体系、社群运营等方式,帮助企业实现用户沉淀和长期价值挖掘。

(2)直播电商与小程序结合。微信小程序与直播功能的结合,为商家提供了新的营销场景。用户可以在观看直播的同时直接下单,缩短购买路径,提升转化率。

(3)智能化与个性化服务。借助 AI 和大数据技术,小程序能够为用户提供个性化推荐和智能客户服务,进一步提升用户体验和营销效果。

(4)行业垂直化发展。小程序在不同行业的应用场景不断深化,如零售、餐饮、教育、医疗等。未来,小程序将更加注重行业特性,提供定制化解决方案。

(5)生态开放与互联互通。微信小程序生态逐渐开放,支持与其他平台(如企业微信、视频号)的互联互通,形成完整的营销闭环,助力企业实现全渠道运营。

3. 小程序营销的推广方式

小程序营销的推广方式主要有以下 9 种:

(1)拼团活动。商家借助微信小程序平台,推出拼团等优惠活动,利用消费者对低价的敏感度,激发其购买欲望,进而实现用户群体的快速裂变。通过拼团,商家能在短时间内积累大量精准用户,为后续精准营销奠定坚实基础。这种策略不仅促进了商品销售,还加深了用户对品牌的认识与信任。

(2)社交立减金策略。社交立减金类似于美团、饿了么的分享红包,用户可将立减金分享给微信好友或分享至群。立减金以卡片形式呈现,其新颖的视觉效果对用户极具吸引力,促使他们快速领取并分享。领取后的立减金存储在微信卡包的"我的票券"中,方便用户在下次访问小程序时直接使用。电商小程序通过立减金策略,有效提升了用户黏性及复购率,成为微信社交生态中不可或缺的一环。以拼多多小程序为例,用户支付成功后,可在界面下方看到立减金,通过分享至朋友圈或微信群,邀请好友助力,即可领取立减金,形成裂变效应,同时好友也可通过快速入口完成交易,实现双赢。

(3)小程序互推机制。小程序间的相互跳转,不仅丰富了商家的服务内容,实现了服务间的互

补,还促进了小程序间的流量共享与传播。商家可为不同产品线分别创建小程序,并将它们绑定在同一微信公众号下,通过互推机制,实现各小程序间的无缝连接与引流。这种策略有助于提升品牌整体曝光度,增强用户黏性。

(4)支付后入口引流。商家在微信支付成功通知界面上设置小程序入口,引导用户支付后直接进入小程序,进行二次触达。这种策略有效利用了支付场景的用户注意力,将支付行为与小程序服务无缝对接,提升了用户转化率。

(5)朋友圈信息流广告。微信朋友圈广告以类似好友动态的形式展现,基于用户画像进行精准投放,同时借助社交关系链进行互动传播。商家在朋友圈投放小程序广告,能够精准触达潜在用户,提高品牌知名度,增加活动曝光度,提升用户参与度。这种广告形式不仅提升了小程序的曝光率,还促进了用户与品牌的深度互动。

(6)小程序码海报营销。商家通过后台生成小程序码,将其植入线上线下海报、户外广告中,形成"码—小程序—支付"的闭环营销模式。这种策略有效连接了线下场景与线上服务,为小程序带来了更多曝光机会,提升了用户转化率。

(7)小程序搜索排名优化。在微信搜索入口,小程序的排名受名称、描述、上线时间、用户访问量及综合质量等因素影响。商家应根据用户搜索习惯和产品特性,注册多个小程序名称,并优化关键词,以提高搜索结果排名,增加用户发现小程序的机会。

(8)微信群分享。微信群分享是提升小程序曝光度的有效途径。商家可通过红包、优惠券等激励措施,鼓励用户将小程序分享至其他群。同时,商家也可自建社群,通过社群运营,提高用户活跃度,促进小程序在社群内的传播。

(9)App推广小程序。利用App平台分享小程序,是拓展小程序用户群体的又一策略。用户可在App内以小程序形式分享内容,吸引感兴趣的好友点击进入。这种跨平台的推广方式,不仅拓宽了小程序的流量入口,还促进了App与小程序的双向引流,实现了资源的有效整合与利用。

3.2.5 搜索引擎与推荐引擎营销平台

3.2.5.1 搜索引擎营销

搜索引擎作为一个开放的推广平台,允许任何企业和品牌进行宣传推广,正因如此,搜索引擎营销领域市场竞争异常激烈。

1. 搜索引擎营销的概念

搜索引擎营销是一种高效的网络推广策略,旨在通过优化企业或个人网站在主流搜索引擎(如百度)上的搜索结果排名,使自己占据更显眼的位置。这一策略充分利用了用户利用搜索引擎检索信息的习惯,将精准的营销信息传递给目标受众。

通过精心策划和执行搜索引擎营销策略,企业或个人能够显著提升其网站在搜索结果中的可见度,进而吸引更多潜在客户的关注,增加网站流量,并最终达成营销目标,实现业务增长和品牌推广。

2. 搜索引擎营销的方式

搜索引擎营销是提升企业在线曝光量和流量的重要手段,主要包括3种方式:搜索引擎优化、竞价推广和网盟推广。

（1）搜索引擎优化。搜索引擎优化是通过对网站进行技术性和内容性优化，提升其在搜索引擎自然搜索结果中的排名。搜索引擎优化是一种免费的营销方式，其核心在于通过关键词优化、外部链接优化、网站页面优化、结构优化及用户体验优化等，提高网站的搜索引擎友好度。关键词优化是搜索引擎优化的基础，通过研究用户搜索习惯，选择合适的关键词并合理布局在网站内容中。外部链接优化则是通过获取高质量的外部链接，提升网站的权威性。此外，网站页面优化和结构优化能够提高网站的加载速度及优化用户体验，从而进一步提升排名。搜索引擎优化的优势在于长期效果显著且成本较低，但需要持续投入时间和精力。

（2）竞价推广。竞价推广是一种付费的搜索引擎营销方式，企业通过支付费用让搜索引擎收录自己的营销信息，并根据出价高低决定其在搜索结果中的排名。竞价推广采用按点击付费（Pay Per Click，PPC）的模式，企业可以通过调整关键词的每次点击价格来控制成本和排名，也可以根据目标用户的特点设置不同的关键词，精准定位潜在客户。竞价推广的优势在于效果立竿见影，能够快速提升曝光度和流量，但需要持续投入资金，且竞争激烈时成本较高。

（3）网盟推广。网盟推广是通过广告联盟将营销信息投放到多个合作网站上，从而扩大覆盖面。企业在投放广告时，可以根据地域、人群、网站类型和关键词等进行精准设置，投放形式包括信息流广告、贴片广告、视频广告和横幅广告等。网盟推广的收费模式分为按点击收费（Pay Per Click，PPC，也称 CPC）和按展现量收费（Cost Per Mille，CPM）两种。常见的网盟平台包括百度联盟、淘宝联盟、360 联盟和搜狗联盟等。网盟推广的优势在于覆盖面广，能够触达更多潜在用户，但需要精细化的投放策略以确保广告效果。

总的来说，搜索引擎营销的 3 种方式各有特点：搜索引擎优化适合长期品牌建设，竞价推广适合快速获取流量，而网盟推广适合扩大品牌曝光度。企业可以根据自身需求和预算，灵活组合使用这 3 种方式，以实现最佳的营销效果。

3. 搜索引擎营销的基本流程

营销者实施搜索引擎营销需要遵循一个清晰、科学的流程。只有按照流程稳步推进，才有可能取得理想的效果；否则，即使投入了大量的人力、物力和财力，也可能只换来令人失望的投资回报率。搜索引擎营销的基本流程如下：

（1）确定营销目标。即明确企业实施搜索引擎营销的商业目的。营销目标直接影响营销方案的制订，因此必须清晰具体。常见的营销目标包括：①提升网站流量；②提高品牌知名度；③促进产品促销；④提高用户转化率等。

在确定目标时，企业需要考虑行业差异、市场地位、市场环境、产品生命周期及目标消费人群等因素，这些因素不仅会影响营销目标的设定，还会对后续策略的制定和实施产生重要影响。例如，新兴行业可能更注重品牌曝光度，成熟行业则可能更关注用户转化率和销量增长情况。

（2）进行市场分析。市场分析是搜索引擎营销的关键环节，主要包括以下 4 个方面：

1）确定目标用户群体。明确营销的目标用户群体，例如学生、老年人、公司白领或 IT 行业从业者等。同时，分析目标用户的搜索习惯、常用关键词以及他们的需求痛点。

2）关键词分析。根据目标用户的搜索习惯，确定关键词的范围，分析不同关键词的搜索量、竞争强度及转化潜力。此外，发掘尚未被竞争对手充分利用的高性价比关键词，以降低竞争成本。

3）竞争对手分析。研究竞争对手的关键词选择、出价策略、创意设计及整体营销策略，分析其优势和劣势。通过总结经验教训，企业可以制定更具竞争力的策略。

4）效果预估。通过收集竞争对手的数据和企业自身的历史数据，预估实施搜索引擎营销的费用和效果，为后续方案制订提供数据支持。

（3）制订营销方案。在明确营销目标和完成市场分析的基础上，企业需要制订科学且可行的营销方案。制订方案时需综合考虑以下因素：①营销目标：确保方案与目标一致；②市场分析数据：基于用户需求、关键词分析和竞争对手研究；③企业资源：包括预算、时间和人力资源等。

具体方案内容包括：

1）选择适合的搜索引擎营销平台（如百度、Google 等），百度广告平台界面如图 3-3 所示。

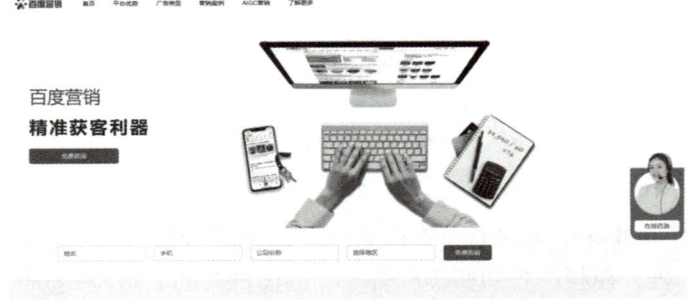

图 3-3　百度广告平台界面

2）确定投放的关键词及其出价策略，如客户通过百度搜索"营销"出现的长尾关键词见图 3-4。

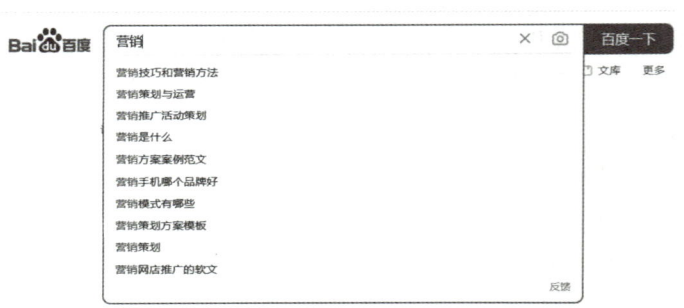

图 3-4　百度搜索"营销"出现的长尾关键词

3）设计吸引用户点击的创意内容。

4）优化落地页设计，提升用户体验和转化率。

此外，企业还需根据竞争对手数据分析和自身历史数据，设定合理的营销效果指标，例如访问量、转化率、转化成本、平均访问停留时长等。

（4）实施并监测营销方案。制订方案后，企业必须按照计划执行，并且每天对营销数据和效果进行监测。监测内容包括：

1）关键词的点击量和转化率。

2）广告创意的表现。

3）用户行为数据（如停留时间、跳出率等）。

在监测过程中，企业可以根据数据表现对方案进行微调，例如调整关键词出价、优化广告创意或改进落地页设计。需要注意的是，调整应避免大幅度波动，以保持投放的稳定性。

（5）优化营销方案。

搜索引擎营销是一个动态的过程，需要不断优化以提升效果。优化工作包括：

1）定期数据分析。每天、每周、每月或每季度对营销数据进行统计与分析，生成营销效果分析报告。

2）效果对比。将实际效果数据与设定的目标数据进行对比，指出取得的成绩和存在的不足。

3）方案调整。根据分析报告、营销预算、效果预估和市场变化等因素，对原有方案进行调整与优化。

4）新方案设计。在分析市场变化和新数据的基础上，尝试设计新的营销方案，以进一步提升效果。

如果实际效果与预估效果差异过大，企业需要回到第一步，重新调整营销目标并制订新的方案。通过不断优化，企业可以逐步提升搜索引擎营销的投资回报率，实现销量长期稳定增长。

课堂讨论

请同学们分享自己或家人使用搜索引擎的经历，如通过搜索引擎搜索到产品信息，直接下单完成购买等行为。请同学们分享使用经验和感受。

3.2.5.2 推荐引擎营销

1. 推荐引擎营销的概念

推荐引擎营销是利用推荐引擎技术，通过分析用户的行为、兴趣、需求等，主动向用户推荐相关的产品或服务，从而实现精准营销和个性化推广的一种策略。这种营销策略能够深入挖掘用户的潜在需求，提高用户的购物体验和满意度，进而促进销售和市场份额的增长。

2. 推荐引擎营销的特点

推荐引擎营销具有以下 4 个特点：

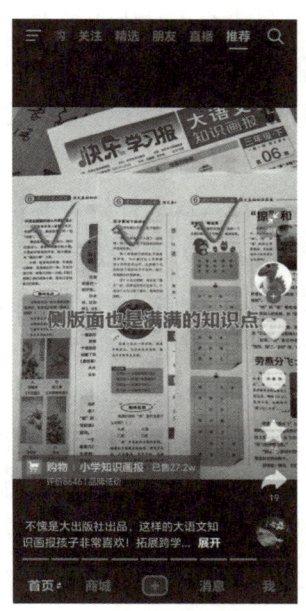

图 3-5　某社交媒体广告推荐

（1）个性化。推荐引擎营销能够根据用户的个性化需求和兴趣点，提供定制化的推荐服务，增强用户的购物体验和满意度。

（2）精准性。通过深入挖掘用户数据，推荐引擎营销能够实现精准的目标市场定位，提高营销活动的转化率和效果。

（3）实时性。推荐引擎营销能够实时分析用户数据，根据用户的最新行为和需求，及时调整推荐策略，保持营销的时效性和有效性。

（4）高效性。利用自动化技术和工具，推荐引擎营销能够高效地处理大量用户数据，提高营销活动的执行效率和准确性。

推荐引擎营销广泛应用于多个场景，如：在电商平台上，它可根据用户的浏览记录和购买历史推荐相关产品，提升购物体验和转化率；在社交媒体平台上，它能基于用户的兴趣和社交关系推荐相关内容或用户，增强互动感和参与度，如图 3-5 所示；在内容平台上，它则依据用户的阅读历史和兴趣点推送文章或视频，优化内容消费体验。然而，这一营销方式也面临诸多挑战，包括在数据收集分析时需严格遵守法律法规以保护用户隐私和数据安全，以及随着数据量增多需不断优化推荐算法以提高准确性、实现个性化，同时还应注重提升用户体验，避免过度推送影响用户友好性。

3. 推荐引擎营销的工作原理

推荐引擎营销的工作原理主要基于以下几个方面：

（1）数据收集。通过用户注册信息、浏览记录、购买历史等数据源，收集用户的行为和偏好数据。

（2）数据分析。利用机器学习、数据挖掘等技术，对用户数据进行分析和挖掘，发现用户的潜在需求和兴趣点。

（3）推荐算法。基于用户的兴趣和需求，运用推荐算法生成个性化的推荐列表。

（4）推送信息。将推荐列表中的产品或服务推送给用户，引导用户进行购买或进一步了解。

3.3 数字媒体运营活动

3.3.1 数字媒体运营活动类别与优先级

运营活动在数字媒体运营中占据核心地位，它能显著推动用户流量激增，实现品牌广泛曝光，并在用户心中留下深刻印象。作为数字媒体的"活力源泉"，运营活动至关重要。运营者凭借活动调控运营步伐，适时激发和提升用户热情与活跃度，通过连续的活动布局逐步塑造品牌形象与口碑，传递品牌价值，确保用户持续涌入并保持互动。

从活动形式上，执行渠道分为线上与线下；从规模上，则区分为大型活动与日常小型活动；在时间上，有周期性活动及一次性独立活动之别。活动的具体类型、策划及规模，需依据不同的媒体平台特性和时代背景来灵活确定。精准策划与适时执行，是确保运营活动成效的关键，助力数字媒体在竞争激烈的市场中脱颖而出，保持蓬勃生机与持续发展动力。以下介绍3种活动类别：日常周期性活动、时令性活动及热点活动。

1. 日常周期性活动

日常周期性活动通常表现为常规、琐碎且规模较小的形式，例如社交平台每日的话题讨论、电商媒体的周期性促销等。这类活动的鲜明特征是它们的重复性和普遍性，它们以固定的时间间隔穿插于媒体平台的日常运营中，旨在维持用户的活跃度和用户对平台的黏性。这些活动成本相对较低，虽然创意同样重要，但往往不需要复杂的技术支持和大规模的宣传资源。

由于这类活动以周期性举办为主，主要目标是促进用户活跃，因此常带有一定的重复性。例如，电商平台的周期性购物专题活动，尽管每期主题各异，但核心形式仍是折扣促销。

鉴于日常周期性活动的这些特性，运营者需在产品初期就精心准备一套核心且成熟的活动策划方案。这套方案将成为后续运营的基础，便于运营团队进行拓展和创新。日常周期性活动的运营是数字媒体运营的基础环节，也是最为烦琐且占据主体地位的工作，它对保持平台的日常活跃度和用户黏性具有不可替代的作用。

2. 时令性活动

时令性活动相较于日常周期性活动而言频次较低，它是依据特定的时间背景，如节假日、纪念日及节气等，精心策划的专题活动形式。这类活动的规模往往与时令节点的重要性成正比，如新年、圣诞节、情人节等全民性节日，几乎所有数字媒体平台都会倾尽全力推出大型专题活动，吸引用户广泛参与。然而，不同媒体平台因行业特性和品牌调性的差异，其重视的时令节日也会有所不同。例如，对体育类媒体而言，重大体育赛事是不可或缺的时间节点，而对面向女性用户的媒体平台来说，这些体育赛事的重要性有可能大幅降低。

数字媒体的时令性活动既可依托现有节日展开，也可自创品牌专属节日，为特定时期赋予特殊意义，并通过教育用户将其打造为经典活动。淘宝的"双十一购物节"便是这方面的杰出案例，其海报如图3-6所示，它成功地将原本的"光棍节"转变为全民瞩目的购物盛典，使11月11日成为淘宝年度最重要的销售日。虽然自创节日需要投入一定的用户教育成本，但一旦在用户心中树立牢固认知，便能显著提升活动的参与度和流量。

图 3-6 淘宝"双十一购物节"海报

鉴于时令性活动具有一定的规律性，运营者需提前预判时机，细致规划活动，包括确定活动主题、制定活动规则及设定持续时间等，以确保活动在后期的顺利实施。这一系列的准备工作，对提升活动的整体效果及确保平台的流量稳定至关重要。

3. 热点活动

热点活动是指在社会出现全民瞩目的热点议题或事件时，平台迅速利用这些热点的广泛关注度，策划相关主题活动，吸引用户积极参与的运营策略。与内容运营相似，活动运营也高度重视时效性和借势效应。借助热点的全民性和社会性，热点活动通常能赢得较高的用户话题度和参与度。部分社会热点（如阅兵典礼、奥运赛事等）可提前预知，为运营者提供了准备时间；有些热点则源自突发事件，留给运营者的准备时间极为有限，此时，运营者需迅速响应，紧跟热点发展，在热点余温尚存之际借势推出活动，以吸引用户关注。这要求运营者具备出色的决策力和执行力。

3.3.2 数字媒体运营活动策划

一次成功的活动，包括前期筹备、中期高效执行及后期合理数据分析与复盘阶段。整个活动是一项庞大且复杂的系统工程，其生命周期涵盖活动策划、文案撰写、风险控制、成本预算、宣传推广及数据分析等环节。从活动的萌芽到实现，每一步都需精心策划与紧密协作，确保活动顺利推进并取得预期效果。

1. 前期筹备

活动执行前，务必预留充分时间进行周密的筹划，编制详尽的活动策划书，全面覆盖活动安排、风险管理和资金规划等关键因素。首要步骤是明确活动的主题与目标，依据预定的上线时间，搭建活动的基本框架，进而细化活动流程、规则、持续时长、目标受众，并对活动成效进行初步预估。在此基础上，合理预估并分配活动成本，确保策划书能清晰展现活动全貌及初步规划细节。

为应对可能的突发状况，制定风险管控预案至关重要。运营团队需细致预见活动潜在问题，如规则漏洞、用户体验障碍、跨部门协作不畅等，及时规避风险，并严格审查活动执行的关键环节。同时，准备应急活动方案，以应对不时之需，保障活动顺畅进行。

此外，用户预期管理也是活动运营的关键一环。活动的前期宣传、文案及介绍直接影响用户的心理预期，进而影响活动口碑。因此，活动宣传与文案应基于实际情况，适度运用修辞吸引关注，但切忌过度夸大，以免用户期望落空。若活动实际表现超出用户预期，将激发用户的参与热情与自发传播；反之，若宣传过度而活动表现不佳，将引发用户不满，导致口碑下滑和用户流失。例如，现在很多直播平台的宣传活动，因宣传中过度提升用户期待，而实际体验未能达标，最终引发用户口碑的反噬。

综上所述，运营活动需兼顾前期筹划的全面性、风险管理的预见性及用户预期管理的合理性，以确保活动的顺利执行与良好口碑。

2. 活动执行

活动执行时，需将前期规划的活动内容细化分配至各责任人，并按日程有序推进。线上活动需与开发团队紧密沟通，确保程序开发与测试顺利；线下活动则需提前安排场地、物料及人员邀请，以防意外打乱节奏。此阶段，运营人员需大量对接各方，做到及时跟进、充分沟通并灵活调整。对于日常周期性活动，可采取"系统复用"策略，即开发一套核心系统，支持多种运营场景，兼容不同活动需求，仅需针对各主题重新包装上线，即可大幅降低开发与测试成本，显著提升运营效率。这一模式确保了活动执行的流畅与高效。

3. 活动总结

活动下线并非终结，缺乏总结与复盘，运营活动价值将大打折扣。每次活动结束后，运营者应反思活动成效，吸取经验教训，为下次活动提供改进方向。需思考活动是否达到预期，若未达到，则探究原因，若超预期，则分析哪个环节贡献最大。同时，审视活动不足与改进空间，系统盘点成功与失败之处，归纳未达标原因，深挖问题根源。活动结束后，应将总结报告存档，使运营管理更加清晰、有条理，确保历史经验能指导后续活动策划。这一流程对持续提升运营活动效果至关重要。

3.3.3 数字媒体运营活动数据观测

活动的成效紧密关联数据，数据是量化评估的核心指标。每次活动均承载着特定的关键绩效指标（Key Performance Indicator，KPI）任务，运营者需借助数据分析评估活动业绩与运营效果。不同数字媒体的核心数据各异，如社交媒体关注用户活跃数、发帖量及话题热度，影音媒体重视点击量与播放量,电商媒体则聚焦成交量与成交金额。这些数据为评估活动成效提供了关键依据。

1. 确定核心数据

分析数据的首要步骤是明确与运营目标直接相关的核心数据。各数字媒体平台关注的数据各有侧重,即便在同一平台内,不同活动、不同运营重点,应关注的核心数据也不相同。若活动旨在提升品牌曝光度和社会影响力,则应重点关注话题讨论量、传播范围及点击量等数据;若目标为吸引新用户,则需紧密关注用户注册数与增长量;若追求盈利,则应聚焦成交量与付费转化率等关键指标。若选择了与运营目标不符的数据进行观测,例如,以促进营收为主的活动却过分关注用户点击量与讨论热度,则会导致方向偏离,使数据观测失去应有的指导意义。

2. 数据分析与观测

数据观测并非活动尾声的专属任务,而是自活动筹备之初,随着前期宣传与资源渠道的部署便应启动的实时跟进工作。数据在此扮演着监管、诊断与把控的关键角色,能够即时向运营者反馈活动中的异常情况,并通过深入分析揭示问题的根源。数据的维度是多元的,运营者需提炼不同数据并进行分组对比,以获得全面的检测结果。

首先,聚焦流程核心节点的数据观测至关重要。一个活动从外部宣传、链接跳转至着陆页、进入活动专题页面,直至用户参与并完成任务的整个流程,由几个关键环节构成。随着活动的推进,数据会不断变化,用户也可能在各个节点流失。运营者需密切关注这些核心节点的数据波动情况,特别是异常的数据骤降或高跳出率,并迅速识别与修复潜在问题。在此漏斗分析法尤为关键,它关注数据在漏斗模型中的转化率,不仅整体审视,还深入剖析各关键环节,从多维度进行细致分析。

其次,随时间推移观测数据走势同样重要。理想情况下,数据走势应呈坡形,随着宣传资源的逐步到位,流量逐渐攀升,活动高峰期达到顶点,活动结束后逐渐回落。特别成功的活动,数据甚至可能出现爆发式增长。若数据趋势异常,如高开低走或低开高走的单线增长,则可能意味着活动的前期宣传、导入或执行阶段存在问题。

最后,与历史活动数据的对比是总结反思活动得失的关键步骤。在过往的运营活动中,往往能找到与当前活动相似的案例。将历史数据与当前数据相结合进行分析,有助于更清晰地认识活动的运营状况,提炼经验教训。运营者应充分利用数据库资源,将每次活动转化为后续活动的宝贵资源和助力。

互联网为数字媒体的诞生与发展提供了广阔的平台与技术支持,推动了数字媒体行业的蓬勃发展,形成了数字化、互联化、多样化的媒体生态。数字媒体凭借丰富的互动形式、引人入胜的内容及创新的交互手段,不断刷新用户的使用体验,展现出令人期待的未来前景。在这个快速变化的环境中,运营者需不断提升数据分析能力,以数据为驱动,优化活动策略,提升用户体验,从而在竞争激烈的市场中脱颖而出。

 **案例分析**

直播购物的成功策略分析

某品牌服装店铺自2020年起开始尝试直播购物模式,初期效果平平,但经过不断调整和优化策略,至2022年底,其直播间的观看人数、互动率及转化率均实现了显著提升,成为行业内直播营销的标杆。以下是该店铺采取的一些关键策略：

（1）主播选择与培训。聘请具有时尚感、亲和力强且熟悉产品特性的主播，定期进行专业培训，提升其直播表现力和产品讲解能力。

（2）直播内容创新。结合节假日、热点事件策划主题直播，如"春季新品发布会""明星同款试穿"等，增加直播的趣味性和话题性。

（3）互动机制设计。设置抽奖、限时折扣、满减优惠等互动环节，鼓励观众参与评论、点赞、分享，提升其直播间活跃度。

（4）数据分析与精准营销。利用大数据分析用户行为，识别高潜力客户群体，实施个性化推荐和精准广告投放。

（5）社交媒体整合营销。在微博、抖音、小红书等社交平台预热，引导粉丝关注并参与直播，形成跨平台流量闭环。

（6）售后服务强化。提供无忧退换货服务，建立快速响应的客服团队，增强消费者信任感和品牌忠诚度。

问题：

（1）分析该品牌服装店铺直播购物成功的关键因素，并结合案例中的具体策略进行阐述。

（2）在直播购物中，如何有效运用数据分析来提升营销效率和用户体验？请提出具体的实施步骤和考虑因素。

（3）面对日益激烈的直播市场竞争，该品牌应如何进一步创新直播内容，保持用户的新鲜感和参与度？请给出至少3项建议。

（4）探讨直播购物模式对品牌形象建设的正面与潜在负面影响，并提出相应的管理策略。

（5）基于该案例分析，总结直播购物在未来数字营销领域的发展趋势，以及企业应采取的适应性策略。

要求：

分析应基于数字营销理论框架，结合案例实际情况进行深入探讨。分析需条理清晰，逻辑严密，可辅以具体数据或案例支撑。对于提出的策略或建议，需考虑其可行性和实施难度，给出合理的实施路径。

调研数字营销在美妆行业的应用

1. 实践背景

数字营销渠道已成为企业推广品牌、吸引用户和提升销售的重要手段。数字媒体运营、数字营销平台和数字媒体运营活动是数字营销渠道的核心组成部分。本次实践调研作业以美妆行业的领军品牌完美日记（Perfect Diary）为例，深入分析其数字营销渠道的应用，帮助学生理解数字媒体运营的概念与程序、数字营销平台的选择与使用，以及数字媒体运营活动的设计与执行。

2. 实践目的

★理解数字媒体运营的概念、程序及其在品牌推广中的作用。

★学会设计和评估数字媒体运营活动。

★培养数据分析和案例研究能力。

★提升团队协作与报告撰写能力。

3. 实践对象

★调研行业：美妆行业。

★调研企业：完美日记。

请同学们结合调研结果，在以下空白处填写你对完美日记公司的认识，分享你的发现与见解。

完美日记是中国新兴的美妆品牌，成立于2017年，隶属广州逸仙电子商务有限公司。完美日记凭借高性价比、创新的产品设计和数字营销策略，迅速崛起，成为中国美妆行业的黑马，深受年轻消费者喜爱。完美日记品牌定位以＿＿＿＿＿为使命，主打高性价比的彩妆产品，涵盖＿＿＿、＿＿＿、＿＿＿、＿＿＿等多个品类。其产品设计时尚、色彩丰富，且价格亲民，吸引了大量18～35岁的年轻女性消费者。

4. 实践内容与步骤

本次实践调研作业分为4个阶段：前期准备与调研设计、数据收集与分析、数字营销渠道评估、总结与报告撰写。实践内容与步骤见表3-4。教师根据各组提交的报告、汇报表现及团队协作情况，进行综合评分，实践评价见表3-5。

表3-4 实践内容与步骤

任务阶段		任务内容	交付成果
第1阶段：前期准备与调研设计（1天）	任务1：确定调研主题与目标	1. 调研主题： 数字营销渠道在完美日记品牌中的应用 2. 调研目标： （1）了解完美日记在数字媒体运营中的策略与程序 （2）分析完美日记使用的数字营销平台及其特点 （3）评估完美日记的数字媒体运营活动效果 （4）提出优化数字营销渠道的建议	调研方案文档（包括调研主题、目标、方法、工具及团队分工等）
	任务2：设计调研方案	1. 调研方法： （1）文献研究：查阅数字媒体运营、数字营销平台和数字媒体运营活动的相关理论 （2）数据分析：收集完美日记的公开数据（如用户行为数据、销售数据等） （3）用户调研：设计问卷或访谈，了解用户对完美日记数字营销活动的认识与反馈 2. 调研工具： （1）数据分析工具：Python、Excel、Tableau等 （2）问卷工具：问卷星、Google Forms等 （3）文献检索工具：知网、Google Scholar等	
	任务3：团队分工与时间规划	1. 团队分工： （1）数据收集与分析组：负责收集平台数据和用户调研数据 （2）案例研究组：负责分析完美日记的数字营销渠道应用案例 （3）报告撰写组：负责整理调研结果并撰写报告 2. 时间规划： 明确各阶段的时间节点和交付成果	

续表

任务阶段	任务内容		交付成果
第2阶段：数据收集与分析（3天）	任务1：文献研究与案例收集	1. 文献研究： 查阅数字媒体运营、数字营销平台和数字媒体运营活动的相关文献，了解理论框架和成功案例 2. 案例收集： 收集完美日记在数字营销渠道中的应用案例，如社交媒体运营、KOL合作等	数据收集与整理报告（包括数据来源、样本量、分析方法等）。数据分析结果（包括图表和初步结论）
	任务2：数据收集与整理	1. 平台数据： 通过公开渠道收集完美日记的社交媒体数据（如小红书、抖音等）和电商平台销售数据 2. 用户调研： 设计问卷或访谈，收集用户对完美日记数字营销活动的认识与反馈 3. 问卷内容： 可包括用户对完美日记社交媒体内容的满意度、KOL推荐信任度、线上线下活动参与度等 4. 数据整理： 对收集到的数据进行清洗和分类，便于后续分析	
	任务3：数据分析与洞察	1. 数字媒体运营分析： （1）分析完美日记在社交媒体上的内容策略、发布频率和用户互动情况 （2）评估完美日记在电商平台中的用户体验和功能设计 2. 数字营销平台分析： 分析完美日记使用的数字营销平台（如小红书、抖音、微博等）的特点和效果 3. 数字媒体运营活动分析： 评估完美日记的数字媒体运营活动（如KOL合作、线上促销等）的效果和用户反馈	
第3阶段：数字营销渠道评估（2天）	任务1：评估数字媒体运营效果	1. 内容策略： 评估完美日记在社交媒体上的内容质量和用户互动效果 2. 用户体验： 评估完美日记在电商平台中的功能设计和用户满意度	数字营销渠道评估报告（包括数据分析结果和优化建议）
	任务2：评估数字营销平台效果	1. 平台选择： 分析完美日记选择的数字营销平台是否适合其目标用户 2. 平台效果： 评估各平台在品牌推广和用户转化中的作用	
	任务3：评估数字媒体运营活动效果	1. 活动设计： 评估完美日记数字媒体运营活动的创意和执行效果 2. 用户反馈： 分析用户对活动的参与度和满意度	
	任务4：提出优化建议	1. 数字媒体运营优化： 针对内容策略和用户体验提出改进建议 2. 数字营销平台优化： 针对平台选择和效果提出优化建议 3. 数字媒体运营活动优化： 针对活动设计和执行提出创新建议	

续表

任务阶段	任务内容		交付成果
第4阶段：总结与报告撰写（1天）	任务1：总结调研成果	1. 调研回顾：总结整个调研过程与成果 2. 经验教训：分析调研中的成功经验与不足之处 3. 未来展望：提出数字营销渠道在美妆行业的未来发展方向	调研报告与展示PPT
	任务2：撰写调研报告	报告结构： （1）引言：调研背景与目的 （2）调研方法：数据收集与分析过程 （3）调研结果：数据分析与案例研究结果 （4）结论与建议：总结调研成果并提出优化建议 （5）报告格式：图文并茂，逻辑清晰，语言简洁	
	任务3：团队展示与答辩	1. 展示内容：以PPT形式展示调研过程与成果 2. 答辩环节：回答评委（教师或其他学生）的提问，进一步阐述调研中的思考与收获	

表3-5 实践评价

实践题目						
完成时间						
学院						
姓名		年级		班级		
成绩评定	评价内容	评价标准	分值	教师评价（占比60%）	个人评价（占比40%）	实际得分
	调研设计与执行能力	1. 调研方案的合理性与执行效果 2. 团队分工与时间规划的合理性	20			
	数据分析能力	1. 数据收集的全面性 2. 分析方法的科学性 3. 结论的准确性	20			
	案例研究能力	1. 案例分析的深度与广度 2. 优化建议的可行性	20			
	报告撰写与展示能力	1. 报告的逻辑性、完整性 2. 展示的吸引力	20			
	汇报表现	内容完整，表达清晰，视觉美观，互动流畅，自信专业	20			
	总分					

数字赋能　营销创新，同仁堂2024年一季度实现"开门红"①

2024年4月29日晚间，同仁堂（600 085.SH）发布2024年一季报，报告显示，公司实现营业收入52.67亿元，同比增长2.42%，归母净利润5.76亿元，同比增长10.04%，实现了业绩"开门红"。

1. 加快科技赋能，深挖"三品"潜能

当前，智能中枢、物联网平台、大模型层出不穷，作为传统中成药制造企业，同仁堂股份充分运用数字技术赋能生产要素，形成数字生产力，不仅在生产领域实现合坨、制丸、扣壳、蘸蜡、外包等连线数据采集、储存及追溯，更在品种培育、品质管理等方面推进数字化建设，智能化场景越来越丰富，深挖发展潜能，提升竞争力。

（1）工业方面，运用专业数据库与供应链系统，进行线上数字智能化管理与线下生产模式互通，实现智慧排产，进一步提高生产效率；新9克智能制造生产线与信息化平台融合搭建，实现信息共享与设备实体"软硬兼容"双实力提升；优化部分产品包装生产线，推动品牌防伪升级；"非遗传统大蜜丸工艺技艺与智能化关联技术研究"获评国家文旅科技创新工程优秀项目。

（2）品种方面，与北京多家知名医院合作开展部分品种临床研究工作，安宫牛黄丸治疗缺血性脑卒中药效得到初步验证，愈风宁心滴丸完成综合评价研究；开展同仁牛黄清心丸等大品种药效作用及机制研究；开展同仁乌鸡白凤丸、柏子养心丸等品种安全性评价研究；与北京中医药大学等单位合作开展的"中药制造测量学关键技术与标准及软件装备应用"项目获得2023年产学研合作创新成果奖二等奖。

（3）管理方面，生产管控中心加快集约化、规范化建设；质量管控中心着力建设规范化、专业化、系统化质量体系，修订《科技创新管理办法》，完成部分产品工艺参数确定，确定药材提升规格等级；财务管控中心在资金、预算、核算、报表、税务、财务分析、数字化转型等方面进行深入探索，持续挖掘财务分析深度，强化资产管理。

2. 创新营销推广，开拓多元市场

同仁堂股份围绕老字号品牌守正创新，聚焦大品种，推进数字营销转型升级、协力深挖电商市场、提升终端体验服务价值等，多措并举与用户建立情感共鸣，构建多消费场景。

（1）抓住节点主题，提高曝光量。借助北京卫视跨年晚会，通过品牌冠名、口碑广告、产品展示、节目选送、话题传播等形式深入参与，全网播放量达到8亿+，实现品牌品种双提升；凭借京东春晚资源包，实现与用户双向互动以及加深用户品牌认知；围绕欧冠足球赛事，联合懂球帝App植入产品宣推，提高受众对产品的认知度；利用杏林学堂平台，开展内容丰富的"女金丸直播讲座"；抓住文旅热点，以"我与尔滨有个约会""骨折了——回生第一散"等为主题，出现朋友圈刷屏式传播现象。

（2）加大终端投入，动销提量。对品种进行分类运作，优化资源配置，发挥内外平台、直供终端、特色品种经销等优势，加大零售终端布局推广；围绕十余个品种制定开门红动销方案，核心终端客户均实现销量同比大幅增长；制订发展重点品种、发展专销品种、发展专销推广、发展打包

---

① 加贺. 数字赋能　营销创新，同仁堂2024年一季度实现"开门红"[EB/OL]. （2024-04-30）[2024-12-31]. https://www.cqn.com.cn/pp/content/2024-04/30/content_9049372.htm.

品种、发展特色品种等共五类方案，深挖市场潜力；打造同仁御酒裸眼3D创意广告，助推商业门店品牌焕新，并同步走进线下500个社区，为顾客提供更加优质的服务，从而带动销售。

（3）优化营销体系，精细化管理。在三个事业部、两个项目组的基础上，对五个销售区域进行规划调整，组建形成六个销售大区，促使营销组织架构从"4+2+5"模式向"3+2+6"模式转变；药酒板块并入大品种项目组，为酒剂品类的跨越式发展夯实管理基础；加大投资并购，推动固链、强链、补链、延链，助力产业高质量发展。同仁堂股份多年来深耕主业发展，形成包括中药材种植、中药材加工、中成药研发、中成药生产、医药物流配送、药品批发和零售在内的完整产业链条。未来，同仁堂股份将持续深化改革、攻坚克难，注重服务大局、主动作为，不断推动公司经济运行持续好转、内生动力持续增强，推动公司经济实现质的有效提升和量的合理增长。

同仁堂2024年一季度的成功，展示了数字赋能与营销创新的强大力量。大学生可从中吸取经验，提升跨界融合能力。同仁堂通过整合数字技术、优化生产流程、深化品种研究，并与多家知名医院、高校及媒体平台合作，实现了品牌与市场的双赢。大学生应学习这种跨界合作思维，利用所学专业知识，促进不同媒体和平台间的有效合作，推动创新项目的实施与发展，为未来的职业生涯打下坚实基础。

本章小结

本章主要探讨了数字营销渠道的核心组成部分——数字媒体运营、数字营销平台及数字媒体运营活动。通过对这些内容的深入学习，读者可以全面理解数字营销渠道的结构与运作机制。

在数字媒体运营部分，详细阐述了其概念、发展、特征、分类及技术形态。从Web 1.0到移动互联网时代，数字媒体运营经历了显著的变革，呈现出技术驱动性、内容多样性、互动性、实时性、个性化、多渠道整合及数据驱动决策等特征。同时，本章还介绍了数字媒体的不同分类和技术形态，为读者提供了全面的认知框架。

数字营销平台部分则重点介绍了社交媒体营销平台和搜索引擎营销平台。通过对微信、抖音、微博、小红书和知乎等社交媒体平台的功能、技术特点及商业模式的剖析，揭示了社交媒体在数字营销中的重要地位。此外，还探讨了搜索引擎营销的基本概念、过程及主要类型，为利用搜索引擎进行营销推广提供了理论支持。

在数字媒体运营活动部分，介绍了活动类别与优先级、活动策划及活动数据观测等方面的内容。通过明确活动类别与优先级，制订合理的活动策划方案，并密切监测活动数据，可以确保数字媒体运营活动的有效性和高效性。

综上所述，本章内容涵盖了数字营销渠道的核心要素，为读者提供了全面、系统的知识体系。通过学习本章内容，读者可以深入理解数字营销渠道的本质与运作机制，为未来的数字营销实践提供有力的理论支撑和实践指导。

微课资源

微课视频

第4章 数字时代消费者的开发

知识目标

★ 了解消费者心理洞察的基本内容
★ 理解消费者画像的概念及其在数字时代营销中的重要性
★ 理解并应用 RFM 模型进行客户价值分析
★ 掌握消费者画像的实施步骤及消费者画像在精准营销管理中的应用
★ 掌握消费行为的分类及影响消费行为的个人特征

素养目标

★ 通过掌握消费者画像的实施及应用方法,提升学生的消费者洞察能力
★ 了解影响消费行为的个人特征,培养学生的客户分析和价值评估能力
★ 强调在消费者开发中应尊重消费者权益,倡导诚信经营,培养学生的诚信意识和社会责任感

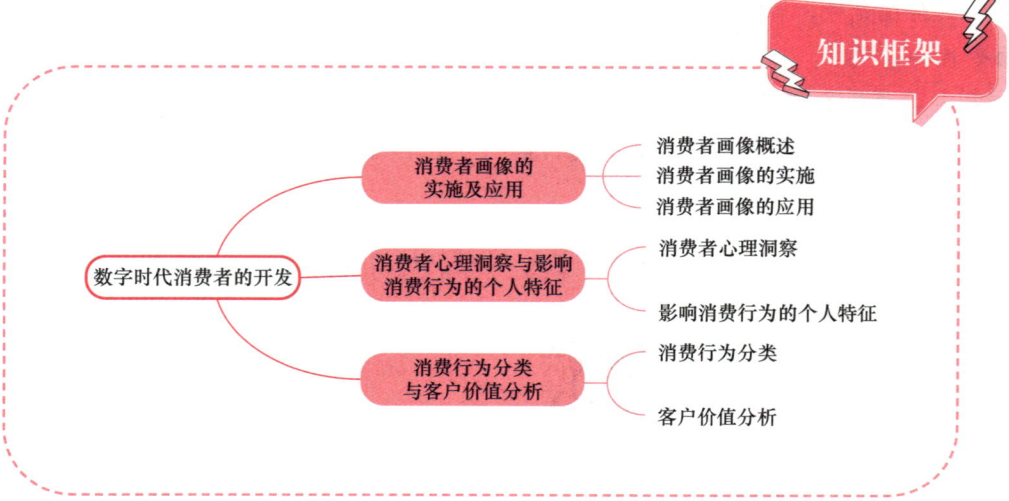

> **案例导入**

抖音商城"一分购"策略①

抖音作为短视频领域的佼佼者，坐拥6亿庞大活跃用户群，为电商版图的扩张铺设了坚实的基石。秉承"兴趣电商"的创新战略，抖音毅然进军电商领域，致力于打造一个由兴趣激发至消费达成的无缝闭环生态。

为了深度挖掘并吸引潜在客户群体投身电商消费潮流，抖音精心策划推出了"抖音商城新人专享一分购"活动，该活动创新性地在用户个人主页嵌入"抖音商城"直达入口，只需指尖轻点，即可开启一段满载惊喜的购物之旅。针对首次探索抖音商城的潜在客户，平台准备了前所未有的专属福利——一分钱超值购。凭借专享优惠券，潜在客户能以难以置信的超低门槛，将精选优质商品轻松纳入囊中。这一震撼优惠，如同一股强烈的引力，牢牢牵引着广大潜在客户的兴趣与期待，激发他们的购物欲望。

如图4-1所示，经过精心筛选的商品以超乎想象的低价展现在潜在客户眼前，每一件商品都是抖音对品质与性价比双重承诺的生动体现。正是这份诚意与品质的双重保障，使得无数潜在客户被深深吸引，进而在抖音商城完成了他们的电商初体验。抖音商城的这一策略，不仅有效提升了潜在客户的转化率，更为其电商版图的持续扩张注入了勃勃生机。展望未来，随着抖音在电商领域的深入探索与创新实践，我们有理由期待，它将不断为潜在客户带来更多前所未有的购物惊喜与卓越体验。

图4-1 抖音商城新人专享一分购

4.1 消费者画像的实施及应用

4.1.1 消费者画像概述

"画像"（Profiling）一词最早可追溯至演员佩戴的面具，这些面具因鲜明地展现了角色特征而被观众轻易识别，从而成为角色的"面部形象"，与中国京剧中的脸谱艺术有着不谋而合之妙。心理学家卡尔·古斯塔夫·荣格（Carl Gustav Jung）在分析心理学领域引入了"画像"的概念，用以阐述个体与社会间的关联。时至今日，企业界广泛采纳"消费者画像"来描绘消费者特性，这一做法已成为数字营销学的核心理论与操作基石。

消费者画像的构建基于对消费者的标签化处理，即通过对消费者特征的细致分类与标记来形成全面的消费者描述。因此，为消费者"贴标签"构成了消费者画像工作的基础，有时，特定的标签组合也被直接称作消费者画像。所谓"消费者标签"，是指企业为实现特定管理目标，采用一系列精练词汇或量化指标来界定目标消费者群体。通过深入分析、挖掘并整合这些体现消费者特征的标

---

① 韩红梅，王佳. 数字营销基础与实务（微课版）[M]. 北京：人民邮电出版社，2023：18.

签，企业能够构建起一个多维度的消费者画像模型。

在众多消费者标签中，人口统计特征是最为基础且典型的，它涵盖了消费者的性别、年龄、地域等基本信息，构成了消费者画像的基石。在当下这个数据泛滥的时代，企业内部积累了大量的消费者原始特征数据和业务数据，而外部数据源也提供了丰富的消费者群体相关数据，使消费者的行为变得可追溯且数字化。这为企业精确绘制消费者画像奠定了坚实的基础。消费者画像之所以备受企业青睐，是因为它能够有效助力企业设计个性化产品、实施精准营销、锁定目标消费群体并实现销售转化，从而成为企业将数据资产转化为经济价值的关键途径。

4.1.2 消费者画像的实施

消费者画像的构建流程可以细分为明确画像目标、筛选顾客标签、验证顾客标签、测试效果评价、顾客标签的持续迭代与优化等 5 个步骤。

4.1.2.1 明确画像目标

在构建消费者画像的过程中，明确画像目标是至关重要的一步。不同的目标意味着需要收集和应用的消费者画像标签会有所差异，因此，一旦确定了消费者画像的目标，研究的具体范畴也就自然而然地界定了。消费者画像目标的广泛性将直接影响所需准备的数据标签数量及后续验证工作的复杂性。接下来，我们将从销售目标和顾客管理目标两个维度来探讨消费者画像的目标设定。

销售目标聚焦推动产品和服务的销售。在这一目标框架下，企业需要应对新品推广、吸引新客户、促销转化、裂变式分享及交叉销售等多重任务。针对每项任务，顾客的画像特征都可能有所不同。例如，在新品销售目标下，企业关心的是目标顾客的特质及其关注的产品特性、主要接触的媒体类型，以及最适合的推广渠道；而在裂变式分享目标下，企业更关心哪些顾客愿意分享链接、何种营销策略能激发顾客的分享意愿，以及哪些顾客更可能点击分享链接。

顾客管理目标则侧重于提升顾客的满意度和忠诚度。一旦企业确立了具体的顾客管理目标，就可以明确消费者画像的构建方向。以留存高价值顾客为例，企业首先要利用顾客标签提取高价值顾客的画像；其次要根据这些画像找到目标顾客，并识别他们的个性化需求，以提升其满意度；再次建立相应的忠诚计划；最后要思考如何构建退出壁垒，以提高高价值顾客的留存率。

4.1.2.2 筛选顾客标签

一旦消费者画像的目标得以确立，企业接下来的任务便是筛选合适的顾客标签，以实现更为精准的营销活动。顾客标签种类繁多，但并非所有标签都需采纳，因为每增加一个标签，都可能导致目标顾客群体的缩减。当企业意图覆盖更广泛的受众时，标签的数量便不宜过多，这就构成了一个需要平衡的矛盾。因此，在实际操作中，如何精确筛选顾客标签成为一个挑战。以下将介绍几种筛选标签的有效方法。

1. 头脑风暴法

头脑风暴法是一种旨在激发创新思维和汇聚集体智慧的方法。在筛选顾客标签的过程中，运用头脑风暴策略可以吸纳来自不同背景的人员参与，促使他们在深入讨论中共同剖析问题并达成共识。实施头脑风暴法筛选顾客标签时，需明确消费者画像的核心议题，确保参会人员的多样性，并在会议前做好周全的准备。当前，众多企业倾向采用头脑风暴法筛选标签，其优势在于耗时短、决策迅速、成本较低，并能有效挖掘消费者画像的多种应用场景。头脑风暴法的局限性也显而易见，主要在于缺乏数据支持的验证过程，主要依赖参与者的专业素养和经验积累，这可能导致在实际操作中产生偏差。

2. 数据洞察法

数据洞察法是通过对顾客数据进行建模与分析，从而提炼出消费者画像标签的一种方法。该方法可以应用于流失顾客的数据分析，揭示导致顾客流失的关键因素，并从中提取顾客流失预警的标签。数据洞察法既可以基于企业内部的自有数据进行分析，也可以利用第三方数据进行研究。通常而言，企业自有的数据需长时间地记录与积累，才能为有效的消费者画像洞察提供足够的支持。借助数据洞察，企业能够发掘某些顾客标签与顾客特定行为之间的紧密关联，进而构建起一个动态的标签体系。例如，当顾客表现出高频退货、高频投诉或赔付增加等行为特征时，该顾客就可能被系统识别为风险顾客。

3. 专题研究法

专题研究法是专注于针对消费者画像进行深入挖掘的专项调研。当前，众多市场研究机构根据品牌推广的需求，广泛开展消费者画像的调研工作，它们通常采用焦点小组访谈与问卷调查相结合的方式。焦点小组访谈往往会根据城市、年龄、购买及使用情况等因素进行分组讨论；问卷调查则更多地按照城市类别进行，有时也会针对特定顾客群体（如新顾客、复购顾客）进行调查，以揭示不同类型顾客在画像标签上的差异，并对收集到的数据进行统计分析，以确定标签的具体特征。此外，企业还可以寻求数据服务平台的协助。这类平台专注于为企业提供网络应用埋点、数据采集与分析服务，因此积累了丰富的顾客数据资源。它们能够为企业提供多样化的标签研究服务，帮助企业更深入地了解消费者画像。

4.1.2.3 验证顾客标签

在精心挑选了顾客标签之后，至关重要的一步是对这些标签进行测试，以确保它们能够准确反映目标顾客群体的特征。这一测试环节本质上是一个实验过程，旨在通过实践验证标签的有效性和适用性。下面介绍三种常用的标签测试方法，帮助企业精准锁定目标顾客，优化营销策略。

1. 小规模试点验证法

小规模试点验证是标签测试初期的一种有效手段，旨在通过初步实践检验标签的合理性与准确性。企业首先根据已选定的标签，对顾客群体进行抽样选择，确保样本具有一定的代表性和多样性。随后，通过发放优惠券、设计吸引人的促销话术等方式，吸引被选中的顾客参与活动。在此过程中，密切关注顾客的响应情况，包括点击率、浏览时长、购买行为及信息分享等关键指标。

基于收集到的数据，企业可以进一步分析最终购买人群的画像特征，与预设的标签进行对比，以验证标签的有效性。这种方法的优势在于成本较低，能够快速获得初步反馈，有助于及时调整策略。然而，小规模试点可能无法代表整体顾客群体，因此其结论需谨慎解读，作为后续大规模测试的基础。

2. 多组 A/B 测试法

A/B 测试作为一种分组实验比较方法，在营销领域得到广泛应用，尤其适用于多组标签的测

试。当企业面对多个顾客标签组合时，A/B测试能够帮助企业快速识别最优的标签组合，从而提高营销活动的效率和效果。

在具体操作中，企业会将顾客群体按照不同的标签组合进行分组，每个组合视为一个实验组（A组）和一个对照组（B组）。向实验组顾客推送基于特定标签组合的营销信息，对照组则接收不同的信息或不作特殊处理。通过对比两组顾客在营销活动中的表现，如转化率、购买额、满意度等，可以评估不同标签组合的效果。

A/B测试法的优势在于其快速反馈机制，能够在短时间内提供关于标签组合效果的直接证据；然而，它也存在局限性，即主要侧重标签组合的整体效果评估，难以单独评估每个标签的具体贡献。因此，A/B测试通常作为标签优化过程中的一个环节，与其他测试方法结合使用，以获得更全面的评估结果。

3. 联合分析测试法

对需要深入了解单个标签效果的企业而言，联合分析测试提供了一种科学而系统的解决方案。联合分析是一种基于统计设计技术建立的市场研究方法，通过正交设计等方法，以较少的测试次数有效评估多个变量的相对重要性或效用值。

在顾客标签测试中，联合分析可以设计一系列包含不同标签组合的测试场景，每个场景代表了一种可能的顾客细分策略。通过收集顾客在不同场景下的反应数据，如偏好选择、购买意愿等，可以计算出每个标签对顾客决策的影响力大小，即其效用值。

联合分析测试的优势在于能够精确量化每个标签的贡献，为标签的优化和选择提供科学依据；然而，该方法也存在一定的挑战，如研究周期相对较长，需要收集和分析大量数据，且对研究者的统计学知识和数据分析能力有一定要求。此外，在快速迭代的数字营销环境中，联合分析测试可能难以迅速适应市场变化，需要与其他快速测试方法相结合，以平衡研究深度与响应速度。

4.1.2.4 测试效果评价

在顾客标签测试完成后，企业需对测试结果进行深入评估，以确定最优的顾客标签组合，这一过程涵盖了多个维度的效果评价。

（1）通过联合分析测试，企业能够量化单个标签的效用值，这为企业提供了明确的数据支持，以区分哪些标签具有较高的价值，哪些标签价值相对较低。基于这些效用值，企业可以构建出最具代表性的目标消费者画像，这些画像由效用值最高的标签组合而成。

（2）A/B测试的结果分析同样至关重要。在测试过程中，企业尝试了多种顾客标签组合，并通过对比不同组合下的营销效果，找到了表现最佳的标签组合。这些组合不仅代表了有效的目标消费者画像，还为企业后续的精准营销策略的制定提供了有力依据。

（3）独立访客分析也是评价标签效果的重要手段。通过对参与标签测试的独立访客进行画像分析，企业能够识别出典型的访客特征，进而确定目标顾客的标签组合和画像。这种方法有助于企业更深入地了解目标顾客的需求和行为模式。

（4）企业还可以采用事前事后比较的方式来验证标签的有效性。在初步确定顾客标签组合后，企业会针对这些标签组合所代表的顾客群体进行营销刺激。随后，企业会分析有访问或购买行为的顾客标签，可能会发现这些标签与初始标签组合存在差异。通过比较这些差异，企业可以进一步调整和优化目标顾客标签，确保最终的标签组合能够更准确地反映目标顾客的特征。

效果评价是顾客标签测试后不可或缺的一环，它有助于企业从多个角度审视标签的有效性，进而确定最优的顾客标签组合，为后续的精准营销提供有力支持。

4.1.2.5 顾客标签的持续迭代与优化

完成顾客标签组合的效果评价后，企业通常会获得一组或多组目标顾客标签组合。然而，这些组合并不直接等同于最终的消费者画像，企业仍需经历一个持续的迭代过程，直至找到相对稳定的顾客标签组合，方能最终确认目标消费者画像。顾客标签迭代的一个重要驱动力在于消费者画像的动态性。无论是市场环境的变化，还是顾客自身行为模式的转变，都可能导致消费者画像的相应调整。因此，企业需要不断进行测试与优化，以适应这些变化，确保顾客标签组合的有效性。

在顾客标签的迭代过程中，信息技术的运用可以显著提高效率。通过技术手段，企业可以持续提取有效顾客的标签组合，并进行输入与输出标签的比对分析，从而逐步形成稳定的消费者画像标签体系。这一过程不仅有助于企业更好地理解目标顾客，也为后续的大规模营销活动奠定了坚实基础。通过选择、测试、效果评价和持续迭代，企业能够构建起精准的目标顾客标签组合，进而开展更加有效的营销活动。这一过程不仅提升了营销效率，也为企业带来了更为显著的商业回报。

4.1.3 消费者画像的应用

4.1.3.1 精准营销管理

在当今竞争激烈的商业环境中，精准营销管理已成为企业提升市场竞争力、实现可持续发展的关键策略。而消费者画像，作为精准营销管理的核心工具，其重要性日益凸显。消费者画像的主要目标在于协助企业快速锁定目标顾客群体，实施精准营销，从而显著提升营销效果。在营销管理的各个环节，消费者画像均发挥着举足轻重的作用，从市场细分与定位到营销策略组合的制定，消费者画像都是不可或缺的重要资源。

1. 市场细分与定位

在市场细分与定位方面，消费者画像的应用尤为关键。企业可以通过深入研究目标顾客，获取其详细的画像标签，这些标签包括但不限于年龄、性别、职业、兴趣爱好、消费习惯等。基于这些标签，企业能够精确选定细分人群，向这些人群进行精准定向传播和产品推荐。这种精准定位不仅提高了营销信息的到达率，还显著提升了顾客的购买意愿和满意度。此外，企业还可以通过顾客标签的小规模测试迭代，进一步优化市场细分和定位策略。例如，通过测试不同标签组合下的顾客反应，企业可以识别出对产品感兴趣的消费者画像，并对这些目标顾客进行深入研究。在此基础上，企业可以实施细分人群的重新界定，甚至对产品进行重新定位，以确保营销策略更加贴近市场需求。

2. 产品策略

在产品策略方面，企业可以利用消费者画像标签方便地选取拟拓展的目标顾客群体，并针对这些群体进行深入研究和潜在需求挖掘。通过小规模的产品测试，企业可以快速了解目标顾客的反馈和偏好，从而开发出满足其需求的产品。消费者画像标签还有助于企业开展深入的市场研究。通过实施精准目标群体的 A/B 测试或联合分析测试，企业能够快速准确地倾听顾客声音，找到最优的产品属性组合。这种以顾客为中心的产品开发策略，不仅提高了产品的市场竞争力，还为企业带来了更高的利润空间。

3. 定价策略

在定价策略方面，通过对顾客标签与商品价格的交叉分析，企业可以了解不同顾客群体购买商品时愿意支付的价格范围，为不同产品线的定价提供有力依据。例如，在新产品进入市场前，企业可以利用消费者画像分析目标顾客的价格偏好，从而确定新产品的合理定价策略。价格偏好本身就是一个关键的顾客标签，它在顾客选择、产品推荐、产品开发、产品销售及客户关系管理等方面均发挥着重要作用。在实践中，企业还会利用消费者画像进行A/B测试，比较不同定价策略下的销售效果，从而选择更为合适的定价方案。

4. 渠道策略

在渠道策略方面，企业可以通过分析不同商圈的目标顾客数量和质量，协助企业选择最优的销售渠道和零售店铺位置。例如，盒马鲜生利用商圈中顾客使用支付宝的数据进行画像分析，掌握商圈的客流情况和顾客价值，进而科学决策店铺的选址和布局。在数字销售渠道中，消费者画像同样发挥着重要作用。企业会根据消费者画像及时调整销售策略，以更好地满足顾客需求。例如，在直播带货过程中，店铺往往会根据消费者画像的反馈不断调整直播策略，包括直播内容、主播风格、互动方式等，以便提升顾客销售转化率。

5. 传播与促销策略

在传播和促销策略方面，消费者画像是企业实施精准产品推荐和投放定向广告的基础。通过深入分析消费者画像，企业能够了解顾客的偏好和需求，从而制定个性化的传播和促销策略。这种精准的传播方式使很多数字产品实现了定制化和千人千面的效果，极大地提升了用户的黏性和满意度。例如，今日头条根据消费者画像制定了内容个性化推荐策略，通过智能算法分析用户的阅读偏好和兴趣点，为其推送符合其需求的内容。这种精准的传播方式不仅提高了用户的阅读体验，还增加了用户的黏性和活跃度。

> **拓展阅读**
>
> #### "漫长奇遇夜"个性化解惑之旅[①]
>
> 腾讯视频与爱彼迎携手打造了一项创新的精准场景营销活动，通过"隔空投送"技术，将定制的"漫长奇遇夜"体验直接送达目标受众。此次活动针对的是对人生困惑寻求解答的普通青年，通过精心策划的投送策略，实现了深度互动与品牌共鸣。
>
> 在北京地铁4号线、13号线、15号线以及上海地铁2号线的关键站点，腾讯视频与爱彼迎设置了专门的基站。在下班高峰时段，这些基站向地铁内的手机用户发送"漫长奇遇夜"的定制邀请。这些邀请不仅包含了引人入胜的故事，还提供了参与活动的独特机会。通过精准定位地铁上的目标受众，活动成功捕捉了他们的注意力，增强了活动的惊喜感与互动性。除了地铁内的隐性投送，活动还采用了显性的巨型月亮线下装置，吸引年轻人的关注。这些装置不仅具有投送基站的功能，还以独特的视觉设计直击目标人群的痛点。例如，在上海同济大学，以"时间"为主题的巨型月亮装置针对大学生提出了"怎样才算没有虚度青春"的深刻问题。通过具象化的视觉

---

① 阳翼. 数字营销（3版）[M]. 北京：中国人民大学出版社，2022：11-12.

呈现，活动引发了受众的深入思考与情感共鸣。

针对不同地点的受众特点，活动还定制了多个主题，如北京望京SOHO附近的"冒险"主题、上海老西门的"贫穷"主题以及上海五角创业中心的"大人"主题等。这些主题通过巨型月亮装置与手机投送相结合的方式，将"漫长奇遇夜"的体验直接送入人们的生活。路人在欣赏装置艺术的同时，还能收到定制化的活动邀请，进一步增强了活动的吸引力。为了扩大活动的覆盖面与影响力，线下投放还涵盖了共享办公社区与潮流胜地。在这些区域，活动发布了与场景特点紧密结合的海报，引导受众结合个人经历回答问题。在创业青年聚集的共享办公空间，海报上的问题激励着年轻人在创业路上坚持自我，同时也提升了受众对品牌的好感度。

整个活动的核心在于精准定位的用户触点与深度互动的体验设计。无论是手机上的隔空投送、户外的巨型月亮装置，还是共享办公空间与潮流胜地的海报投放，都旨在最大限度激发受众的情感共鸣与价值认同。通过活动二维码导向的线上报名H5页面，受众可以报名参加100个"漫长奇遇夜"的体验活动，进一步深化了活动的参与感与品牌忠诚度。腾讯视频与爱彼迎通过精准场景营销策略，成功地将"漫长奇遇夜"活动打造成为一次个性化、深度互动的营销盛宴。此次活动不仅提升了品牌知名度与好感度，还为受众提供了宝贵的思考与成长机会。

4.1.3.2 顾客旅程管理

1. 打造连贯优质且持久的顾客体验

顾客旅程管理涵盖了顾客从初次接触企业直至建立长期联系的每一个环节，它涉及顾客与企业之间所有触点的互动、整个交互过程及顾客的全生命周期。关于"顾客旅程图"的起源，存在多种观点。有人认为它是对服务蓝图理论的延伸，也有人将其等同于"接触点地图"。顾客旅程的内涵丰富，主要体现在以下几个方面：

（1）顾客旅程是由一系列接触点串联起来的完整经历，而非孤立存在的单个触点。这意味着在评估顾客体验时，必须考虑整个旅程的连贯性和一致性。

（2）顾客旅程管理强调的是整个旅程中的整体体验，而非仅仅关注某一触点的满意度。即使单个触点的满意度较高，也不代表整个旅程能让顾客感到满意。因此，企业需要全面审视和优化整个顾客旅程。

（3）顾客旅程跨越了多个渠道，包括跨屏、跨渠道及线上线下等多种方式。这要求企业在设计顾客旅程时，必须考虑不同渠道之间的协同和一致性，确保顾客通过任何渠道都能获得一致且优质的体验。

（4）顾客旅程往往持续时间较长，并且具有可重复性。这意味着企业需要持续关注和管理顾客旅程，不断提升顾客的满意度和忠诚度。

顾客旅程管理是消费者画像应用的重要领域之一。在顾客旅程的不同触点、产品使用过程及生命周期的不同阶段，顾客的画像都会有所不同。因此，企业必须对消费者画像进行全面的管理，以确保在顾客旅程的每个关键时刻都能提供精准的服务和营销。

2. 利用消费者画像与数字化技术提升顾客体验

水池模型可以作为一个有效的工具来解释如何通过消费者画像进行顾客旅程管理。企业可以利用消费者画像来管理获客、激活、留存、变现、预警和赢回等多个顾客旅程的关键节点，从而确保

顾客在整个旅程中都能获得满意的体验。消费者画像是顾客旅程管理、顾客体验管理和企业旅程管理的基础。只有明确了目标顾客，企业才能有效地开展全面的顾客管理。而在全渠道顾客旅程体验管理中，数字化环境带来了许多新的挑战和机遇。

（1）全渠道顾客旅程体验管理可以作为企业数字化管理体系的一个模块。通过将其嵌入企业的管理系统中，可以形成顾客旅程全周期管理的数字化模块，为后续的自动营销系统构建奠定基础。

（2）对在线经营的数字化企业而言，全渠道顾客旅程体验管理地图可以获取顾客在每个旅程或体验阶段的数据，从而构建有效的数字化管理模式。尽管顾客体验的数字化是一个难点，但可以通过评论挖掘、实时调研、统计推断等方式补充和完善相关数据。

（3）全渠道顾客旅程体验系统可以作为企业数字化转型的基本框架。它能够有效地连接消费者画像、顾客旅程、顾客体验和企业旅程，形成基于顾客价值的完整数字化管理体系。

（4）全渠道顾客旅程体验系统还可以用于动态的顾客数字化管理体系。通过实时获取消费者画像、顾客旅程和顾客体验的数据，企业可以动态地、全周期地、全过程地管理不同类型的顾客，从而不断提升顾客的满意度和忠诚度。

4.1.3.3 客户关系管理

在客户关系管理的广阔领域中，消费者画像扮演着举足轻重的角色，它不仅是实施个性化管理的关键步骤，更是构建稳固客户关系的基础。顾客识别作为客户关系管理的起点，为精准把握顾客需求提供了可能。

1. 消费者画像是提升顾客满意度的基石

企业借助消费者画像，能够深入洞察顾客的个性化需求和痛点，从而提供量身定制的服务。通过触点画像管理，企业能够优化顾客在各个接触点的体验，提升顾客的感知价值和满意度。同时，企业还能从顾客的投诉和抱怨中捕捉不满意的关键点，迅速采取补救措施，降低不满意率，减少负面口碑的传播。

2. 消费者画像在提升顾客忠诚度方面发挥着重要作用

精细化服务和关怀是建立顾客忠诚的关键，消费者画像为企业提供了精准识别会员顾客需求、制订有效忠诚计划的依据。在顾客流失预警方面，企业可以通过顾客标签识别出潜在流失的顾客，及时采取挽留和赢回措施。对于休眠顾客，企业则可以通过测试获取反应信息，精准激活这部分顾客。

3. 消费者画像是实施深度销售和推荐管理的基础

通过消费者画像，企业能够了解特定顾客的产品偏好，提升交叉销售和增进销售的成功率，从而推动顾客的正向口碑传播和转推荐行为。此外，消费者画像在新产品开发、产品选择等方面也发挥着重要作用。企业可以根据目标顾客的画像进行定制化开发和销售产品，这种营销操作方式在近年来已经变得越来越普遍。消费者画像在客户关系管理中扮演着至关重要的角色。它不仅能够帮助企业提升顾客满意度和忠诚度，还能推动深度销售和推荐管理的发展。

4.1.3.4 特定目标应用

企业常将消费者画像应用于特定的管理目标，如个性化推荐、顾客赢回、顾客分享与裂变等。下面将重点阐述个性化推荐中消费者画像的应用。在个性化推荐领域，消费者画像主要用于细分人群。个性化推荐可分为大众个性化推荐、细分个性化推荐和个人个性化推荐3个层次。

（1）大众个性化推荐基于大众的平均需求，向所有人推荐相同产品，适用于同质性产品，如酱油、醋、卫生纸等。为实现这一推荐，企业需获取顾客的平均偏好数据，利用顾客在产品应用方面的标签，找到产品属性的平均水平。

（2）细分个性化推荐则根据细分市场需求推荐相关产品。这需要先针对细分市场需求开发产品，再向目标顾客推荐。在此过程中，消费者画像是描述目标顾客特征、投放广告的关键。在腾讯广点通、阿里巴巴钻石展位等广告平台上，通过选择顾客标签即可锁定细分市场人群，实现个性化推荐。

（3）个人个性化推荐则针对个人需求定制和精准推广产品和服务。此时，顾客的个人画像成为关键因素，关键性标签如收入水平、特殊状态（怀孕、结婚等）决定个人级别的个性化推荐。个人个性化推荐的产品包括特殊情境下使用的产品、高价值产品、实时需求产品等。企业需分析目标顾客的显著性标签，进行产品推荐。然而，由于个人信息严格受法律法规管理，个人级别的产品推荐往往受限。

个性化推荐可基于内容过滤或协同过滤方法。内容过滤根据顾客过去的浏览、收藏、购买等标签，确定顾客偏好的相似性进行推荐。协同过滤则使用相似顾客的偏好预测顾客偏好，需通过统计方法预测分析，确定推荐产品。此外，自适应个性化推荐系统根据顾客行为标签，通过动态实时服务实现个性化推荐，形成自动营销体系。例如，实时竞价广告根据顾客浏览行为确定实时动态需求，通过广告交易平台拍卖后展示给顾客，整个过程仅需 1/10 秒。

随着物联网和人机交互技术的发展，消费者将可通过语音、视觉、面部表情、运动等方式与设备交互，丰富消费者画像的实时标签，实现自动注意力分析和营销资源的实时分配。这将使自动化和个性化推荐成为营销技术的主要发展方向。

4.2 消费者心理洞察与影响消费行为的个人特征

4.2.1 消费者心理洞察

无论是线上交易还是线下购物，无论是实体商品还是虚拟服务，消费者的购买抉择均受其心理因素的驱动。这些心理因素涵盖了购买动机、感知和知觉、学习过程、信念和态度等一系列心理流程。

4.2.1.1 购买动机

心理学原理指出，人的行为受动机驱动，而动机源于需求。购买行为同样遵循这一规律。需求是个体感知到缺失并渴望获得的状态，未满足的需求会引发内心的紧张或不适。当这种紧张感变得迫切时，它便转化为一种强烈的内在驱动力，即驱策力。当驱策力指向能够减轻或消除这种紧张的特定刺激物（如某商品）时，便形成了动机。因此，动机是推动人们为达成特定目标而采取行动的迫切需求，是行为的直接动因。在特定阶段，人们拥有众多需求，但只有那些最为迫切的需求才会转化为动机；同样地，在众多动机中，通常只有最为强烈的"优势动机"才会引发实际行动。需求是个体因缺乏某种东西而产生的主观状态，是对客观需求的反映，这些客观需求既包括人体内的生理需求，也涵盖外部的、社会的需求。例如，血糖降低是人体的一种客观状态，它会激活下丘脑并通过神经传递至大脑，进而引发进食的需求。同样，社会需求也需被个体接受，才能转化为个人需求。

需求作为对客观的反映，并非消极、被动的过程，而是在人与环境互动及积极活动中产生的。1943年，美国心理学家马斯洛提出了需求层次理论，该理论将人类多种多样的需求归纳为生理需求、安全需求、爱与归属的需求、尊重需求和自我实现需求5大类。

1. 生理需求

生理需求是人类最基础且原始的需求，涵盖了饥饿、口渴、性需求及维持其他生理机能所必需的条件。若这些需求无法得到满足，人类的生存将面临直接威胁。因此，生理需求构成了驱动人类行动的最强有力因素。马斯洛明确指出："在所有需求之中，生理需求无疑是最为优先的。这意味着，在极端情况下，当一个人一无所有时，其主要的动机很可能就是满足生理需求，而非其他。一个缺乏食物、安全感、爱与尊重的人，对食物的渴望往往会超越其他一切需求。"

2. 安全需求

当个体的生理需求得到满足后，接下来便会追求安全需求的满足。在通常情况下，一个和平稳定的社会环境中，大多数健康、正常且幸运的成年人，其安全需求基本上都能够得到保障。在这样的社会里，成员们通常不会面临野兽的威胁、极端气候的挑战、犯罪的侵害、对暴力袭击的恐惧或专制的压迫。然而，对那些生活在动荡不安社会环境中的人，或健康状况不佳、遭遇不幸的人而言，他们的安全需求会显得格外强烈，渴望拥有就业保障、年老或生病时的经济保障等。此外，安全需求还体现在人们倾向于选择自己熟悉而非陌生、已知而非未知的事物上，这种行为反映了人们对稳定与可预测性的追求。

3. 爱与归属的需求

"当生理和安全需求得到充分满足后，人们便会滋生爱、情感及归属的需求……"从马斯洛的观点中，我们可以提炼出两个核心：一是对爱的需求，这涵盖了人们渴望与伙伴、同事建立和谐关系，保持友谊与忠诚，追求爱情，以及希望去爱他人并被他人所爱的愿望；二是归属的需求，即人们内心深处希望成为某个集体或群体的一员，享有归属感，期望在这个集体中得到关心与照顾。

4. 尊重需求

社会上绝大多数人（排除病态情况）渴望拥有稳固且重要的社会地位，期望获得他人的高度评价，这包括自尊自重及得到他人的尊重。坚实的自尊建立在个人实际能力所取得的成就及外界给予的尊重之上。尊重需求可细分为两类：一类是在所处的环境中，人们渴望展现实力、成就，具备胜任力和自信心，同时追求独立与自由；另一类是人们追求名誉或威望，即渴望得到他人的赏识、关心、重视及高度评价。当尊重需求得到满足时，个体会感到自信，认为自己在世界上是有价值、有实力、有能力、有用的；相反，若这些需求得不到满足，则可能导致自卑、软弱、无能感，进而可能削弱个体的基本信心，或者驱使他们寻求补偿，甚至可能出现精神问题。

5. 自我实现需求

运动员追求冠军荣耀、音乐家渴望演奏音乐、画家致力于绘画创作、诗人执着于诗歌创作——这些行为背后，是他们追求自我实现的深切需求。自我实现需求是指个体渴望实现个人理想、抱负，以及将个人能力发挥至极致的需求。这一需求的产生建立在前面4种基本需求（生理、安全、爱与归属、尊重）得到满足的基础上。这些基本需求的层次越低，对个体的生存与幸福感而言就越不可或缺，因此也显得越重要。根据马斯洛的需求层次理论，人们通常会按照需求的重要性顺序，依次满足从低到高层次的需求，即在低层次需求得到基本满足后，才会转而追求更高层次需求的满足。

4.2.1.2 感觉和知觉

当消费者产生了购买动机后，他们便会采取行动，而这些行动受到其认识过程的影响。消费者的认识过程是对商品、店铺环境等刺激因素的反应过程，这一过程包含感性认识和理性认识两个阶段。其中，感觉和知觉属于感性认识的范畴，它们基于消费者的感官直接接触刺激因素所获得的直观印象。这种感性认识始于对刺激因素的基本感知。

刺激因素如商品的形状、大小、颜色、声音、气味等，通过视觉、听觉、触觉、嗅觉和味觉等感官渠道作用于消费者，使他们能感知到商品的个别特性。随着感知的深化，这些分散的感觉信息在消费者的大脑中被整合起来，进行初步的分析与综合，从而形成对刺激因素的整体印象，这一过程即为知觉。

由于每个人在注意、整理和解释感知信息时都有其独特的方式，因此不同消费者对同一种刺激因素或情境可能产生不同的知觉。这体现了知觉的3个关键特性：注意的选择性、理解的选择性和记忆的选择性。在日常生活中，人们面临着海量的刺激信息，如广告，但大部分信息并不会引起他们的注意或留下深刻印象。通常，人们更倾向于关注那些与当前需求相关、与众不同或频繁出现的刺激信息，这体现了注意的选择性。此外，人们在接收外界信息时，并不总是按照信息发布者的预期去理解和解释这些信息，而是根据自己的观点、偏见或既有认识来解读，这体现了理解的选择性。至于记忆的选择性，则是指人们在面对大量信息时，往往只能记住其中的部分内容，特别是那些能够印证自己态度和信念的信息。例如，消费者可能更容易记住自己喜爱品牌的优点，而忽视其他同类品牌的优势。因此，营销人员在设计促销活动时，必须充分考虑消费者的感觉和知觉，精心策划，以突破消费者知觉选择性的障碍，确保信息能够准确、有效地传达给目标受众。

4.2.1.3 学习过程

人类的部分行为是与生俱来的本能，但绝大多数行为是通过后天经验积累形成的，这一过程我们称为学习。学习是一个由实践驱动、经验引发的行为变化过程。

在学习过程中，驱策力、刺激物、提示物、反应及强化等多个因素相互作用、共同影响。举个例子，一位消费者有强烈的提升跑步技能的驱策力，当这种驱策力与能够减弱其需求的刺激物相遇时，比如跑鞋或速干衣，这时便转化为购买动机。在此动机的驱使下，他可能会产生购买跑鞋或速干衣的行为。然而，他何时、何地及如何采取购买行动，往往还取决于一些较为次要或辅助性的刺激，我们称之为提示物。这些提示物可能包括家人的鼓励、游泳衣专卖店的广告、相关文章或优惠价格等信息。

如果他购买了某款跑鞋并感到满意，那么这种积极的反馈会促使他重复购买并强化对这一品牌的偏好。未来在类似情境下，他可能会做出相同的购买决策，甚至将这种偏好扩展到其他相似产品上。相反，如果初次购买体验不佳，他可能会避免再次购买同一品牌的产品。因此，为了激发并扩大消费者对某种商品的需求，商家可以反复提供能够诱发购买行为的提示物，并努力提升消费者的购买体验，使其感到满意，从而强化其积极的购买反应。

4.2.1.4 信念和态度

在购买和使用商品的过程中,消费者会逐渐形成特定的信念和态度,而这些信念和态度又会反过来对他们的购买行为产生深远影响。

(1)信念是指个体对某种事物所持有的看法或观点。例如,有些人相信使用健身器材能够强健体魄,另一些人则秉持精打细算、节约开支的生活理念。有些信念是基于科学验证的,如健身器材的效果可以通过实验来证实;而有些可能源于个人的偏见或主观认知。对经营者而言,了解并关注消费者对其商品的信念至关重要,因为这些信念会使消费者对产品和品牌形成整体印象,进而影响他们的购买决策。如果因误解而导致消费者产生负面信念,经营者应积极开展宣传活动,努力纠正这些误解。

(2)态度则是人们在长期的学习和社会交往过程中逐渐形成的稳定观念,它反映了人们对某种事物或观念的是非判断和好恶倾向。一旦消费者对某种产品或品牌形成了固定的态度,他们在未来的购买决策中往往会倾向于依据这种态度来做出选择,而不愿意花费更多精力去进行比较、分析和判断。因此,态度往往具有较强的稳定性和持久性,难以轻易改变。

消费者对某种商品的积极态度可以促使该商品长期保持畅销,消极态度则可能导致其市场表现一蹶不振。在一般情况下,经营者应更倾向于使产品设计和营销策略与消费者已经形成的态度相契合,而不是试图去改变这种态度。因为相对于改变消费者的态度而言,调整产品设计和推销方法往往更为容易且可行。

4.2.2 影响消费行为的个人特征

1. 年龄与生命周期阶段的影响

人们在人生的不同阶段,其消费行为与所偏好的产品和服务也会发生相应的变化。以球类为例,婴幼儿时期可能接触的是软质塑料球,童年时则转为皮球,进入青少年及成年阶段,篮球、排球、足球等便成为主流选择。同样,人们对服装、家具、音乐等的喜好也与年龄紧密相关。不同年龄段的消费者拥有不同的欲望、兴趣和偏好,这导致他们在购买商品时,无论是种类还是样式,都会有所区别。儿童群体是玩具的主要消费群体,青少年则倾向于购买文教体育用品,成年人更多地购买和使用洗衣机、家具等家居用品,老年人则更倾向于购买保健用品。此外,不同年龄段的消费者在购买方式上也有各自的特点,比如年轻人可能因购物经验不足而容易受到各种信息的影响,产生冲动性购买行为,中老年人则更依赖自身的购物经验和习惯,对广告等商业信息的关注度相对较低。

生命周期指的是消费者从离开父母独立生活开始,到老年并入子女家庭或独居直至去世的整个家庭生活过程。根据年龄、婚姻状况和子女情况等因素,可以将生命周期划分为多个阶段:

(1)单身青年阶段,他们追求时尚,热衷参与体育和娱乐活动。

(2)无孩年轻夫妇阶段,他们需要购置家具、电器等耐用消费品,并可能有一定比例的旅游支出。

(3)有6岁以下幼儿的家庭,洗衣机、婴儿食品和玩具等成为必需品。

(4)子女6岁及以上的中年夫妇家庭,食品、清洁用品和文教用品的支出增加。

(5)子女已长大但尚未独立的家庭,经济状况稳定,较少受广告影响,更愿意在孩子的衣食、教育及体育活动上投入。

(6)与孩子分居的老年阶段,会购买更多非生活必需品、礼品和保健用品,并安排旅游。

（7）单身老年阶段，多数已退休，收入减少，他们会购买特定的食品和保健用品。

鉴于消费者在不同生命周期阶段的欲望和购买行为存在差异，企业可以制定有针对性的市场营销策略，以满足特定阶段消费者的需求。

2. 性别差异对消费行为的影响

性别作为消费者行为的一个重要维度，对个体的欲望、消费偏好及购买习惯产生了深远的影响。从生理和心理层面看，男性和女性之间存在显著的差异，这些差异直接反映在他们的消费选择上。

男性消费者在购买商品时通常表现出更为果断和迅速的特点。他们往往更加注重产品的实用性和功能性，对外观和细节的关注相对较少。因此，在购物过程中，男性消费者更容易做出决定，较少纠结。

相比之下，女性消费者在购买商品时则更加细致和挑剔。她们不仅关注产品的实用性和质量，还特别注重产品的外观、设计是否符合个人品位。这种对细节的关注使女性消费者在购买过程中花费更多时间进行挑选和比较。

此外，性别差异还体现在媒体消费上。例如：足球、拳击等体育节目往往吸引大量男性观众，这些节目通常强调力量、速度和竞争，与男性消费者的兴趣点相契合；而连续剧等情感丰富的节目更受女性观众的喜爱，这些节目往往注重人物关系和情感表达，与女性消费者的心理需求相呼应。性别差异对消费行为的影响是多方面的，包括购买决策、产品偏好及媒体消费等。企业应根据不同性别消费者的特点制定相应的营销策略，以满足他们的个性化需求。

3. 生活方式对消费行为的影响

生活方式是个体基于自身价值观念所构建并展现出来的生活模式，它通过个人的日常活动、兴趣所在及所持观点体现。需要注意的是，即便个体同属某一亚文化群体、社会阶层或职业范畴，他们的生活方式也可能大相径庭。举例来说，同为巴西国民，并非每个人都怀揣成为足球运动员的梦想。生活方式实际上是个体心理特征、社会环境、文化背景及经济状况等因素交织影响的综合体现，它往往比社会阶层、文化背景或个性特征更能全面且深刻地揭示一个人的本质。了解某人的社会阶层虽能大致预测其某些行为倾向，却无法精确描绘其个人行为细节。同样，知晓某人的性格特征虽能洞察其心理特质，却难以全面把握其具体活动、兴趣及思想观点。而生活方式能全方位展现一个人在生活中的实际表现与选择。

市场营销活动为消费者提供了实现多样化生活方式的途径。在此过程中，营销人员需运用价值观分类法或基于活动、兴趣、意见的分类方法，对消费者的生活方式进行细致划分，比如区分出那些致力于工作与学习的进取型生活方式，以及重视家庭、遵循惯例的归属型生活方式等。不同生活方式的消费者对商品或品牌有着各自的偏好与倾向。因此，营销者需深入探究产品与消费者群体生活方式之间的内在联系，从而强化产品对消费者生活方式的影响与契合度。

4. 性格特征与自我认知的影响

性格是个体内在且相对稳定的特性集合，涵盖自信与自卑、冒险与谨慎、倔强与顺从、独立与依赖、合群与孤傲、主动与被动、急躁与冷静、勇敢与胆怯等方面。这些性格特征促使个体在面对外部环境时展现出一致且持久的反应模式，并且每个人的性格都在一定程度上塑造着其购买行为。例如，偏好冒险的消费者往往更容易受到广告吸引，成为新产品的首批尝试者；自信或急躁的个体在购买决策上通常更为迅速，而缺乏自信的人可能需要更长时间来做出决定。根据消费者性格，可以划分出6种典型的购买类型：

（1）习惯型，即长期偏好特定产品或品牌。

（2）理智型，购买前会冷静分析并深思熟虑。

（3）经济型，对价格极为敏感。

（4）冲动型，易受外界刺激而迅速购买。

（5）想象型，购买决策基于丰富的情感和联想。

（6）不定型，缺乏固定偏好或主见。

性格类型与特定产品或品牌之间往往存在密切关联，因此，性格成为分析消费者行为的一个有效变量。例如，某高端俱乐部在策划广告时，可能会识别其潜在顾客普遍具有的高度自信、优越感强和自主性高的性格特征，并将这些元素融入广告信息中。

此外，市场营销者还频繁利用一个与性格紧密相关的概念——自我形象（或自我认知），即个体如何看待自己，来制定宣传策略。自我形象是一个多维且复杂的心理构念，包含实际自我形象（个人对自己真实状态的认知）、理想自我形象（个人期望中的自我形象）及社会自我形象（个体认为他人如何看待自己）。普遍观点认为，人们倾向通过购买行为维持或提升自我形象，将其视为展现个人特质和身份认同的重要手段。

5. 职业、受教育程度与经济状况对消费行为的影响

个人的消费行为深受其职业、受教育程度及经济状况的共同影响。职业身份不同，消费者的购买需求和行为模式也呈现出显著差异。例如，蓝领工人可能会购买工作服和工作鞋等实用型商品，而公司总经理更倾向购买高档西装和航空机票等体现身份的商品。企业为了更有效地触达目标市场，往往会根据职业群体的特定需求开发专门的产品，如软件公司会针对不同职业群体（如企业管理者、工程师、律师、医生等）设计不同的计算机软件。

受教育程度同样对消费行为产生深远影响。通常，受教育程度较高的消费者对书籍、报刊等文化用品的需求更为旺盛，他们在购买商品时表现出更高的理性和审美能力，购买决策过程更为全面，且更擅长利用非商业性信息来源。这种差异不仅体现在文化用品的消费上，还贯穿于整个消费过程，影响着消费者的选择偏好和购买行为。

经济状况是决定个人购买能力的关键因素，对消费行为起着至关重要的制约作用。消费者的可支配收入、储蓄与资产状况、借债能力，以及对待花钱与储蓄的态度共同构成了其经济状况的基础。在可支配收入的范围内，消费者通常会以最合理的方式安排支出，以满足自身需求。收入较低的消费者往往对价格更为敏感，而收入较高的消费者可能更注重商品的品质和体验。因此，针对那些对收入变化敏感的产品，企业需密切关注消费者个人收入、储蓄及存款利率的变化趋势，以便在经济环境变化时及时调整产品策略，包括重新设计、重新定位和重新定价，以确保产品能够持续吸引目标顾客。

课堂讨论

在消费过程中，你们是否留意过不同年龄段、性别、生活方式或性格特征的消费者在购买行为上的差异？你认为企业是如何通过营销策略适应这些差异的？同时，又有哪些策略可能忽视了消费者的个性化需求，导致效果不佳？请结合个人观察和体验探讨在数字营销中，应如何精准定位，以满足不同消费者的独特需求。通过分享和分析，我们可以更好地理解消费者心理，优化营销策略，

提供更加贴心的消费体验。

4.3 消费行为分类与客户价值分析

4.3.1 消费行为分类

4.3.1.1 根据消费者在购买过程中的投入程度区分

消费者在购买过程中的投入程度主要体现在两个方面：一是他们在购买时的谨慎态度及为此投入的时间与精力。例如，相较于日常用品，消费者在购买耐用消费品时会表现得更为审慎，因为这类商品通常价格较高，且购买后需长期使用，伴随的风险也相对较大，因此他们会投入更多的时间与精力进行挑选。二是参与购买决策的人数。有些商品的购买决策可能仅由个人独立完成，有些则涉及多人共同参与，包括家庭成员、朋友等，他们在购买过程中扮演着发起者、影响者、决策者、购买者及使用者等角色。基于消费者在购买过程中的投入程度，我们可以将消费者的购买行为划分为不同的类型。

1. 复杂购买行为

当消费者面对昂贵、不常购买、存在风险且高度体现个人特色的商品时，其购买行为便显得尤为复杂，这是消费者高度投入购买过程的一种体现。若消费者对此类商品购买持有高度卷入态度，并且能清晰辨识现有品牌间的显著差异，那么复杂的购买行为便会产生。这往往源于消费者对这类产品知之甚少，却又需要深入了解的情况，比如，一位初次购买家用健身器的消费者可能连产品的基本属性都不甚了解。实际上，许多商品的某些属性对消费者来说可能并无实际意义。

在此情境下，消费者会经历一个认知性的学习过程。这个过程始于对产品信念的逐步建立，随后这些信念会转化为态度，最终，在深思熟虑后，消费者会做出购买决定。对营销者而言，理解高度卷入消费者的信息收集与评估行为至关重要。他们需要制定策略，帮助消费者掌握产品的各项属性、各属性的相对重要性，以及哪些属性是品牌所具备的重要特征。同时，为了脱颖而出，营销者必须使品牌特征具有独特性，利用主流的印刷媒体和详尽的广告文案阐述品牌优势，并借助商店销售人员和消费者的朋友等社交圈子影响消费者的最终决策。

2. 习惯型购买行为

众多商品的购买决策往往发生在消费者低度参与且品牌间差异不明显的情境下。对于这类商品，消费者很少投入过多关注，他们进入商店后往往会随手选取一个品牌便完成购买。即便他们持续选择某一品牌，也可能仅仅是出于习惯，而非强烈的品牌忠诚度。实际情况表明，消费者在购买大多数价格低廉且频繁购买的商品时，其卷入程度普遍较低。

在此情境下，消费者的购买行为并不遵循从信念、态度到行为的常规流程。他们不会深入探寻品牌的相关信息，评估其特性，或做出最终的品牌选择决策。相反，他们更多的是被动接收电视或印刷广告所传递的信息。因此，广告的频繁重复仅仅增加了消费者对品牌的熟悉度，而非真正说服他们。

消费者低卷入购买的商品多属于价格低且需频繁购买的范畴。这种低卷入购买行为通常是经过多次购买后形成的常规反应，可以进一步细分为习惯型和多变型两类。其中，习惯型购买行为特指消费者在购买品牌差异微小的商品时所展现的低卷入行为。在这种情况下，消费者主要依据习惯或经验来选购这类商品。

3. 寻求多样性的购买行为

在某些购买情境中，消费者虽然卷入程度较低，但品牌之间存在显著差异。这时，我们常常观察到消费者频繁更换品牌的现象。以运动场地的租赁为例，消费者虽然持有一定的信念，但在选择时并未做过多评估便决定了某个场地，真正的评估往往发生在消费过程中。而在下一次购买时，他们可能会因为厌倦了原有场地或渴望尝试新场地而转向其他选择。这种品牌转换并非源于不满，而是出于对多样性的追求。

多变型购买行为是指消费者为了丰富消费体验，经常更换所购买商品的品牌。在习惯型和多变型这两种购买行为中，消费者通常不会主动寻求信息，而是更多地依赖于被动接收电视或报刊广告中的信息。在购买前，他们也不会对不同品牌进行认真比较和评价，因此往往难以形成对某一品牌的固定态度。基于这些特点，企业可以通过采用恰当的促销策略和价格策略，有效地吸引消费者购买相关商品。

4. 减少购买失调感的购买行为

在某些情况下，消费者会对某项购买产生高度的关注与卷入，尽管他们并不清楚各品牌间的具体差异。这种高度卷入往往源于购买的商品昂贵、不常购买或具有一定的风险性。面对这样的情况，消费者会积极寻找购买渠道，但由于品牌间的差异并不显著，他们的购买决策往往十分迅速。例如，在购买高档健身器时，消费者可能会因价格优惠或在特定时间、地点的便利性而做出购买决定。高档健身器的购买属于高度卷入的决策范畴，因为它不仅价格昂贵，还与个人的身份认同紧密相连。消费者可能会认为，在某一价格区间内，大多数高档健身器的功能并无太大差别。

购买行为完成后，消费者可能会产生购买后的失调感，这可能是因为他们发现了所购健身器的某些不足，或听闻了其他品牌健身器的优势。为了降低这种失调感，消费者会开始收集更多的信息，并试图证明自己的购买决策是合理的。以购买高档健身器为例，消费者先是采取行动进行购买，随后在获取新信息的过程中，逐渐形成与购买决策相一致的态度。在这种情况下，营销广告的关键作用在于为消费者提供能够增强他们购买决策合理性的信念与评价，从而帮助他们缓解购买后的失调感。

4.3.1.2 根据消费者的购买态度与要求区分

根据消费者的购买态度与要求，可将消费行为分为以下 4 种类型。

1. 习惯型消费行为

习惯型消费者的购买决策，深受其对特定产品的信念所影响。这些信念可能源自丰富的知识积累，也可能仅仅基于对产品的一定了解或深厚的信任感。对这类消费者而言，过去的购买经验和使用习惯成为他们选择商品的重要参考依据。他们倾向于维持一种稳定的购买模式，或长期光顾某一家商店，或始终如一地选用某个品牌、商标下的产品。这种习惯并非一朝一夕所能形成，而是经过时间的沉淀和多次购买体验的积累，逐渐在消费者心中树立起一种难以撼动的信赖感。

习惯型消费者在购买时往往不会过多地纠结产品的细节，因为他们已经通过长期的实践验证了自己所选产品的质量和性能。他们更倾向于按照既有的购买习惯行事，既节省了时间和精力，又降低了因尝试新产品而可能带来的风险。然而，这并不意味着习惯型消费者完全排斥新产品或新品牌。当他们的购买习惯受到挑战，或现有产品无法满足其需求时，他们也会愿意尝试新的选择。即便如此，他们依然会保持一种审慎和理性的态度，以确保自己的购买决策依然能够基于对产品的坚定信念。

2. 慎重型消费行为

慎重型消费者在购物时，理智占据主导地位，感情则起到辅助作用。这类消费者热衷收集与产品相关的信息，深入了解市场行情，通过细致的分析和深思熟虑，力求对产品特性了如指掌。在购买过程中，慎重型消费者展现出强烈的自主性，他们倾向于独立决策，不愿受到外界因素的过多干扰。无论是广告宣传还是售货员的推销，都很难轻易改变他们的购买意向。他们更倾向于亲自对产品进行详尽的检查和比较，全面权衡各种利弊因素，确保自己能够做出明智的购买决策。

这种消费者类型的购买行为充满了谨慎和理智。他们不会轻易被表面的光鲜所吸引，而是深入挖掘产品的内在价值和质量。即使面对心仪已久的产品，他们也会保持冷静，避免因一时冲动而做出不理智的购买决定。然而，正是这种对购买决策的深思熟虑，使慎重型消费者在选择产品时更加精准和高效。他们往往能够挑选出真正符合自己需求的产品，从而在购物过程中获得更大的满足感和成就感。

3. 感情型消费行为

感情型消费者在购买过程中展现出高度的兴奋性和深刻的情感体验。感情型消费者拥有丰富的想象力和联想力，对审美有着敏锐的感知，这使他们在购物时极易受到情感因素的左右。对这类消费者而言，产品的品质是否符合他们的情感需求，往往成为决定购买与否的关键因素。他们容易被广告宣传打动，那些触动心灵、引发共鸣的营销手段往往能够迅速捕获他们的注意。

感情型消费者在购物时往往追求一种情感上的共鸣和满足。他们不仅关注产品的实用性和性价比，更看重产品所能带来的情感体验和心灵慰藉。因此，那些能够触动他们内心、激发积极情感的产品，更容易获得他们的青睐。然而，这也意味着感情型消费者在购物时可能会受到一些非理性因素的影响，导致做出一些冲动性的购买决策。但无论如何，他们的购买行为始终围绕着对情感需求的追求和满足，这也是他们独特的消费特点和魅力所在。

4. 价格型消费行为

价格型消费者在选购产品时，倾向于从经济的角度出发，对商品的价格表现出极高的敏感度。价格型消费者往往将价格作为衡量产品价值的一个重要标尺，不同的消费者对价格有着不同的解读和偏好。一部分价格型消费者坚信"一分价钱一分货"，他们认为价格昂贵的产品往往意味着更高的品质和更好的使用体验，因此，他们更愿意为高价商品买单，以追求更高的性价比和品质保障。另一部分价格型消费者则持相反的观点，他们并不过分关注产品的质量，而是将价格作为唯一的购买决策依据。在他们看来，廉价品同样能够满足基本的使用需求，而且能够节省大量的开支，因此，他们更倾向于选择价格低廉的商品。无论是追求高价还是追求低价，价格型消费者在购买决策中都表现出了对价格的极度关注。他们善于在市场上寻找性价比最高的产品，力求在有限的预算内获得最大的满足感和经济效益。这种以价格为导向的消费行为，体现了价格型消费者在经济和实用之间的权衡与取舍。

4.3.2 客户价值分析

客户价值指的是企业从那些与其建立长期稳定关系，并愿意为所提供的产品或服务支付合理价格的客户群体中获取的利润收益，即这些客户为企业带来的经济贡献。需要注意的是，偶尔与企业有交易往来的客户与长期与企业保持紧密联系的客户之间存在着显著差异，因此，对企业而言，不同客户所具备的价值也不同。

客户价值的构成主要包括5大要素：购买价值、口碑价值、信息价值、知识价值及交易价值。企业在运营过程中，深入分析客户价值尤为重要。这不仅有助于企业实现对客户群体的统一且有效的识别与管理，还能为企业实施客户关系管理策略提供科学指导，以便企业合理调配战略性资源，并制定出更加精准的客户服务与营销策略。

客户价值分析的核心内容涵盖了以下4个关键维度。

4.3.2.1　RFM模型

在当今竞争激烈的市场环境中，客户关系管理（CRM）已成为企业成功的核心要素之一。而在众多CRM分析模式中，RFM模型以其独特的优势，被广泛提及并应用于各行各业。RFM模型通过3个关键指标——最近一次消费的时间间隔（Recency）、消费频率（Frequency）和消费金额（Monetary），为企业提供了一种全面、精准地衡量客户价值与客户创利能力的方法。

1．最近一次消费的时间间隔

最近一次消费的时间间隔衡量的是客户上一次购买与最近一次购买之间的时间长度。从理论角度看，那些最近一次消费时间间隔较小的客户，往往被视为较为优质的客户。他们不仅对当前的产品或服务表现出高度的兴趣，而且更有可能对即时的营销信息做出积极反应。因此，对企业的营销人员而言，密切关注客户的购买行为，特别是他们最近一次的消费时间，是提升销售业绩、争夺市场份额的重要策略。

通过深入分析客户的最近一次消费时间间隔，营销人员可以洞察到企业的销售趋势。例如，当发现最近一次消费时间间隔较短的客户数量不断增加时，通常意味着企业正处于稳健成长的阶段，其产品或服务正在赢得越来越多客户的青睐。相反，如果这类客户的数量逐渐减少，那么企业可能正面临发展困境，需要尽快调整营销策略，重新吸引客户的关注。

2．消费频率

消费频率反映了客户在限定时间内购买产品的次数。那些经常购买同一产品的客户，往往对产品或服务表现出高度的满意度和忠诚度。对企业而言，这类客户不仅是稳定的收入来源，更是品牌口碑的传播者。因此，提高客户的消费频率，不仅意味着企业能够从竞争对手手中争夺更多的市场份额，还意味着企业能够赚取更多的销售额，实现持续的增长。

在提升消费频率方面，企业可以采取多种策略。例如，通过优化产品设计、提升服务质量、加强客户关系管理等方式，增强客户的满意度和忠诚度。同时，企业还可以利用大数据和人工智能技术，对客户的购买行为进行深度分析，从而制定出更加精准的营销策略，激发客户的购买欲望。

3．消费金额

消费金额衡量的是客户在限定时间内所消费的金额总和。在企业收入结构中，往往遵循着帕累托法则——80%的收入来自20%的客户。这些高消费金额的客户，是企业最宝贵的资源之一。他们不仅为企业带来了丰厚的利润，还通过口碑传播等方式，为企业吸引了更多的潜在客户。

因此，对这类高价值客户，企业需要给予特别的关注和照顾。例如，通过提供个性化的服务、定制化的产品、专属的优惠等方式，增强客户的归属感和忠诚度。同时，企业还需要建立完善的客户反馈机制，及时收集并处理客户的意见和建议，以不断提升产品和服务的质量，满足客户的期望和需求。

4.3.2.2 客户分类

根据 RFM 模型指标的数值高低程度，我们可以将企业的客户分为以下 8 类，并针对不同类型的客户采取不同的管理措施。

（1）重要价值客户。客户最近一次消费的时间距现在的时间近，消费频率和消费金额都很高，属于企业的 VIP 客户，企业应对其进行重点关注，跟踪其消费行为，并及时为其提供有效、高质量的服务。

（2）重要保持客户。客户最近一次消费的时间距现在的时间较远，但消费频率和消费金额都很高，这类客户属于最近一段时间没有购买企业的产品或服务的忠诚客户，企业需要主动与其保持联系。

（3）重要发展客户。客户最近一次消费的时间距现在的时间近，消费金额高，但消费频率不高，属于忠诚度不高但很有潜力的客户，企业需要重点发展这类客户。

（4）重要挽留客户。客户最近一次消费的时间距现在的时间较远，消费频率也不高，但消费金额高，属于将要流失或正处于流失边缘的客户，企业要对其实施挽留措施。

（5）一般价值客户。客户最近一次消费的时间距现在的时间近，消费频率较高，但消费金额较低。这类客户的客单价较低，企业可以尝试通过数字互动营销提高品牌曝光度，提高客单价。

（6）一般发展客户。客户最近一次消费的时间距现在的时间近，但消费频率和消费金额都较低。企业要主动联系这类客户，跟踪产品使用情况，为其提供售后服务，获取客户信任，提高客户满意度，以提高客户复购率和消费金额。

（7）一般保持客户。客户消费频率较高，但近期没有购买，消费金额也不高。企业可以对这些客户实施积分制的会员策略，向他们分享优惠活动和打折服务，改变宣传方向和策略，与这些客户重新建立联系。

（8）一般挽留客户。客户最近一次消费的时间距现在的时间较远，消费频率不高、消费金额低。企业针对这类客户要减少营销和服务的预算，或直接放弃。

4.3.2.3 客户忠诚度衡量指标

客户忠诚度作为评估企业长期盈利能力的关键指标之一，其重要性在日益激烈的市场竞争中越发凸显。经济学家经深入研究指出，相较于市场占有率，客户忠诚度在塑造企业利润方面扮演着更为核心的角色。提升客户忠诚度不仅能显著推动利润增长，还能有效降低服务成本。

以下是衡量客户忠诚度的 6 大核心指标。

1. 重复购买频次

在特定时间段内，客户对某一品牌产品的重复购买次数是衡量其忠诚度的重要指标；但需注意，不同产品间的重复购买频次不具备直接可比性，如汽车与汽水。

2. 购买决策时长

客户在选购产品时，基于信任度的差异，对不同品牌做出购买决定所需时间各不相同。一般而言，决策时间越短，客户对该品牌的信任度与忠诚度越高。在评估时，需排除产品性能、质量等因素的干扰。

3. 购物距离考量

尽管客户倾向于就近购物以节省时间与精力，但品牌偏好会促使他们不惜远行购买心仪产品，这反映了较高的品牌忠诚度。在电商环境下，即便发货地偏远或物流时间较长，高忠诚度客户仍愿意购买。评估时，应排除价格差异的影响。

4. 价格敏感度

虽然客户通常对价格敏感，但对他们喜爱和信赖的品牌的价格变动的接受度较高、敏感度降低，显示出较高的忠诚度。评估时，需考虑产品必要性、供求状况及市场竞争程度。

5. 对竞争品牌的态度

客户对竞争品牌产品的兴趣与好感度是判断其忠诚度的另一指标。若客户对竞争品牌更感兴趣，则表明其忠诚度较低；反之则反是。

6. 对瑕疵品的容忍度

任何品牌都可能遭遇不可控因素导致的瑕疵品问题。高忠诚度客户通常对此持宽容态度，相信品牌会迅速妥善处理；低忠诚度客户则可能对瑕疵品反应强烈，甚至传播负面信息。

4.3.2.4 客户满意度衡量指标

客户满意度这一衡量客户对企业或品牌满意程度的关键指标，对企业的长远发展具有重要的意义。它不仅反映了客户对企业产品或服务的直接感受，更是企业改进服务、提升品牌价值的重要依据。为了全面、深入地理解客户满意度，我们需要从多个维度出发，通过一系列指标综合衡量。

1. 美誉度

美誉度作为客户满意度的首要衡量指标，它直接体现了客户对企业或品牌的褒扬程度。那些对企业或品牌持正面态度的客户，往往是对企业提供的产品或服务感到满意的群体。他们可能自己就是该产品或服务的直接消费者，也可能通过间接途径（如朋友推荐、社交媒体等）接触过该产品或服务。因此，他们的意见具有广泛的代表性，能够为企业提供宝贵的市场反馈。通过美誉度的衡量，企业可以直观地了解客户对自己产品或服务的满意度水平。高美誉度意味着企业拥有良好的品牌形象和口碑，能够吸引更多的潜在客户；低美誉度则可能预示着企业在产品或服务方面存在问题，需要及时调整和改进。

2. 知名度

知名度即客户在消费或购买时明确指定某企业或某品牌产品的程度，是衡量客户满意度的另一个重要指标。它反映了客户对某一品牌或企业的信任度和依赖程度，是品牌忠诚度的直接体现。高知名度意味着客户对该品牌或企业的产品和服务有着高度的认可和信赖，他们愿意在消费时优先选择该品牌或企业的产品。这不仅有助于企业稳定市场份额，还能为企业带来持续的利润增长。相反，低知名度则可能表明客户对该品牌或企业的产品和服务缺乏信任，企业需要加强品牌建设和客户服务，以提升客户的满意度和忠诚度。

3. 回头率

回头率即客户在消费某企业或某品牌产品后再次消费的次数，是衡量客户满意度的重要参考指标之一。它反映了客户对某一品牌或企业产品的持续需求和满意度水平。在一定时期内，客户重复购买某一品牌产品的次数越多，说明该品牌或企业的产品和服务越能满足客户的需求和期望，客户的满意度也就越高。这种高回头率不仅有助于企业巩固老客户群体，还能通过口碑传播吸引更多的新客户。因此，企业应该注重提升产品和服务的质量，以满足客户的持续需求，从而提高回头率。

4. 投诉率

投诉率即客户在消费某企业或某品牌产品后产生投诉的比例，是衡量客户满意度的一个反向指标。它反映了客户在消费过程中遇到的问题和不满情绪。高投诉率意味着企业在产品或服务方面存在较多的问题和不足，需要高度重视。企业应该积极处理客户的投诉，了解客户的需求和不满，及时进行调整和改进。同时，企业还应该建立完善的投诉处理机制，提高投诉处理的效率和质量，以降低投诉率并提升客户满意度。

5. 购买额

购买额即客户购买某企业或某品牌产品的金额，是衡量客户满意度的一个重要经济指标。它反映了客户对该品牌或企业产品的消费能力和购买意愿。一般而言，客户对某品牌或企业的购买额越大，说明客户对该品牌或企业的产品和服务越满意，愿意为其支付更多的费用。这种高购买额不仅有助于企业提升销售业绩和市场份额，还能为企业带来更多的利润。因此，企业应该注重提升产品和服务的质量和价值感，以满足客户的消费需求和期望，从而提高购买额。

6. 对价格的敏感度

客户对某企业或某品牌产品的价格敏感度或承受能力，也是衡量客户满意度的一个重要指标。它反映了客户对产品价值的认知和判断。当某企业或某品牌的产品价格上调时，如果客户表现出很强的承受能力并愿意继续购买该产品或服务，说明客户对该品牌或企业的产品和服务具有较高的满意度和价值认知。这种高价格承受能力不仅有助于企业稳定产品价格和市场份额，还能为企业带来更大的利润空间。相反，如果客户对价格上调表现出强烈的不满和抵触情绪，则可能预示着企业在产品或服务方面存在问题或不足，需要及时调整和改进。

案例分析

五菱宏光用搜索实现高效曝光[①]

上汽通用五菱，一家成立于2002年的大型中外合资汽车公司，旗下拥有五菱、宝骏等知名汽车品牌。公司秉持"平台百万化、平台差异化、平台乘用化以及国际化"的战略，持续推动企业与产品的转型升级，现已发展成为一家国际化和现代化的微、小型汽车制造企业。

近年来，五菱宏光凭借高颜值、亲民价格以及小巧实用的车型设计，赢得了广大年轻人的喜爱。尤其是2020年推出的宏光MINIEV，更是凭借其独特的魅力，成为市场上的热门车型。在此基础上，五菱宏光再次发力，推出了新款宏光MINIEV，对整车造型进行了全面升级，并推出了白桃粉、抹茶绿、柠檬黄等全新配色，更加符合年轻人的审美需求。

为了在新品发布预热期获得更大的曝光和销售转化，五菱宏光选择了年轻用户聚集的抖音平台作为营销阵地。借助巨量引擎的强大曝光能力，五菱宏光成功地将新品推向了更广泛的受众群体。在抖音平台上，用户"看后搜"的行为十分普遍，即用户在浏览完某一内容后，往往会产

[①] 阳翼. 数字营销（3版）[M]. 北京：中国人民大学出版社，2022：231-232.

生主动搜索的需求。五菱宏光充分利用了这一行为特点，通过开屏展示类品牌广告引导用户搜索"五菱宏光MINI马卡龙"。用户搜索后，会根据不同的关键词链接到不同的内容窗口，如直播间、品牌专区、产品话题讨论页面等。

为了进一步提升用户的搜索体验和转化率，五菱宏光还在抖音平台上设置了品牌专区。专区背景与新品春色主题相呼应，营造出浓厚的春色氛围，吸引用户的注意力。同时，专区内的宣传视频可自动循环播放，加深用户的记忆。此外，用户还可以在品牌专区直接预约直播间和参与话题挑战赛，极大缩短了引流的路径。在活动期间，五菱宏光还充分利用了抖音平台的内容优势，结合明星、KOL等资源催化爆款产品。官方抖音账号发布了多个剧情类短视频为新品发布预热造势，同时邀请代言人参与品牌专区与搜索关键词的关联曝光，拓宽搜索路径并放大内容热度。随着内容平台的快速发展，用户的搜索行为和习惯也在不断变化。五菱宏光通过精准把握这一趋势，成功地将搜索引擎营销打造成了曝光和转化间的关键枢纽与品牌营销的第二增长曲线。

问题：

五菱宏光是如何利用搜索实现高效曝光的？又如何引导用户搜索特定关键词？为了提升搜索体验和转化率，五菱宏光在平台上做了哪些设置？这些策略对五菱宏光的曝光和销售有何影响？

实战演练

数字时代消费者开发在咖啡行业的应用

1. 实践背景

消费者开发是企业实现精准营销和提升客户价值的关键。消费者画像、心理洞察、消费行为分类和客户价值分析是消费者开发的核心内容。本次实践调研作业以咖啡行业的创新品牌瑞幸咖啡（Luckin Coffee）为例，深入分析其消费者开发，帮助学生将消费者画像的实施与应用、消费者心理洞察与行为特征、消费行为分类和客户价值分析的理论与实践结合。

2. 实践目的

★理解消费者画像的实施与应用方法。

★培养数据分析和案例研究能力。

★提升团队协作与报告撰写能力。

3. 实践对象

★调研行业：咖啡行业。

★调研企业：瑞幸咖啡。

请同学们结合调研结果，在以下空白处填写你对瑞幸咖啡的认识，分享你的发现与见解。

瑞幸咖啡是中国新零售咖啡的代表品牌，自2017年成立以来迅速扩张，以＿＿＿、＿＿＿、＿＿＿的咖啡产品赢得消费者喜爱。它采用＿＿＿、＿＿＿或＿＿＿服务模式，提供拿铁、美式等多种口味咖啡及茶饮产品。瑞幸咖啡注重品牌形象塑造，通过联名合作、创意营销等方式提升知名度。同时，它还积极履行社会责任，参与公益活动。作为新零售咖啡的佼佼者，瑞幸咖啡正持续推动中国咖啡文化的普及与发展。

4. 实践内容与步骤

本次实践调研作业分为4个阶段：前期准备与调研设计、数据收集与分析、消费者开发策略评估、总结与报告撰写。实践内容与步骤见表 4-1。教师根据各组提交的报告、汇报表现及团队协作情况，进行综合评分，实践评价见表 4-2。

表 4-1　实践内容与步骤

任务阶段	任务内容		交付成果
第 1 阶段：前期准备与调研设计（1 天）	任务 1：确定调研主题与目标	1. 调研主题： 数字时代消费者开发在瑞幸咖啡品牌中的应用 2. 调研目标： （1）了解瑞幸咖啡在消费者画像实施与应用中的策略 （2）分析瑞幸咖啡对消费者心理洞察与行为特征的把握 （3）评估瑞幸咖啡的消费行为分类与客户价值分析方法 （4）提出优化消费者开发策略的建议	调研方案文档（包括调研主题、目标、方法、工具及团队分工等）
	任务 2：设计调研方案	1. 调研方法： （1）文献研究：查阅消费者画像、心理洞察、消费行为分类和客户价值分析的相关理论 （2）数据分析：收集瑞幸咖啡的公开数据（如移动应用数据、社交媒体数据等） （3）用户调研：设计问卷或访谈，了解用户对瑞幸咖啡品牌和产品的认识与反馈 2. 调研工具： （1）数据分析工具：Python、Excel、Tableau 等 （2）问卷工具：问卷星、Google Forms 等 （3）文献检索工具：知网、Google Scholar 等	
	任务 3：团队分工与时间规划	1. 团队分工： （1）数据收集与分析组：负责收集平台数据和用户调研数据 （2）案例研究组：负责分析瑞幸咖啡的消费者开发策略 （3）报告撰写组：负责整理调研结果并撰写报告 2. 时间规划： 明确各阶段的时间节点和交付成果	
第 2 阶段：数据收集与分析（3 天）	任务 1：文献研究与案例收集	1. 文献研究： 查阅消费者画像、心理洞察、消费行为分类和客户价值分析的相关文献，了解理论框架和成功案例 2. 案例收集： 收集瑞幸咖啡在消费者开发中的应用案例，如消费者画像构建、心理洞察分析等	数据收集与整理报告（包括数据来源、样本量、分析方法等）。数据分析结果（包括图表和初步结论）
	任务 2：数据收集与整理	1. 平台数据： 通过公开渠道收集瑞幸咖啡的移动应用数据（如用户行为数据、订单数据等）和社交媒体数据（如微博、微信等） 2. 用户调研： 设计问卷或访谈，收集用户对瑞幸咖啡品牌和产品的认识与反馈 3. 问卷内容： 可包括用户对瑞幸咖啡的品牌认知度、产品使用体验、购买动机、消费习惯等 4. 数据整理： 对收集到的数据进行清洗和分类，便于后续分析	

续表

任务阶段		任务内容	交付成果
第2阶段：数据收集与分析（3天）	任务3：数据分析与洞察	1. 消费者画像分析： 分析瑞幸咖啡的目标用户群体及其特征；评估消费者画像的精准度和应用效果 2. 消费者心理洞察分析： 分析用户的购买动机、消费偏好和品牌忠诚度 3. 消费行为分类分析： 根据用户的购买频率、消费金额等指标，对用户进行分类 4. 客户价值分析： 评估不同用户群体的价值贡献，识别高价值客户	数据收集与整理报告（包括数据来源、样本量、分析方法等）。数据分析结果（包括图表和初步结论）
第3阶段：消费者开发策略评估（2天）	任务1：评估消费者画像效果	1. 画像精准度： 评估瑞幸咖啡消费者画像的精准度和应用效果 2. 画像优化： 针对画像构建中的不足提出改进建议	消费者开发策略评估报告（包括数据分析结果和优化建议）
	任务2：评估心理洞察效果	1. 洞察深度： 评估瑞幸咖啡对消费者心理洞察的深度和准确性 2. 洞察应用： 针对心理洞察的应用提出优化建议	
	任务3：评估消费行为分类效果	1. 分类合理性： 评估瑞幸咖啡的消费行为分类方法是否合理 2. 分类应用： 针对消费行为分类的应用提出优化建议	
	任务4：评估客户价值分析效果	1. 分析准确性： 评估瑞幸咖啡客户价值分析的准确性和应用效果 2. 分析优化： 针对客户价值分析提出优化建议	
第4阶段：总结与报告撰写（1天）	任务1：总结调研成果	1. 调研回顾： 总结整个调研过程与成果 2. 经验教训： 分析调研中的成功经验与不足之处 3. 未来展望： 提出消费者开发策略在咖啡行业的未来发展方向	调研报告与展示PPT
	任务2：撰写调研报告	报告结构： （1）引言：调研背景与目的 （2）调研方法：数据收集与分析过程 （3）调研结果：数据分析与案例研究结果 （4）结论与建议：总结调研成果并提出优化建议 （5）报告格式：图文并茂，逻辑清晰，语言简洁	
	任务3：团队展示与答辩	1. 展示内容： 以PPT形式展示调研过程与成果 2. 答辩环节： 回答评委（教师或其他学生）的提问，进一步阐述调研中的思考与收获	

表4-2 实践评价

实践题目						
完成时间						
学院						
姓名		年级		班级		
成绩评定	评价内容	评价标准	分值	教师评价（占比60%）	个人评价（占比40%）	实际得分
	调研设计与执行能力	1. 调研方案的合理性与执行效果 2. 团队分工与时间规划的合理性	20			
	数据分析能力	1. 数据收集的全面性 2. 分析方法的科学性 3. 结论的准确性	20			
	案例研究能力	1. 案例分析的深度与广度 2. 优化建议的可行性	20			
	报告撰写与展示能力	1. 报告的逻辑性、完整性 2. 展示的吸引力	20			
	汇报表现	内容完整，表达清晰，视觉美观，互动流畅，自信专业	20			
		总分				

德育天地

产教融合引擎驱动数字营销高地崛起[①]

深夜，赣江新区儒乐湖片区的全国数字营销产教融合基地内灯火通明，这里不仅是年轻学子追逐"电商英雄"梦想的舞台，更是赣江新区竞逐数字营销产业高地的战略支点。这座占地近2.76万平方米的基地，会聚了来自全省7所高校的学生，他们在这里像藤蔓一样迅速成长，探索数字营销的无限可能。基地内，回字形的教学楼每个窗口都化身电商直播间，成为学生们实战演练的前沿阵地。

赣江新区深知，产教融合是推动数字营销产业发展的关键。为此，赣江新区频频出招，2024年5月成立了全国首家数字营销行业产教融合共同体，吸引了60多所高校加盟；9月，全国数字营销产教融合基地正式落户新区，迎来了首批650名学员。这一系列举措，旨在打造全国数字营销行业产教融合的标杆，为新区数字营销产业的发展奠定坚实的人才基础。在基地，校企合作的模式得到了生动诠释。学生们在真实的直播间里，接受企业专职导师的指导，从脚本准备到直播互动，从视频剪辑到粉丝管理，每个环节都经过反复打磨。这种高强度、快节奏的实训模式，让学生们迅速成长为即用型数字营销人才。同时，基地还引入了抖音集团巨量认证人才培养体系，建立了完善的课程体系和考核机制，确保人才培养的质量。

产教融合不仅提升了学生的技能水平，也为企业提供了急需的人才。在基地，学生们自

---
① 杨静. 以建设全国数字营销产教融合基地为关键落子，赣江新区频频出招：奔向数字营销的星辰大海[N]. 江西日报，2024-10-31.

主选择项目团队，以带货主播、网店客服等身份参与到企业实际项目中，实现了人岗高效匹配。企业的积极性也被充分调动起来，纷纷前来寻求合作，基地的磁场效应日益显现。

赣江新区深知，要打造数字营销产业生态圈，仅靠产教融合还不够。为此，新区正全链条、全生态、多方位布局数字营销产业。他们积极导入头部数字经济产业生态企业，招引行业龙头企业，吸引更多的数字营销上下游企业向新区聚集。同时，赣江新区还抢抓微短剧新风口，成立网络微短剧备案服务中心，探索形成全链路服务体系。为了吸引和留住人才，赣江新区在人才公寓楼专门开辟了主播公寓、达人公寓区，提供有质量的生活环境和有温度的生活服务。此外，赣江新区还承接了涉及数字营销、流量经济等相关的所有省级审批权限，开通绿色通道，提升办理效率。

如今，赣江新区正以产教融合为引擎，以数字营销为核心，全力打造数字经济发展新图景。未来的数字营销版图中，赣江新区必将占据一席之地，让我们拭目以待。

本章小结

本章内容围绕消费者画像、消费者心理洞察、影响消费行为的个人特征、消费行为分类及客户价值分析展开，旨在为企业提供一套系统的消费者研究方法。

首先，我们深入探讨了消费者画像的实施及应用。消费者画像是通过收集和分析消费者数据，形成的关于目标消费者群体的详细描述。通过实施消费者画像，企业能够更精准地定位目标市场，制定个性化的营销策略。而消费者画像的应用体现在产品设计、市场推广、客户服务等环节，有助于提升企业的市场竞争力。

其次，我们分析了消费者心理洞察与影响消费行为的个人特征。消费者心理洞察是理解消费者需求、偏好和决策过程的基础。同时，个人特征（如年龄、性别、收入、受教育水平等）也会对消费行为产生显著影响。企业需要综合考虑这些因素，以更好地满足消费者的个性化需求。

最后，我们介绍了消费行为分类与客户价值分析。针对消费行为进行分类有助于企业识别不同类型的消费者群体，从而制定更具针对性的营销策略；针对客户价值进行分析则能够帮助企业评估客户的潜在价值，为资源分配和客户关系管理提供依据。

本章为大学生提供了数字时代下消费者开发的全面视角，旨在帮助大家深入理解消费者行为和市场策略，为未来的职业生涯打下坚实的基础。

微课资源

微课视频

第 5 章 营销数据采集与分析

知识目标

★ 理解数字营销分析的基本概念、目的、流程和分析工具
★ 理解营销数据的定义、特征、类型及管理
★ 熟悉大数据的采集方式、典型的数字营销分析方法及实验方法
★ 理解数字营销效果评价的目的、意义和标准
★ 掌握市场反应评价的常用方法和关键指标、心理效果评价的概念和关键指标、接触效果评价的常用方法和指标
★ 了解数字营销作弊的手段和反作弊措施，确保评价的公正性

素养目标

★ 通过掌握营销数据采集、管理和分析的方法，提升学生的数据处理和分析能力
★ 通过了解数字营销效果评价的方法和指标，培养学生的数字营销效果评估能力
★ 强调在数据采集和分析中应遵循数据安全和隐私保护的原则，培养学生的信息安全意识
★ 通过分析营销数据案例，引导学生关注市场趋势和消费者需求变化，提升市场敏感度和决策能力

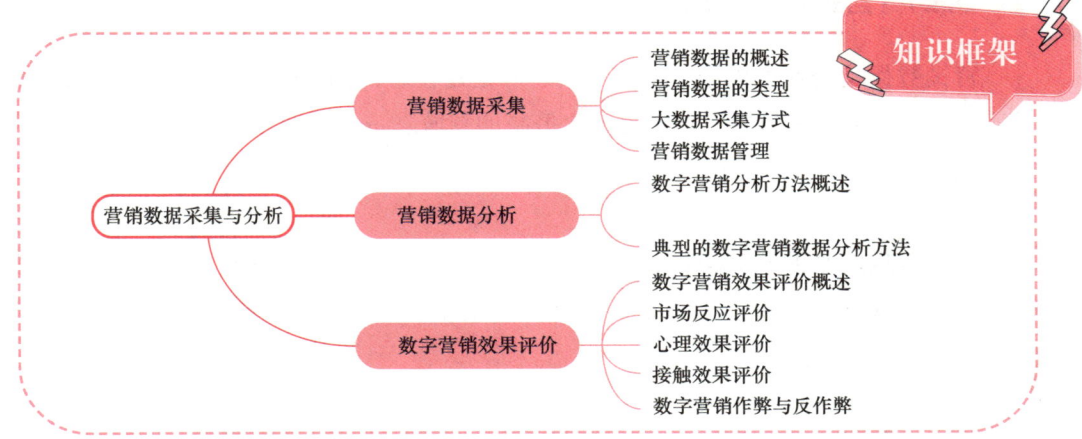

大数据"拉片"春节档 揭秘光影盛宴背后的产业链[①]

数据统计，截至2月3日21点28分，2025年春节档总票房（含预售）突破85亿元。不仅如此，截至2月4日0点，2025年春节档观影总人次（含预售）突破1.68亿，超2024年春节档观影总人次，刷新中国影史春节档观影人次纪录。目前，2025年中国电影总票房成绩领跑全球市场。我们运用大数据"拉片"春节档，揭秘今年这场光影盛宴背后电影产业链发展的故事。

创新宣发助力春节档电影提前"破圈"

随着殷商大军的震天怒吼，《封神第二部：战火西岐》首支预告片率先拉开春节档的宣发序幕。片方提前42天启动宣传，通过社交媒体和大数据分析，精准触达核心观众。大数据显示，截至上映前一天，春节档电影短视频官号累计涨粉351万。热度的飙升，离不开各大影片的创新宣发：《哪吒之魔童闹海》团队推出"哪吒演我春运回家"短视频，引发共鸣；《射雕英雄传：侠之大者》在社交平台掀起全民互动，共创"江湖挑战令"，话题播放量超2.1亿次。今年春节档，电影的宣传方式已从传统的明星见面会、影院预告，进化为短视频种草、社交互动等宣发策略的多样化布局。让春节档电影提前破圈，引爆热潮。

在当今这个数据驱动的时代，营销领域正经历着一场前所未有的深刻变革，数据的力量正在重塑行业的面貌与格局。传统营销策略已难以满足日益多元化、个性化的市场需求，基于大数据的精准营销则成为企业获取竞争优势的关键。本章将深入带领学生探讨营销数据采集与分析的奥秘，全面解析这一过程的各个环节。通过本章的学习，学生将掌握营销数据采集与分析的核心技能，为未来的职业发展奠定坚实的基础，能够在激烈的市场竞争中，运用数据驱动的策略，为企业创造更大的商业价值。

5.1 营销数据采集

5.1.1 营销数据的概述

营销数据是企业可以用于洞察市场、确定定位、传播信息、销售产品、管理顾客的各类数据。在所有的数据应用领域中，营销是占比最高的领域之一。营销数据有着与其他领域数据不一样的特征，包括：

1. 来源丰富性

营销数据的来源极其丰富，除了企业内部的销售和顾客数据，还有大量的数据来自交易、社交、广告、软件等平台企业和互联网企业。此外，还有一些特殊的数据，例如基因数据、气象数

[①] 中国青年网. 大数据"拉片"春节档 揭秘光影盛宴背后的产业链［EB/OL］.（2025-02-04）［2025-02-07］. https://baijiahao.baidu.com/s?id=1823109570268395226.

据、卫星定位数据、物联网数据等。

2. 类型复杂性

营销数据的类型极为复杂，几乎所有类型的数据在营销领域均有应用，不仅包括微观个体数据，还包括行业数据和宏观数据；不仅包括小数据，还包括大数据；不仅包括定量数据，还包括定性数据。其范围在广度和深度上都是其他领域难以比拟的。由于营销场景和目标千变万化，每一种特定的营销场景和营销目标都会产生特定的数据，使数据类型变得极为复杂。

3. 目标多样性

营销目标的多样性也是营销数据丰富的主要原因。企业的营销目标非常多样，营销的各个职能均存在目标，包括传播目标、销售目标、建立顾客关系目标等，这些目标使用的数据不同。例如，顾客购买数据是顾客的动态商品浏览记录数据，而建立顾客满意的数据需基于顾客价值感知。因此，不同目标所需要的数据是不同的，这也使营销数据非常多样。

4. 应用广泛性

营销数据并不一定是为了唯一的营销目标而采集的，在很多情况下同一数据集有着广泛的营销应用。例如，顾客画像是将顾客特征标签化，所形成的顾客标签数据可以广泛地应用于营销的各个环节。营销数据应用的广泛性还体现在其跨组织、跨平台、跨品类上，同一位顾客的不同来源数据可以合并，从而产生更大的应用价值。例如，20世纪80年代国外的一些咨询公司将电视广告观看数据与购物数据融为一体，形成了单一来源数据，从而展开了广告效果评价的相关研究。

5. 方法汇聚性

营销数据有非常多的采集方法，传统的营销数据采集方法包括问卷调查、访谈调研、观察等，但在当前的营销环境下，互联网和物联网的营销数据采集方法逐渐成为主流。其中，物联网的数据采集发展非常快，也被大量应用于营销中，例如，智能家电能够持续采集顾客的数据，对顾客的家电使用行为进行画像，进而提供更精准优质的个性化服务。

 拓展阅读

零售大数据赋能的AI营销，打造品牌商增长"新引擎"[①]

为促进零售行业数据的交易流通与创新应用，2024年7月10日下午，受华润集团邀请，深演智能创始人兼CEO出席由上海数据交易所主办的零售行业交流会议，并在会议上公开宣布与华润集团正式达成战略合作。作为华润首批数据金牌服务商，深演智能旗下公司数零智科是唯一一家利用零售商数据实现端到端营销赋能的公司，未来将为品牌商的智能广告投放、自动化营销和零售数据洞察全面赋能。

作为华润的首批四家数据金牌服务商之一，数零智科与华润万家数科在会上正式完成合作授权仪式。双方将持续聚焦和挖掘零售商数据，赋能品牌商的生意增长，实现端到端的数智化升级。未来，深演智能和华润万家数科将携手推动零售行业的数字化转型，为品牌商带来前所未有的价值。

[①] IT专家网. 品友互动携手华润万家数科，零售大数据赋能的AI营销，打造品牌商增长"新引擎"[EB/OL]. (2024-07-12) [2025-02-07]. https://tech.ifeng.com/c/8b9qDCXBMHk.

5.1.2 营销数据的类型

营销数据的类型复杂多样,可从不同视角进行分类。如图 5-1 所示。

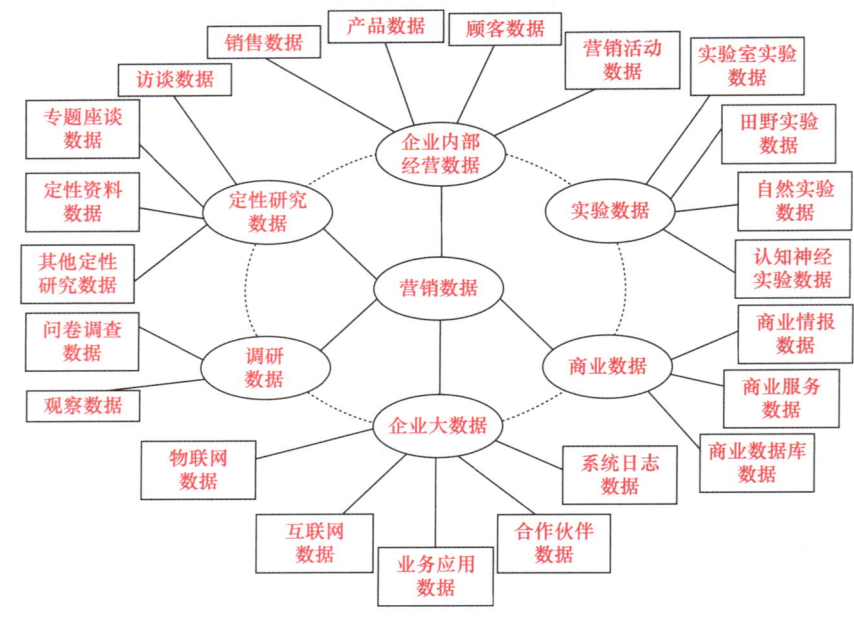

图 5-1 营销数据的类型

(1)按营销职能划分。如整合营销传播、销售管理、客户关系管理等,均可实施数据化管理,有助于提升营销效率。

(2)按数据性质划分。营销数据可分为一手数据和二手数据。一手数据通过直接采集获得,可根据研究目的设计和采集;二手数据则通过各种渠道获取,已收集完成,具有广泛代表性和外部效应,但可能缺失关键信息。

(3)按数据规模大小划分。营销数据可分为大数据和小数据。大数据具有海量、高速等特点,小数据则规模较小,实时性偏低。在实际应用中,将大数据与小数据相结合可形成智能数据体系,有助于更全面地分析营销效果。

(4)按研究方法分类。营销数据可分为定量研究数据和定性研究数据。定量研究数据广泛应用于数据采集,如实验研究方法、问卷调查方法等;定性研究数据也广泛应用于数据采集,如深度访谈、专题座谈等。从方法角度思考营销数据有助于预判适合分析的数据类型及可能得到的结果。

5.1.2.1 企业内部经营数据

企业内部经营数据主要指企业经营中产生的数据,它包括销售数据、产品数据、顾客数据和营销活动数据等。

1. 销售数据

在企业日常运营中,业务应用产生了丰富多彩的数据,这些数据为企业决策提供了有力支持。销售订单数据指导生产能力分配,存货信息助力销售预测与补货决策,并反馈给生产系统。同时,价格变化、经销商与零售终端管理、分类与销售人员管理、产品线与品牌经营等销售相关数据,均有助于企业精准决策。此外,企业各部门(如生产、技术、营销、人力资源及办公室等)积累了大量资料数据，如文件档案、年度报表等，其中部分数据能反映销售状况，为企业全面了解和优化运营提供重要参考。

2．产品数据

产品数据不仅包括产品名称、产品类别、产品属性、产品配置、生产成本、供应商等，还包括与产品相关的过程数据，例如加工工序、加工指南、工作流程、产品图样、数据模型、设备数据、技术文件、工装数据等。在产品生产开发的过程中，原始数据包括设计图样、技术条件、检测检验要求、工艺规范等。企业供应管理部门和生产部门在生产过程中会产生文件目录、零部件明细、标准件和外购件表、图样目录、关键特性表、材料定额明细表、材料汇总表等派生数据。在产品生产的过程中，派生数据文件往往要花费专业技术人员大量的时间和精力。

3．顾客数据

顾客数据主要分为3类：基本信息、行为数据和关联数据。

（1）基本信息。顾客基本信息包括姓名、生日、性别等基本属性和资料，还可能涉及敏感的生物识别信息。这些信息主要来自顾客自主登记、企业系统采集或特定活动，如墨西哥国际航空公司的"DNA折扣"活动。

（2）行为数据。顾客行为数据涵盖购买、消费和客户关系管理等方面，能描绘出顾客的消费习惯和偏好，有助于企业细分市场和洞察潜在需求。这些数据对营销运营人员理解和预测顾客行为、制定策略至关重要。

（3）关联数据。顾客关联数据反映影响顾客行为和心理的因素，如满意度、忠诚度和流失倾向等。尽管采集难度较大，但这类信息能有效反映顾客的行为意愿，是制定营销策略的关键。企业通过多种方式采集这些数据，以深入了解顾客，优化营销策略。

4．营销活动数据

营销活动旨在增加顾客、提升营收和品牌知名度，涉及促销、福利、创意参与及公共关系等。其核心数据包括推广数据、GMV（商品交易总额）、销售数据及经营状况数据。推广数据主要记录广告投放的详情，如产品线、品牌、渠道、内容等。GMV是活动成效的关键指标，常实时展示于数据大屏。销售数据涵盖渠道、顾客组合及增长情况。经营状况数据则关注收入、毛利、净利润等经营指标。此外，针对不同场景的数据分析也至关重要，如销量预测、竞品分析以及顾客满意度、流失率、渠道及促销分析等。

5.1.2.2 定性研究数据

定性研究数据包括访谈数据、专题座谈数据、定性资料数据、其他定性研究数据。

1．访谈数据

访谈数据是在一定的调研目的下，通过对个人或小组的问答或谈话获得的数据，这类数据一般展现了被访者的观点、看法和思路。访谈一般包括结构化访谈、非结构化访谈和半结构化访谈等形式。

（1）结构化访将访谈的主题和问题固定下来，这样便于获得需要的答案并有效控制访谈时间。

（2）非结构化访谈则在一定的主题下，不限定访谈的问题，旨在与被访者进行深入细致的交流和沟通，从而获得被访者的深度观点。

（3）半结构化访谈—一部分为固定问题，一部分为开放式问题，是结构化访谈和非结构化访谈的结合。

访谈的主要优点是可以获得深度的观点和想法，但缺点是很难进行大规模的操作。访谈可用于企业层面或个人层面的质化研究，关注的问题包括探索事件过程、解构逻辑关系、分析事件维度等。

2. 专题座谈数据

专题座谈数据源自焦点组访谈，即多人小组针对焦点问题的讨论。这类数据包含参与者提及的主题、意见、态度及互动，通常保存为录音、文字或视频形式，以供后续分析提取关键内容。

焦点组访谈人数一般为6~15人，也有建议不超过10人，以确保讨论效果。主持人需掌控话题方向和访谈进程，但人数较多时难以把控，故需选择经验丰富的主持人。

访谈常在单面镜房间进行，配备完整录音录像设备，便于后期进行数据分析。这种方法不仅适用于构建问卷，还适用于需要汇聚多方意见的研究情境。

专题座谈数据通过焦点组访谈收集，是深入了解参与者观点和态度的有效手段，其采集和分析过程需精心设计和实施，以确保数据质量和研究价值。

3. 定性资料数据

定性资料利用文字、声音、图片等符号记录描述社会生活中的人物、行为及事件，形式多样且缺乏明确规范，分析颇具挑战。通常，需通过编码过程将其转化为数据，包括：①开放式编码以归类并建立内容标签，全面描述资料；②主轴编码发现数据关联和深层次结构，迭代的主范畴；③选择性编码确立范畴间逻辑关系，构建初步理论框架和模型。这一过程需从开放式到主轴再到选择性编码，逐步深入提炼和修正，以确保分析结果的准确性和可靠性，为构建理论框架和模型奠定坚实基础。

4. 其他定性研究数据

定性研究数据是指描述、解释和理解现象的非数值性信息。定性研究不依赖数值，而是专注深入挖掘参与者的观点和态度。这类数据通常以文字、图像、音频或视频的形式存在，而不是以量化的数字存在。在定性研究中，研究者获取数据的方式主要包括两种，即参与式数据采集和非参与式数据采集。参与式数据采集是指研究者参与到被研究者的社区或团体中，通过观察、感受、交流等方式获取数据，典型的方法是民族志；非参与式数据采集方法是指研究者通过访谈、座谈、文本分析等方法获取数据，典型的方法是个案研究。

5.1.2.3 调研数据

调研数据包括问卷调查数据、观察数据。

1. 问卷调查数据

问卷调查数据是指通过问卷形式收集的量化信息。这类数据通常包括被调查者对一系列问题的回答，其中问题可以涉及各种主题，如态度、偏好等。问卷调查法是指调研人员事先拟好调查问卷，以书面、邮件或电话等不同形式对被调查者提出问题，要求其给予回答，由此获得所需调查材料的调查方法。常用的问卷调查方法有电话访谈、人员面访、邮寄访问、电子访问及留置问卷调查访问。在数字时代前，问卷调查是重要的营销数据来源之一，这几乎可以用于所有营销问题的分析。但问卷调查数据也有其缺陷，体现在它并不能够直接与顾客的真实行为关联起来，这导致研究结果可能存在偏差。传统问卷调查获得结果的时间较长、成本较高，而在线问卷调查可以克服传统问卷调查存在的问题，具有快速、方便、成本低、调查对象广的特点。

2．观察数据

观察法是通过直接观察和记录事件、行为或现象收集信息的方法，常用于深入了解特定情境，形式包括文字、图像或视频记录。该方法要求研究者根据目的，在现场利用感官和辅助工具进行观察并记录。观察法所收集的信息需具备可观察性、重复性或可预测性，且观察期限较短。观察者角色多样，其步骤包括明确目的、选择对象、准备工具、完善过程、记录数据和分析结果。观察法主要应用于产品开发初期，具有直接性、情景性等优点，但受被观察者可获取性、观察者主观性及成本等因素限制。

5.1.2.4　实验数据

实验法属于因果关系的研究方法，它也是测量顾客行为和心理的主要研究方法。针对顾客的实验数据主要有实验室实验数据、田野实验数据、自然实验数据和认知神经实验数据等。

1．实验室实验数据

实验室实验是在严格控制的条件下，分组测量给定刺激对行为反应的影响，数据包括分组、结果、中介及调节变量等。实验通常设实验组和参照组，通过对照两组结果评估刺激效果。例如，研究购物环境颜色对消费者心理的影响，可对实验组施加颜色刺激，对参照组不施加，比较两组购物行为差异。实验室实验类型多样，如因子设计、正交实验等。其优点在于严格控制条件，内部效度高，但常采用学生样本以保持一致性，导致外部效度较低。

2．田野实验数据

田野实验数据是通过田野实验获取的被试者对不同刺激的市场反应数据。田野实验（又称实地实验、现场实验）是在真实的市场环境下进行的实验，它结合了田野调查和实验研究两种研究方法的优点，既考虑了实验结果的真实性，又考虑了对研究结果的因果推断。与实验室实验不同的是，田野实验在真实市场中进行实验设计，对真实行为进行刺激和干预，并获取顾客的真实市场反应数据。企业常用的 A/B 测试是一类典型的田野实验，它通过给予多种刺激，获取顾客在不同刺激下的点击、购买行为等数据，从而识别顾客对各类刺激的偏好。田野实验的优点是数据具有市场的真实性，缺陷是无法控制所有影响因素，因此实验结果仍然会受到大量因素的影响。

3．自然实验数据

自然实验是指在自然的刺激或其他非研究者控制的刺激下，被试者产生市场反应的一种实验方法。例如，典型的自然实验是某一政策出台导致政策前后顾客行为发生了变化，其中，出台的政策是非研究者可以控制的实验刺激。自然实验数据是在自然实验中产生的各类数据，这些数据往往具有不可设计和不可重复的特点。自然实验的难度在于它并不是研究者可以设计的实验，它需要根据真实发生的事件或信息，在其已有的数据条件下进行实验分析。正因如此，有人认为自然实验是一种观察实验，它主要用于政策效果研究、区域策略比较研究等。自然实验的优点是能够有效地评价政策的效果，缺点是数据获取存在一定的运气成分，有时事件的发生具有偶然性，如果在事件发生前没有采集数据，那么自然实验就不成立。例如，地震等自然灾害的发生具有偶发性，如果在地震发生前没有采集人们的行为数据，那么就无法研究地震对人们行为的影响。

4. 认知神经实验数据

认知神经实验数据是指在认知神经实验中通过眼动、脑电、皮电、肌电等设备获得的测量数据。认知神经实验主要通过脑部的神经元信号测试人们的认知和情感，表征不同情感的神经元信号出现在特定的脑区，例如，腹内侧前额叶皮质是将情感纳入决策的重要区域。它与广告吸引力、产品偏好、品牌忠诚度等均有关。不同的仪器进行神经营销的测量，采用的信号是不一样的。例如，功能性磁共振成像（fMRI）扫描仪主要测量血氧水平依赖（BOLD），因为学者们认为BOLD的变化通常与相关的脑部突触活性有关，通过测量可以获得大脑血氧状况的三维图像，从而观测营销刺激带来的大脑活动变化。表5-1描述了采用不同技术进行认知神经实验的区别。

表5-1 认知神经实验的技术和数据描述　　　　　　　　　　　　　　　　　单位：万元

技术	测量	空间分辨率	时间分辨率	成本
功能性磁共振成像	记录神经元活动导致的血氧变化磁信号	适中，毫米级	较高，秒级	1000
脑电	记录神经元活动诱发的电信号	较低，厘米级	很高，毫秒级	50
脑磁	记录神经元活动诱发的磁信号	较高，毫米级	—	1500
穿颅磁刺激	针对特定脑区发射磁脉冲，诱发或抑制暂时性的神经活动	较低，厘米级	—	50
皮电检测	测试皮肤电传导的变化，从而测试人们的情绪变化和唤醒强度	—	很低，秒级	1
眼动测试	记录人在加工视觉信息时的眼动轨迹特征	较高，毫米级	—	30

5.1.2.5　商业数据

随着企业市场化的不断加深、竞争意识的加强，获取商业信息成为企业的重要需求之一。同时，互联网的发展也为企业提供了获取公共情报的方式，提供商业信息是信息服务业的发展趋势。

1. 商业情报数据

商业情报数据分为公开数据和非公开数据两类，其中公开数据主要来自各类政府公开信息、公开的出版物、知识数据库和企业公开信息等；非公开数据主要来源于企业内部关联人士、利益相关者和第三方咨询服务提供者。表5-2描述了公开数据和非公开数据的主要来源。

表5-2 商业情报数据的主要来源

公开数据来源	非公开数据来源
报纸和专业杂志、行业协会出版物、产业和市场研究报告、政府统计、数据库和公开档案、政府出版物、联机数据库、互联网、企业宣传材料、产品介绍、产品样本、财务报表、展览会、招聘广告	雇员、经销商、供货商、行业会议、行业协会、信用报告、用户、竞争对手、咨询顾问

2. 商业服务数据

商业服务数据通常由第三方商业服务公司提供，这些公司一般会确定典型的市场研究领域，并以此开展业务。表 5-3 给出了一些典型的商业服务公司及其典型研究领域。

表 5-3　商业情报数据服务公司及其典型研究领域

公司名称	典型研究领域
上海 AC 尼尔森市场研究公司	零售研究
盖洛特市场研究有限公司	移动通信研究
盖洛普（中国）咨询有限公司	民意测验和商业调查
央视市场研究股份有限公司	媒介调查
益普索（中国）市场研究咨询有限公司	广告事前测试、满意度和忠诚度研究
新力市场研究集团（DMB Research Group）	定性研究和广告研究
GFK（赛诺、科思瑞智）市场研究公司	家电零售监测
北京零点研究集团	行业与产品研究、消费文化研究、社会问题研究
新生代市场监测机构有限公司	媒介监测
北京华夏盈联市场咨询有限公司	满意度调查、神秘顾客调查
北京环亚市场研究社有限公司	汽车行业研究
深圳思纬市场资讯公司	广告测试研究等
广州市致联市场研究有限公司	医药行业研究

3. 商业数据库数据

商业数据库数据包括面向大众的公共数据库数据和面向市场销售的商业数据库数据。

（1）面向大众的公共数据库包括政府部门和统计机构、贸易和产业组织的公开商业资料、商业期刊等。在这些数据库中包含宏观经济数据、行业数据、报刊数据等，通常可以使用爬虫技术获取这些公开数据。例如，北京公共数据开放平台提供了北京市的各类公共数据，可以进行免费查询。

（2）面向市场销售的商业数据库往往来自企业的一些固定研究项目，例如价值观与生活形态调查、顾客满意指数调查、品牌价值研究等，这些研究项目所形成的数据库将会定期发布数据，企业可以购买和订阅。另外，一些企业也形成了固定样本的调查项目，持续监控市场的变化和消费者行为变化。

5.1.2.6　企业大数据

1. 大数据的特点和类型

随着互联网、5G（第五代移动通信）、人工智能和物联网技术的快速发展，大数据应用日益广泛和便捷。传统产业也在加速网络化、数字化和智能化的进程，从而有效解决了海量数据的收集、存储、计算和分析问题。大数据的概念不断演变，早在 2001 年，Gartner 公司就提出了大数据的"3 个 V"特征：海量（Volume）、高速（Velocity）和多样性（Variety）。海量指数据量巨大且增长迅速；高速强调数据产生速度快，实时信息使企业反应更敏捷；多样性则指数据类型复杂多样，包括非结构化数据（如文本、音频、视频和图片等）。

后来，SAS 公司又增加了两个维度：复杂性（Complexity）和多变性（Variability）。复杂性指数据源繁多且难以处理；多变性则指数据流不稳定。近年来，技术和数据都在迅速发展，互联网企业纷纷涉足大数据产业。

大数据的数据类型按来源可分为商业流程数据、网络和社交媒介数据、机器与传感器数据等。

（1）商业流程数据来自企业的日常运营，如 SCRM（社会化客户关系管理）、ERP（企业资源计划）和 CRM 等系统。

（2）网络和社交媒介数据则来自网页、博客、微博、SMS 等网络平台，这些数据来源广泛，体量大且类型多样。

（3）机器与传感器数据体量最大、类型最丰富且速率最高，主要来源于 GIS（地理信息系统）、RFID（射频识别）、人脸识别、火车、飞机、机械、医疗图像和航海系统等。大数据类型和来源如图 5-2 所示。

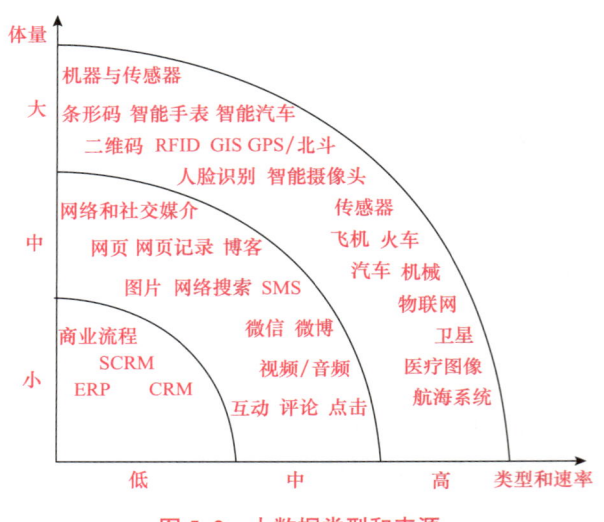

图 5-2　大数据类型和来源

2. 企业经营产生的大数据

企业经营中产生的大数据主要包括业务应用数据、互联网数据、物联网数据、系统日志数据及合作伙伴数据。

（1）业务应用数据。企业的业务应用数据中包含了企业的销售数据、企业顾客数据，以及核心业务或企业内部人员使用的保证企业正常运转的 IT 系统数据，比如超市的 POS 系统（销售时点信息系统）、订单/库存/供应链管理的 ERP 系统、顾客关系管理系统、财务系统、网上支付系统，以及办公自动化系统、人力资源系统等各种行政系统产生的企业数据。随着互联网的发展，互联网和移动互联网用户数激增，企业对门户网站和移动 App 的统计分析需求增加，大数据应运而生。大数据被应用到企业营销中，它几乎覆盖了企业从生产到销售的全部环节，在企业的生存和发展中具有越来越重要的作用。

1）Web 网站数据。Web 网站数据包括页面浏览日志和交互日志数据，通过嵌入采集代码收集，并实时或离线传输到数据中心。收集后的数据需经过清洗和预处理，如剔除虚假流量、识别攻击行为、格式化数据等，以确保数据质量和准确性。百度统计作为第三方平台，可对 Web 网站数据进行可视化分析，包括流量数量[PV(网页浏览数)、UV(独立访客数)、访问次数]、流量质量(跳出率、平均访问时长)和转化指标。通过"全部来源报告"，可查看总流量、渠道分布占比、分渠道流量数据、时间趋势、不同时间段流量对比及转化情况等指标。

2) App应用数据。在移动互联网公司，App上线需规划数据体系。用户运营关注新增用户、活跃用户及留存率等指标，以评估运营情况和优化点。App数据指标体系涵盖5个维度：

第一个维度，用户趋势数据。核心维度，包括每日、每周、每月新增用户和日、周、月活跃用户数(DAU、WAU、MAU)，根据App特性选择合适指标。

第二个维度，用户留存率分析。衡量用户黏性，涉及次日、7日、14日等留存率，帮助评估用户满意度和长期价值。

第三个维度，参与度数据。衡量用户活跃度和参与程度，如页面停留时间、分享、评论等，反映用户与应用互动情况，了解用户兴趣和使用习惯。

第四个维度，渠道数据。关注不同来源用户，评估渠道效果和回报，包括渠道用户数、成本、留存率等。安卓渠道有第三方市场、广告联盟、厂商预装和社会化推广；iOS主要依赖AppStore，但需分析用户跳转渠道，通过API接口对接获取活跃和留存数据。

第五个维度，用户属性数据。描述和标识用户特征和背景信息，如设备信息、网络信息、地理位置、性别、年龄、兴趣等，为个性化推荐、定向广告、用户画像构建奠定基础，帮助理解用户需求，优化产品和服务，提升体验。

(2) 互联网数据。互联网是大数据的主要来源之一。互联网数据是指在互联网上产生、收集和存储的各种数字化信息和记录，采集范围涉及微博、论坛、博客、新闻网、电商网站、分类网站等各类网页，也包括通信记录及微信、QQ等社交媒体产生的数据。数据的类型包括文本、数值、URL(统一资源定位符)地址、图片、视频、音频等。

1) 政府和行业数据。政府和行业数据通常可以通过公开来源得到。例如，互联网上可以获取到国务院及国家统计局相关数据，包括各类全国基础数据，部委职能相关数据，国家统计局关于各类全国月度、季度、年度、普查数据，地区、部门、国际数据等。

2) 垂直平台数据。不同垂直行业平台也整合了相关业务的数据。例如，知网(引鉴)收录了5万多个不同种类的年鉴；投资相关的萝卜投研收录了中国、行业、全球宏观数据，上市公司数据，自身特色数据等；房天下收录了房价、房产、土地、房产商数据等；同花顺数据中心提供了股票债券等金融数据。除此之外，还有易观网细分多种行业的数据分析，艾瑞网多个行业的数据报告，百度数据中心、百度指数、淘宝指数等相关的营销数据。

3) 社交数据。社交数据是指在社交媒体平台和其他社交互动渠道上生成、共享和传播的各种数字信息和内容。这些数据包括用户在社交媒体上发布的文本、图像、音频、视频，以及他们与其他用户之间的互动，如点赞、评论、分享等。社交数据的种类和范围非常广泛，涵盖了个人的社交活动、情感表达、兴趣爱好、观点分享等内容。这些数据可用于了解用户行为、趋势、舆论倾向，洞察社会话题和事件，以及开展市场调研、品牌管理、用户画像构建等活动。

(3) 物联网数据。物联网将物理世界中的物体、设备和传感器连接到互联网，实现相互通信、数据交换和任务执行。物联网数据是指这些设备和传感器在联网环境中收集和传输的数字化信息。

物联网数据类型丰富，涵盖环境(如温湿度、气压、空气质量)、位置(如地理位置、运动轨迹)、健康(如心率、血压、步数)及工业(如设备状态、运行情况、故障预警)等领域。这些数据的应用至关重要,不仅实现了物体、环境和过程的实时监测与控制,提高了生产效率并降低了成本,还能预测趋势和异常情况,如疾病风险、设备故障及交通拥堵,从而提前采取措施避免问题。此外,物联网数据还能优化资源利用、减少能源浪费,在智能家居、工业自动化及农业领域实现节能效果,提高农业生产效率。

(4)系统日志数据。系统日志数据是指记录IT系统产生的过程性事件的数据。通过查看日志数据,可以了解哪个用户在哪个时间、哪台设备或应用程序上有哪些具体操作。

IT系统在支撑业务运行的过程中,产生了大量的日志数据,比如金融行业的交易系统,是需要不间断地提供实时服务的,每天都可能产生兆字节级别的日志数据。系统日志数据通常是非结构化的文本数据,需要数据处理转换为格式化数据后分析使用。系统日志数据的来源主要有服务器、网络设备、操作系统、中间件、数据库及业务系统。

(5)合作伙伴数据。第三方合作伙伴平台也是大数据营销中数据的主要来源渠道。在互联网时代,不少企业会采取和其他企业合作互推的方式来增加自己的曝光率并共享粉丝或用户资源,比如很多企业会与门户网站、电商网站、搜索引擎、社交网站、移动支付等第三方平台合作,增加自己的客流量,这些客流量就可以转化成实用的用户数据,从更多方面了解用户,为更多的用户制定更精准的大数据营销策略。比如京东与腾讯达成微信平台合作协议,这种做法不仅弥补了京东在移动端的薄弱环节,更导入了可观的客流量;海量的用户数据为京东实现精准大数据营销提供了可能,使它获得了不少忠实消费者。

5.1.3 大数据采集方式

大数据采集就是对数据进行Extract-Transform-Load(ETL)操作,指从各种来源收集和抽取(Extract)大量的数据,通过数据转换(Transform)进行加载(Load),为数据分析做准备。大数据包括结构化数据(如数据库中的表格数据)、半结构化数据(如XML、JSON格式的数据)和非结构化数据(如文本、图像、音频、视频等)。大数据采集涉及以下关键步骤:一是确定数据来源,包括内部系统、外部网站、传感器、社交媒体平台等;二是数据获取,在这个阶段需要使用适当的方法和工具从数据源中抓取数据,可能涉及Web爬虫、API调用、传感器读取等;三是数据清洗,这一步需要对采集到的数据进行清洗和预处理,去除不准确、重复或无效的数据;四是数据转换,该步骤将数据转换为适当的格式和结构,以便后续分析,包括数据格式转换、数据标准化等;五是数据存储,将采集到的数据存储到适当的数据存储系统中,如数据库、数据仓库、云存储等。

5.1.3.1 互联网线上数据采集

线上数据采集是企业互联网应用主要的数据采集方式之一。根据互联网终端的不同,可以将互联网分为传统的PC互联网和移动互联网两种,不同的产品形态包括PC互联网应用(如360的PC安全卫士)、PC端网站(如企业网站)、H5页面、App应用、小程序、IoT智能设备等。

1. 网络爬虫采集

网络爬虫又称网页蜘蛛、网络机器人,是一种按照一定的规则自动化、系统化收集互联网上相关数据的技术。在大数据时代,网络爬虫是互联网上采集数据的主要工具之一,通过网络爬虫的方式可以获取网站上不同类型的数据信息，包括文本、图片、音频、视频等文件数据。网络爬虫获取的数据通常为非结构化数据，经过转换后以结构化的方式存储。目前已知的各种网络爬虫工具已经上百个，常用的网络爬虫采集器有火车采集器、八爪鱼采集器、神箭手采集器、关关采集器和后羿采集器等。

2. 埋点采集

在技术实现上，线上数据采集主要通过埋点的方式实现，通过不同应用的SDK（Software Development Kit，软件开发工具包）数据埋点，将顾客端或服务端的数据上传到数据服务器终端。埋点是事件追踪（Event Tracking）的主要方式，它是在应用程序或网站的特定位置插入代码，用于捕捉用户的各种行为事件，例如点击、浏览、搜索等。数据埋点是数据产品经理、数据运营师和数据分析师，基于业务需求对用户行为的每一个事件对应位置进行开发埋点，三者通过SDK上报埋点的数据获取过程。埋点就是为了对产品进行全方位的持续追踪，通过数据分析不断指导优化产品。数据埋点的质量直接影响数据、产品、运营等质量。图5-3描述了埋点的业务流程。

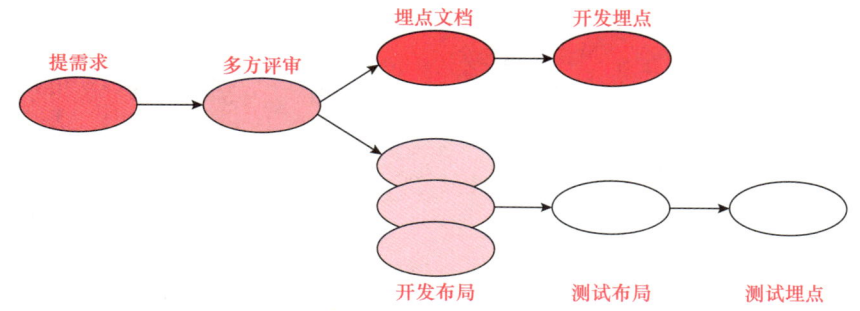

图5-3 埋点的业务流程

（1）埋点的方式。埋点的主要方式见表5-4。

表5-4 埋点的主要方式

类别	代码埋点	全埋点	可视化埋点	服务端埋点
采集说明	嵌入SDK，定义事件并添加事件代码	嵌入SDK	嵌入SDK，可视化圈选定义事件	接口调用，数据结构化
场景	以业务价值为出发点的行为分析	无须采集事件，适用于活动页、着陆页关键页面设计体验衡量	用户在页面的行为与业务信息关联较少，页面较多且页面元素较少，对行为数据的应用较浅	前后端数据整合，如订单数据
优势	按需采集：业务信息更完善，对数据的分析更聚焦	简单、便捷，与代码埋点相比开发人员工作量较小	与代码埋点相比，开发人员工作量较小	更灵活、更准确，不需新版本，数据上传更加及时
劣势	与全埋点和可视化埋点采集方式相比，开发人员工作量较大	数据准确性不高，上传数据多，消耗流量大，数据维度单一（仅点击、加载、刷新）	业务人员工作量较大，改版后需要重新定义事件，缺乏基于业务的解读	仅服务端采集较少前端的环境信息，前端交互数据缺失
典型案例	友盟、百度统计	Google Analytics	WMDA	神策分析

（2）埋点的设计。采集用户行为数据，首先需要根据业务分析需求明确采集的目标行为，进一步搞清楚应该在哪些地方埋什么样的点。这个环节的输出物一般被称为"埋点需求文档"（DRD）。在大部分互联网公司规范的产品迭代流程是，在业务侧产品经理输出"产品需求文档"（PRD）的同时，数据产品经理或数据产品分析师等角色需要同步输出DRD，双方的需求同步进入开发和测试验收。

（3）埋点的应用。埋点分析是网站与App应用分析中极为常用的数据采集手段，其高效精准的特性使其成为企业私有化部署数据采集的首选方案。在网站分析场景下，埋点技术能全面追踪用户行为，包括来源渠道、页面浏览、按钮点击、停留时长及购物车操作等关键数据。Web网站统计分析工具常提供基于JavaScript的软件开发工具包，方便开发者集成到网站代码中实现埋点。在App应用分析方面，国内众多知名平台提供专业埋点工具，针对安卓和iOS移动端应用，提供相应版本的SDK，开发者可在开发时嵌入代码，实时采集并分析用户行为。借助埋点，企业可洞察用户需求，优化产品体验，增强市场竞争力。

5.1.3.2 物联网数据采集

物联网技术架构包括感知、网络和应用3个层次。①感知层由传感器终端和网关构成，如温度传感器、RFID标签、摄像头等。②网络层负责实时、准确地传送信息，通过互联网、无线网络等实现。③应用层则对传送的数据进行加工、分析处理，并应用于医疗、环境、交通等领域。

物联网数据采集方式多样，常见的有条形码、二维码和RFID技术。条形码由黑白条纹组成，代表不同编码信息，但无法表达中文，需用专门仪器识别。二维码是条形码的升级版，可表示数字、字母、符号和汉字信息，同样需用专门仪器扫描。RFID技术由询问器和应答器组成，标签内存有可重复读写的信息，具有写入、修改或删除数据的优势，且能穿透纸张、木材等材质进行通信。相比之下，条形码和二维码需近距离、无阻挡地扫描采集数据。RFID技术广泛应用于校园一卡通、公交卡、门禁卡等领域，具有便捷性和实用性等优势。

5.1.3.3 数据库同步数据采集

数据库同步数据采集是指直接和数据库进行交互同步，进而实现数据采集。数据库同步数据采集旨在将一个数据库中的数据实时或定期地复制、传输到另一个数据库中，以保持数据的一致性和同步性。

通常，数据库同步数据采集包括以下6个关键步骤：①源数据库选择。确定需要同步的源数据库，它通常是存储着重要数据的数据库，可以是生产环境中的数据库，也可以是备份、副本等。②目标数据库选择。选择要将数据同步到的目标数据库，目标数据库可能位于不同的服务器、数据中心或地理位置。③确定数据同步方式。选择合适的数据同步方式，包括实时同步和定期批量同步。实时同步通常使用数据库的日志或增量数据变化进行，以尽量减少数据更新的延迟；定期批量同步则按照一定的时间间隔将数据进行复制和传输。④数据传输和转换。将源数据库中的数据传输到目标数据库，并进行必要的数据转换和映射，以确保数据在不同数据库之间的格式一致。⑤数据校验和冲突处理。在数据传输过程中，可能会发生数据冲突或错误，需要采取措施来检测和解决这些冲突，以保证数据的准确性和完整性。⑥监控和报告。设置监控和报告机制，定期检查同步过程的状态和性能,并生成报告以供参考和分析。

5.1.3.4 系统日志数据采集

系统日志数据采集是指从计算机系统、服务器、网络设备等各种信息技术设备中收集、记录和分析生成的日志数据的过程。系统日志记录了系统和应用程序的运行状态、事件、故障、警告及其他重要信息,对监控、故障排除、性能优化和安全审计等方面有很大价值。大多数互联网企业有系统日志采集工具。例如,Scribe 是 Facebook 开发的一款开源的日志传输系统,它支持将日志数据按照规定的格式传输到不同的存储后端,如文件、数据库等。Chukwa 是 Apache 软件基金会下的一个开源项目,用于处理大规模分布式系统中的日志数据。Chukwa 支持收集、聚合和分析各种类型的日志数据,还可以用于性能监控、故障排除和数据分析。Flume 是 Apache 软件基金会下的另一个开源项目,它用于收集、聚合和传输大规模数据流,包括日志数据。Flume 的架构可以根据不同的需求进行扩展和定制,支持将数据从多种源头传输到多种存储后端。

5.1.4 营销数据管理

对一个企业来说,营销数据采集仅仅是数据应用的第一个环节,之后的营销数据管理也是重要的环节。营销数据管理可以打破企业的数据孤岛形成数据资产,数据资产反哺业务形成驱动业务价值增长的闭环。营销数据管理的基础包括数据汇聚、数据开发、数据资产管理、数据服务和数据可视化 5 个重要的流程,同时也需要保证数据的质量和数据安全,最终完成业务需要的数据分析并根据数据驱动业务应用。

1. 数据汇聚

数据汇聚是将企业中各业务产生的数据集中处理并存储到数据仓库的过程,旨在打破数据孤岛,构建数据资产体系。它不同于数据采集,后者是将互联网、客户端、第三方数据引入企业内部。数据汇聚涉及数据抽取、格式转换和加载等操作,确保不同结构的数据能统一保存在数据仓库中。

数据仓库中的数据并非简单堆砌,而是遵循一定标准规则进行分层和建模。数据仓库通常分为 4 层:

(1) 数据贴源层。作为数据汇聚的目标层,尽可能保留数据的原始状态,与业务形态一致,有时会做简单格式转换和调整。

(2) 数据明细层。统一数据格式,定义指标和维度,数据条目与数据贴源层保持一致,方便一致性验证。

(3) 数据聚合层。根据业务主题对数据明细层数据进行聚合,形成多主题数据,满足业务需求,通过平台开发能力完成多场景开发和数据体系建设。

(4) 数据应用层。为业务提供直接数据支持,如数据报表、大屏展示等,根据应用构建服务数据。

2. 数据开发

数据开发是数据加工的过程,汇聚后的数据仍为数据的原始状态,很难直接供业务使用。数据工程师根据业务需求,将数据进行转换或聚合计算,快速转换成对业务有价值的形式,提供给业务使用,或者提供给后续的数据分析、数据可视化使用。从数据开发的时效性角度出发,大数据处理

方式分为离线数据处理和实时数据处理两种方式。

离线数据的采集过程通常包括数据的抽取、转换和加载。其中，在数据转换的过程中，针对具体的业务场景对数据进行处理，例如数据格式的转换、数据的去重、数据的过滤等，以保证数据的有效性和完整性。图 5-4 为离线数据处理过程。离线数据平台产生数据的周期通常为天，也就是今天看到的是昨天的数据。但是随着互联网数据的时效性要求越来越高，这种以"天"为周期的离线数据就显得滞后，尤其体现在互联网广告、业务促销活动中，例如典型的"双十一"大促销、"618"大促销等场景。

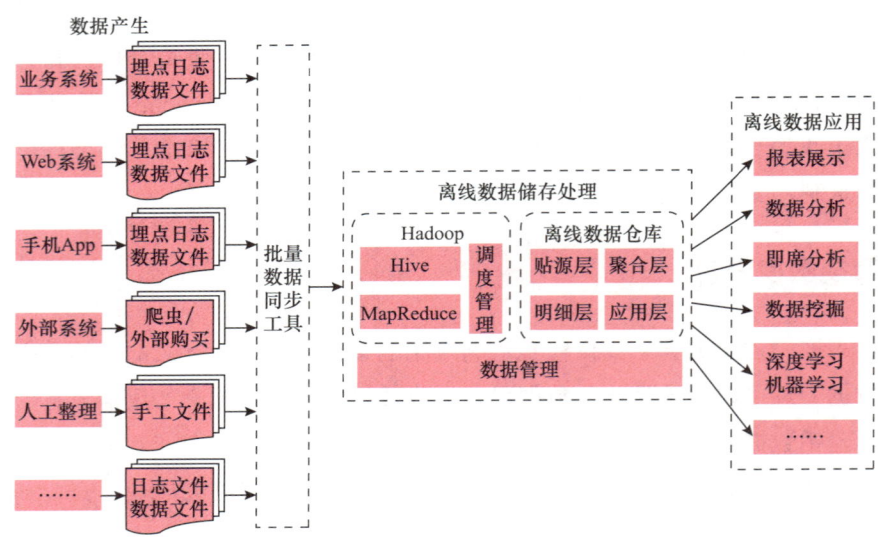

图 5-4　离线数据处理过程

实时数据采集主要是为实时数据流的业务应用场景解决离线采集无法快速响应的计算问题及满足实时采集后下游数据流的加工和实时反馈的要求。例如，广告系统在线行为反馈，包括实时受众定向（Real-Time AudienceTargeting）和实时点击反馈（Real-Time Click Feedback），将短时间内发生的用户行为和广告日志及时地加工成实时用户标签，以及实时的点击率模型，这对在线广告系统的效率提升意义重大。图 5-5 为实时数据处理过程。

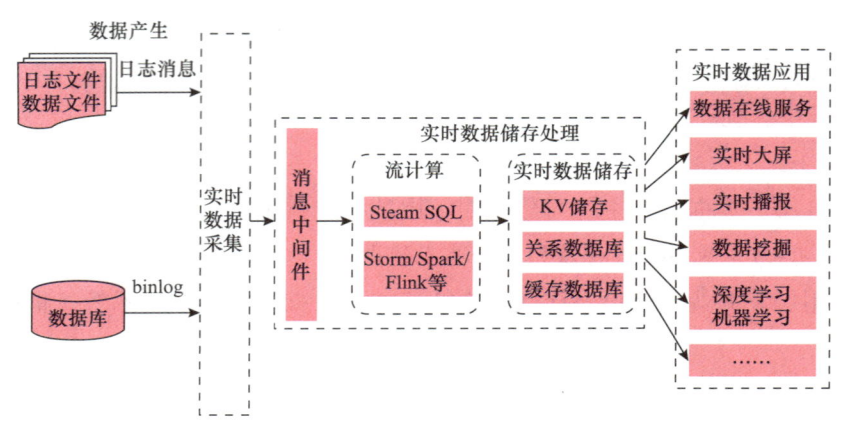

图 5-5　实时数据处理过程

在多种情形下，实时系统对技术和资源的要求更高，但系统信息反馈调整更快，比模型预测做得更加准确、效果更加显著。除此之外,在线反作弊(Online Anti-Spam)、在线计费(Online Charging)、实时索引(Real-Time Indexing)等场景的应用也要求数据必须实时采集处理。

3. 数据资产管理

数据资产管理是组织内部对数据资源进行全面规划、监控、优化及保护的关键过程,它涵盖了数据的血缘关系、历史版本及生命周期等信息的管理与展示。这一管理过程通过数据平台向数据运营人员及开发人员提供直观界面,既便利了数据工程师的二次开发,也助力运营工程师高效检索与运营。

数据生命周期管理作为数据资产管理的核心能力,旨在有效管控数据从创建至销毁的全过程,旨在最大化数据价值并确保合规使用与保护。该管理过程通常包含以下 6 个阶段:

(1)创建阶段。数据被收集、生成或录入系统,需定义基本属性、格式及结构,并确保准确录入与存储。

(2)存储与备份阶段。数据被妥善保存在数据库、文件系统或云存储等中,并定期进行备份以防丢失或损坏。

(3)使用与分析阶段。数据被提取用于分析、处理及业务决策、报告生成等。

(4)共享与传输阶段。需确保数据在共享或跨系统传输时的安全与可靠。

(5)数据归档与保留阶段。关注不再频繁使用但需长期保存的数据,以满足合规或业务需求。

(6)销毁与清除阶段。对不再需要的数据进行安全销毁与清除,以防敏感信息泄露,确保隐私安全。

通过这一系列精细管理,数据资产管理确保了数据资源得到妥善管理与利用。

4. 数据服务

数据服务是满足业务应用的能力之一,数据资源产生并保存在数据仓库后,利用数据互动业务决策,体现数据的价值。数据服务的形式也比较多,通常企业的数据平台有标准的服务,例如数据的 API 定制服务,数据工程师可以通过平台定制数据的输出字段信息;标准的 API 接口,业务人员可以通过 URL 的链接和参数,直接访问接口获取需要的数据内容。

5. 数据可视化

数据可视化是数据应用的另一个能力。数据可视化是指数据经过加工后,将统计结果、分析结论或预测信息通过可视化的形式展示出来,方便决策人员直观了解业务情况,为管理决策提供数据支撑。当前通用的数据可视化应用有数据统计图表可视化,如图 5-6 所示;数据可视化大屏,如图 5-7 所示。

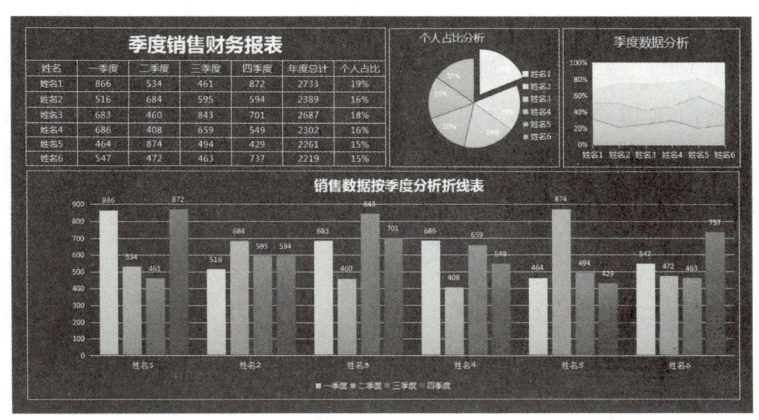

图 5-6 销售数据统计图表可视化样例

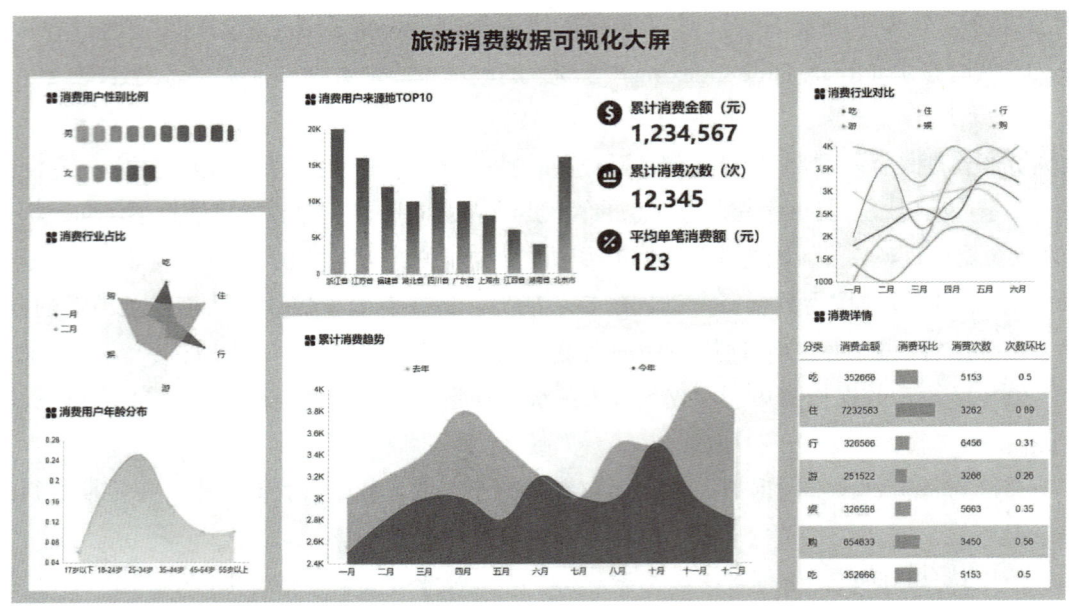

图 5-7 旅游消费数据可视化大屏样例

数据统计图表主要集中在描述性统计的展示，各类图和表格形式多样，例如比较常见的折线图、柱状图、饼图、直方图、箱线图、散点图、雷达图等，用户可以根据应用场景选择对应的图像展示。数据可视化大屏是将艺术和科学相结合的技术，它将数据以可视化的方式直接呈现，通过强视觉形式展示重要数据信息，为业务提供决策支持。

5.2 营销数据分析

5.2.1 数字营销分析方法概述

数据是数字营销活动的基础，数字营销是利用数据开展营销活动。因此，如何有效利用数据是数字营销分析方法研究的主要内容，例如：选择何种分析方法来处理数据，如何将数据转化为对商业决策有参考意义的信息和知识。由于数字营销是基于数据和数据驱动的营销模式，因此在实际的营销实施过程中，需要采用合适的数据分析方法。在进行营销数据分析时，通常需要根据问题或需求开展研究，然后考虑研究中需要用何种数据、采用何种技术收集这些数据等。在研究的早期阶段，应确定使用的方法，例如使用问卷调查或访谈等。

5.2.1.1 根据数据分析的目的分类

数据分析方法的种类繁多，根据数据分析的目的，可以分为两大类，如图 5-8 所示。

1. 描述性方法

描述性方法的目的是以易于理解的方式描述数据背后复杂的现象或状态；通过分析数据之间

的关联，揭示可能存在的相关性、趋势、模式或规则。例如，根据销售交易记录确定产品之间的关联，从而决定促销的产品组合。描述性方法包括列联表、均值分析、趋势分析、聚类分析、因子分析/主成分分析等。

图 5-8　数据分析方法的分类

2. 解释性和预测性方法

解释性和预测性方法的主要目的是基于历史数据的关联或规律，对数据进行合理的解释，并建立预测模型来预测和判断未来的结果。例如，预测下一个季度的产品销售量。解释性方法和预测性方法包括方差分析、t检验分析、回归分析、联合分析，以及各种潜类别分析（Latent Class Analysis）等。

5.2.1.2　根据分析数据是否被确定分类

根据分析数据是否被确定分类，数据分析方法可以分为事前已确定分类和事前未确定分类两种，如图 5-8 所示。

1. 事前已确定分类

事前已确定分类指在进行数据分析前已确定了属性的类别或数据挖掘的方式。在这种情况下，研究方法的主要内容是基于预先设定的标签进行识别。在机器学习中，这种任务类型被称为有监督学习，其中数据和标签是已知的。机器在进行数据分析前，会学习一个将数据映射到标签的函数。例如，首先对图片进行分类，然后输入一张图片，机器程序就可以输出图片的类型。

2. 事前未确定分类

事前未确定分类指在进行数据分析前未进行试验或学习，而是在研究完成后进行数据分析，这种方法被称为后验分析（Post Hoc Analysis）。后验分析使用的是没有预先设定标签的数据，利用数据本身进行分析。在机器学习中，这种任务类型被称为无监督学习，因为数据没有任何标签，其目标是寻找数据集中的规律性。无监督学习的核心是聚类，即将数据集划分为多个类或簇，这些类或簇包含相似的对象。常见的无监督学习方法包括聚类和降维等。

这两种分类规则结合起来形成了二维度四象限分类模式，它可以用来对数据分析方法进行划分。根据这个分类规则，可以将数据分析方法归纳为以下 4 种类型。

（1）有监督学习—描述性方法。这种方法旨在使用有监督学习技术来描述数据中隐藏的复杂现象或状态。它通过分析数据之间的关联，寻找相关性、趋势、模式或规则。在这种类型的方法中，主要是多元统计分析方法，例如描述性统计、列联表分析。

（2）无监督学习—描述性方法。这种方法旨在使用无监督学习技术来描述数据集中的规律性。它主要关注数据之间的相似性和聚类结构。这种类型的方法可以进一步分为多元统计分析方法、数据挖掘与机器学习方法。

（3）有监督学习—解释性和预测性方法。这种方法基于历史数据的关联或规律，旨在进行数据的解释和建立预测模型，以预测和判断未来的结果。它涵盖方差分析、检验分析等。

（4）无监督学习—解释性和预测性方法。这种方法也基于历史数据，但无须预先设定标签，通过分析数据本身进行解释和预测。无监督学习的重点在于聚类和降维等技术。

5.2.2 典型的数字营销数据分析方法

数据驱动决策是大数据时代的一个重要特点。由于篇幅限制，本节重点介绍典型的数据分析方法。

5.2.2.1 描述性—事前已确定分类典型方法

描述性—事前已确定分类典型方法属于有监督学习—描述性方法。这类方法的特点是在进行数据分析前就确定了数据的分类。常见的方法包括描述性统计分析和列联表分析，它们在数字营销实践中是最基础且最常用的方法。下面将重点介绍描述性统计分析方法的应用。

1. 描述性统计分析的数据分布特征

描述性统计分析常用于揭示数据的整体分布情况和趋势。它主要包括以下3个方面的内容：①进行统计分组和频数统计；②计算数据分布特征指标，例如均值、众数、中位数、标准差等；③制作图表，例如条形图、饼图、散点图、直方图、雷达图等。

描述性统计量包括均值、方差、标准差、最大值、最小值、极差、中位数、分位数、众数、变异系数、中心矩、原点矩、偏度、峰度、协方差和相关系数等。描述性统计分析方法测度的数据分布特征有集中趋势、离散程度、分布形状，如图5-9所示。

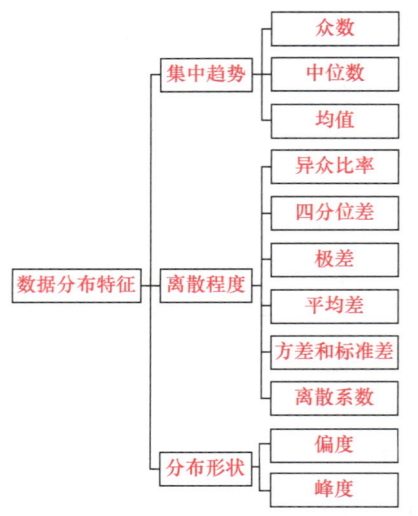

图5-9 描述性统计分析方法测度的数据分布特征

（1）集中趋势是指一组数据向某个中心值靠拢的倾向和程度，用于测量数据的集中程度。常用的测度方法包括众数、中位数和均值。

1）众数，表示数据中出现频率最高的变量值。众数不受极端值的影响，一组数据可能没有众数，也可能有多个众数。

2）中位数，表示数据排序后处于中间位置的值。中位数不受极端值的影响，主要适用于有序数据或数值型数据，不适用于分类数据。

3）均值，是集中趋势的常用测度指标，表示一组数据的均衡点或中心点。均值反映了数据的一般特征，但容易受到极端值的影响，只适用于数值型数据。

（2）离散程度反映了变量取值之间的差异程度。离散程度的测度如下：

1）异众比率，适用于分类数据，用于衡量众数的代表性，表示非众数组的频数占总频数的比例。

2）四分位差（Q_D），适用于顺序数据，也称四分位距，是上四分位数（Q_U）与下四分位数（Q_L）之差：$Q_D = Q_U - Q_L$。四分位差反映了中间 50% 数据的离散程度，不受极端值的影响，用于衡量中位数的代表性。

3）极差，表示一组数据的最大值与最小值之差，是离散程度的最简单测度指标，但容易受到极端值的影响，未考虑数据的分布。

4）平均差，是各变量值与其均值之间的绝对离差的平均数，能全面反映一组数据的离散程度。

5）方差和标准差，是离散程度的常用测度指标，反映了各变量值与均值之间的平均差异。根据总体数据计算得出的方差和标准差称为总体方差和总体标准差，根据样本数据计算得出的方差和标准差称为样本方差和样本标准差。

6）离散系数，是标准差与相应均值的比值，消除了数据水平和计量单位的影响，适用于比较不同组别数据的离散程度。

（3）分布形状。为了全面了解数据的特征，除了了解集中趋势和离散程度，还需要观察数据的分布形状。数据的分布形状通常通过偏度和峰度衡量。

1）偏度，度量数据分布的偏斜程度，由统计学家皮尔逊于 1895 年首次提出。偏度为 0 时，数据呈对称分布；偏度大于 0 时，数据呈右偏分布；偏度小于 0 时，数据呈左偏分布。

2）峰度，是衡量数据分布陡峭程度的指标，通常分为 3 种情况：标准正态峰度、尖峰峰度和平顶峰度。与标准正态分布相比，如果数据分布接近正态分布，则峰度的值接近 0；如果数据分布的尾部比正态分布更广，则峰度的值大于 0；如果数据分布的尾部比正态分布更集中，则峰度的值小于 0。

2. 列联表分析

列联表分析是一种早期描述性统计分析方法，用于观察两个或更多属性间的情况。它通过交叉分类频数分布表，判断调查对象的特性间是否存在相关性。例如，可以分析顾客性别与单次消费金额档次是否关联。列联表分析的基本问题是判断属性间是否独立，结论只能作为初步检验，如它发现顾客性别与消费水平可能关联，但不能提供决策指导。列联表适用于定性数据，常用卡方检验等方法分析频度数据。对应分析是基于列联表的进一步分析方法，考察行与列的相关程度，包括行变量间、列变量间的关系及行与列间的关系。它利用低维空间描述两个名义变量间的关系，并生成感知图，直观展现不同变量间的关系。

5.2.2.2 描述性—事前未确定分类典型方法

这类方法属于无监督学习—描述性方法。其特点是在分析数据前无须指定数据的分类，而是通过分析过程自动得出数据的类别。常见的方法包括聚类分析、因子分析/主成分分析、多维标度分析、对应分析和文本挖掘等。下面将介绍其中较为典型的聚类分析和文本挖掘。聚类分析是进行市场细分的一种重要方法，也常常作为其他分析方法的预处理步骤出现；文本挖掘则在消费者感知和品牌偏好研究中被广泛应用。

1. 聚类分析

聚类分析是一种多元统计分析技术，源自生命科学，旨在将研究对象根据其特征分类，减少数量并发现同质群组。在市场细分中，它根据细分变量将消费者划分为不同且相对同质的市场群体。聚类分析具有探索性，能在无先验知识的情况下自动分类样本数据，确保同一类簇内实体相似，不同类簇间实体不相似。该方法分为非重叠、重叠和模糊聚类3种。非重叠聚类假定每个顾客仅属一个细分市场，虽简单直观，但在营销中常用；重叠和模糊聚类则允许顾客同时属于多个市场，更符合现实，但应用较少。非重叠聚类进一步包括分层、非分层和潜分层聚类，模糊聚类则运用模糊逻辑。

在数字营销中，聚类分析有助于解决顾客画像和客户群体划分等问题。通过量化目标客户在内因（需求、认知、学习）和外因（文化、社会、家庭、群体）等分析变量上的指标，或针对运营商客户细分，考察平均月支出、通话费、上网费、短信费等变量，聚类分析能实现精准营销策略的实施。

2. 文本挖掘

文本挖掘是提取文本文件中有价值知识的过程。文本挖掘旨在发现文本数据中的隐藏模型关系和趋势，从而支持信息检索、分类、聚类、情感分析、实体识别、主题建模等任务。在互联网时代，越来越多的消费者利用互联网与品牌进行互动。他们有的在社交网站上发帖讨论，例如在微博、小红书上讨论品牌或产品的相关内容，也有的在电商网站上留下产品的评论信息。这产生了大量与消费者感知和偏好相关的数据。通过文本挖掘技术，可以分析出消费者对各个品牌讨论的内容主题、频率和情感等，由此可以了解消费者对相关品牌的感知和偏好，对制定营销决策具有重要的参考意义。

5.2.2.3 解释性和预测性—事前已确定分类典型方法

这类方法属于有监督学习—解释性和预测性方法。解释性方法（建模）旨在探究结果为何发生及影响结果发生的原因，而预测性方法（建模）旨在理解结果是怎样的，并通过寻找变量之间的关联对结果进行预测。

在数字营销数据分析方法的分类中，这一类别的方法非常丰富，种类也非常多样。多元统计分析相关的方法包括方差分析、t检验分析、回归分析、判别分析、分层线性模型和时间序列分析等。数据挖掘与机器学习相关的方法包括逻辑回归、决策树、神经网络、支持向量机、随机森林Logit分析和路径分析等。实验中常用的分析方法包括方差分析、t检验分析、回归分析、联合分析及结构方程模型等。接下来，我们将介绍三种典型方法：时间序列分析、决策树和Logit分析。

1. 时间序列分析

时间序列分析是一种统计分析方法，用于分析按时间顺序排列的一组随机变量，即将经济发展、购买力大小、销售变化等同一变量的一组观察值按时间顺序加以排列，构成统计的时间序列，通过观察随机序列的历史数据，利用特定的数字方法来预测市场未来的发展趋势和确定市场预测值。时间序列分析的主要特点是通过时间推移研究和预测市场需求趋势，不受其他外在因素的影响。

由于过去的销售状况对未来的销售趋势具有决定性的影响，时间序列分析将影响预测目标的因素按"时间"综合起来描述，例如通过估计销售量和时间之间的函数关系，可以根据市场过程的变化趋势来分析未来的发展趋势。时间序列分析方法包括简单平均法、移动平均法、指数平滑法、分解法及 ARMA 法等。它能够有效地推断和预测各种现象在未来一段时间内的发展变化规律。通过对不同维度的时间序列进行综合分析，可以挖掘和分析出随时间变动的各种数值之间的内在联系，从而深入理解现象的变化规律和前后关联。

常见的时间序列数据包括股票价格、广告数据、气温变化、网站的 PV/UV、服务器系统监控数据等。一个时间序列通常由 4 种要素组成：趋势（Trend）、季节性（Seasonality）、周期性（Cyclical）和不规则变动（IrregularVariation）。

（1）趋势。时间序列中的长期变化趋势，反映了数据随时间推移的整体变化趋势，可以是上升、下降或平稳。

（2）季节性。时间序列中的周期性模式，通常与时间单位（如周、月度、季度等）相关联。季节性可以是固定的，例如每年夏季的销售增加；也可以是非固定的，例如节假日的影响。

（3）周期性。时间序列中的长期周期性波动，通常为超过 1 年的时间跨度。与季节性不同，周期性可以更长或不规则。

（4）不规则变动。时间序列中随机的、无法预测的波动，可能是由异常事件、外部干扰或随机噪声引起的。

2. 决策树

决策树是一种重要的市场细分方法，也是广泛应用的数据挖掘算法之一。它具有监督学习的特点，可以提取和描述特征，并根据目标设定选择分支变量和分支方决策树，以树状的层级结构呈现分类过程，并提取分类规则条。决策树模型可以用于发现数据间的内在关系，找出目标变量和各个变量之间的层级关系。决策树算法属于有监督学习方法，通过对已知事物的分类构建树状结构，从中归纳并提炼出分类规则并对未知样本进行预测。决策树的层级结构可以分析不同层级的变量因素对日后变量的影响程度。所以，使用数据、采用计算方法不同，所得到的树状结构也不同。通过学习训练集，决策树算法可以推导出一个用树形结构表示的分类规则，并能够高效地对数据进行分类。在用户数据分析和挖掘方面，决策树可以发挥重要作用，例如通过分类器，企业将客户分为潜在客户、虚假客户和现有客户，实现对客户群体的精细化管理。

3. Logit 分析

针对影响关系的研究是最为常见的研究之一。当因变量是定量数据时，可以使用线性回归分析来分析影响关系；然而，当我们希望预测某件事情发生的概率时，比如一件衣服是否会被购买，因变量是"是否购买"这样的分类数据，就不能使用回归分析，而需要选择 Logit 分析。Logit 分析与回归分析类似，都是分析自变量对因变量的影响，但这里的因变量是分类变量。由于 Logit 模型的因变量不服从正态分布，因此不能直接通过自变量预测因变量，需要对因变量进行特定的转换。常用 Logit 模型来估计消费者购买产品的概率，并假设消费者购买概率和相关影响因素服从如下的函数形式：

$$P_{购买} = \frac{1}{1+e^{\beta_0+\sum \beta_j X_j}}$$

其中，$P_{购买}$ 为给定输入 X 条件下输出为购买的概率；e 为自然对数的底；X_j 为一系列的特征变量，可以包括消费者对产品的认知和偏好，以及消费者的个性、人口统计特征等；β_0 为截距项；β_j 为模型参数，表示对应特征的权重。

将数据代入模型，可以根据一系列输入变量来估计消费者购买产品的概率，并将消费者划分为不同的群体。

Logit 回归分为二元、多分类和多元有序 3 种。实际应用时，若因变量为二项分类，采用二元 Logistic 回归；若因变量含多个无大小关系的选项，则使用多分类 Logistic 回归；若因变量含多个有大小对比关系的选项，应选择多元有序 Logistic 回归。这样，根据因变量的特性选择合适的 Logit 回归类型，可以满足分析需求。

5.2.2.4　解释性和预测性—事前未确定分类典型方法

这类方法属于无监督学习—解释性和预测性方法。这类方法可以被看作第二类和第三类方法的混合。在这个类别中，主要涉及数据挖掘与机器学习相关的方法，其中包括各种潜类别分析法，如聚类回归和混合模型等。接下来，我们将重点介绍混合模型。

在数据分析中，常假设样本服从特定分布，但单一分布假设有时过于简单，影响准确性。特别是在数字营销中，数据可能包含不同子群体，各个子群体分布特征各异，需采用混合模型。混合模型能表示含 K 个子分布的总体分布，无须观测数据提供子分布信息，通过计算总体分布概率建模。高斯混合模型（GMM）是高斯分布的组合，用 K 个高斯分布构建概率模型，通过最大期望算法训练，理论上可拟合任何连续概率密度分布。高斯混合模型主要应用于顾客画像研究，处理来自电商、新闻、视频等平台的用户行为数据，准确描绘用户画像，优化内容推送、搜索及广告分发，对数字营销具有重要意义。

5.3　数字营销效果评价

5.3.1　数字营销效果评价概述

数字营销效果评价旨在衡量数字营销策略达成营销目标的程度，涉及销售、心理及接触过程等方面。评价方式与营销目标紧密相关，企业可根据设定的短期或长期目标选择相应的评价体系。短期目标常包括促进销售、提升市场占有率和获取新顾客等市场及顾客目标；长期目标则注重品牌建设，如提高品牌认知度、美誉度及实现顾客满意、忠诚、复购和交叉购买等顾客目标。短期目标和长期目标均可采用多样化评价手段，不局限于单一方法。例如，当以长期顾客目标为评价标准时，可通过测量顾客满意度和忠诚度评估合作稳定性，或利用复购期限、购买量及交叉购买量等接触过程指标评价顾客表现。这种综合评价方式有助于全面审视数字营销效果，如图 5-10 所示。

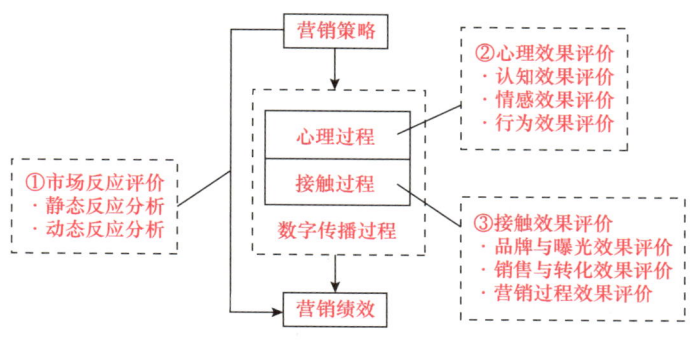

图 5-10 数字营销效果评价

5.3.2 市场反应评价

市场反应评价方式是指通过建立营销投入与销售产出之间的计量模型，评估哪些营销投入能显著影响销售产出，进而优化营销效果。此方法不考虑营销策略在消费者信息加工、决策过程及接触过程中的效果，仅聚焦于投入与产出关系。其应用广泛，源于数据的易获得性和成熟的统计学、计量经济学模型支持。市场反应评价的主要优势在于利用真实数据有效分析投入与产出关系，并能按时间和季节变化探究影响销售的因素。

然而，市场反应评价也面临挑战。销售影响因素复杂，构建模型时难以区分销售增长是营销投放还是环境干扰所致，需排除众多干扰因素。对于成熟品牌，广告销售弹性较低，如广告增量达原有投放 10 倍时，销量仅增 1 倍。同时，企业常面临营销效果曲线的不对称性，投放饱和时增量效果有限，不投放销量又会迅速下滑。这迫使企业在市场中保持相应份额，即使效果不显著也需持续投放。此现象源于激烈的市场竞争，竞争对手大量投放广告，迫使企业不得不跟随。

尽管单次广告投放效果有限，但持续投入可能累积产生显著效果。因此，企业在制定营销策略时，需综合考虑市场反应评价的优缺点，以及竞争环境和品牌成熟度等因素，以做出最优决策。

典型的市场反应模型表达式为：

$$Q_t = f(A_t, E_t)$$
$$A_t = f(P_{t-1}, Q_{t-1})$$

其中，Q_t 为企业在 t 时刻的单位销量；A_t 为企业在 t 时刻的广告费用；E_t 为 t 时刻影响销售的环境因素；P_{t-1} 为企业上一期产品的价格；Q_{t-1} 为企业上一期的销量。

上述公式的基本逻辑是企业的产品销量受到广告投入和其他环境因素的影响，其中，其他环境因素包括人口规模、个人可支配收入、竞争因素等方面；而广告投放量受到上一期产品市场价格和销量的影响，即企业是否投放广告取决于上一期的价格和销量情况。

市场反应评价包括静态反应分析和动态反应分析两类，静态反应模型不考虑时间变化带来的影响，动态反应模型考虑时间变化带来的影响。

1. 静态反应分析

静态反应分析主要针对某个时点的截面数据展开分析，它反映了某个时点营销投放与营销效果之间的关系。典型的静态反应模型包括基线分析、竞争结构分析、概率模型、离散选择模型等，下面对这几类典型的静态反应模型进行介绍。

（1）基线分析。基线值是指没有任何促销或广告等营销投放时的销量，用投放了促销和广告等营销资源之后的销量减去基线的销量就可以得到营销投放的效果。基线销量一般用前基线销量和后基线销量的平均值来估计。

（2）竞争结构分析。竞争结构分析是对多个竞争对手的销量、市场占有率、增长率等销售相关数据进行分析，以及对顾客偏好、顾客满意等态度数据进行交叉列表或知觉图分析，知觉图分析有多种工具可以采用，包括对应分析图、多维标度分析图、因子分析图、二维气泡图等。

（3）概率模型（Probability Model）。概率模型是在概率分布的基础上用于拟合顾客行为的模型。概率模型可以解决消费者行为的基本营销问题，包括时间、数量和选择等问题（见表5-5）。典型的概率模型包括Bass模型、泊松模型（Poisson Model）、NBD（负二项）模型等。概率模型需要的数量维度较少，在拟合和预测顾客行为时有较高的价值。概率模型可以通过对分布的解释进行顾客行为的影响分析，典型的如泊松回归，其作为静态模型在进行数字营销效果评价时应用可以非常广泛且灵活。

表 5-5　概率模型解决的基本营销问题

顾客行为	营销问题	典型的概率模型
时间行为	新产品扩散	Bass，指数模型，Weibull
数量行为	购买数量、点击数量	Poisson，NBD，Beta-Binomial
选择行为	产品选择、商店选择	Dirichlet-Multinomial
混合行为	上述的综合行为	NBD-Dirichlet

（4）离散选择模型。离散选择模型主要用于研究顾客的选择行为，它描述的顾客行为是在多个备选项中进行选择的行为。该模型可以计算出每个选项被选择的概率，并解释哪些因素影响顾客的选择行为。离散选择模型可以变成分层次的模型，用于解决多水平条件下的选择问题；也可以变成分群体的模型，用于解决不同细分群体的选择问题；个体层面的模型用于描述每个个体的选择行为。离散选择模型在评价顾客选择行为时是非常有效的模型，它可以非常好地分析营销策略的效果，并描述哪些营销策略能够产生更好的效果。

2. 动态反应分析

动态反应分析评估营销随时间变化的效果，包括延迟、累积及递增至递减效果。延迟效果指营销影响可延续多期，常用保留率衡量。累积效果体现长期累积的显著影响，如"绝对"酒类品牌通过持续投放提升市场占比。营销效果初期递增后递减，需新广告维持。知名品牌的营销效果通常不如新品牌显著。

动态反应模型采用计量经济学时间序列方法，建立公司经营结果与营销投放的时间序列关系，评估效果，指导下一阶段投放。该模型关注市场反应，属市场反应模型范畴，不探究广告产生效果的机制，仅探讨投放与销售等结果的关系。这与消费者行为研究形成对比，后者致力于揭示营销策略的内在作用机制。因此，动态反应模型更侧重营销的市场效果评估。

销售效果评价的典型问题："应当如何分配营销费用？""哪一种营销传播方式能够产生更大的销量？""哪些媒体渠道有更好的效果？"典型的营销策略变量包括不同媒体渠道投放量、不同营销策略投放量，典型的因变量（y）包括销售收入、市场占有率、品牌选择（Brand Choice）、广告弹性

（Advertising Elasticity）等。企业采用动态反应模型进行销售效果评价时，可以在模型中考虑营销策略的延迟、累积、递减等效果。典型的销售效果评价模型如下：

$$S_t = a_0 + \sum_{k}^{m} \lambda_k S_{t-k} + \sum_{j=0}^{n} b_t A_{t-j} + \varepsilon_t$$

其中，S_t 为 t 时刻的销售额；λ_k、a_0、b_t 为常数，$0 < \lambda_k < 1$；S_{t-k} 为 t 时刻前 k 时刻的销售额；A_{t-j} 为 t 时刻前 j 时刻的不同媒体渠道的营销投放费用；ε_t 为随机扰动项；m、n 为测量周期变量。当广告是当期发生的时，$j=0$、$k=1$，此公式变为（Koyck 模型）：

$$S_t = a_0 + \lambda_1 S_{t-1} + b_t A_t + \varepsilon_t$$

其中，考虑前期的不同媒体渠道的营销投放费用关注的是广告等营销投放的滞后效果，即前期的广告投放会产生后续多期的影响。考虑前期的销售额 S_{t-1} 主要关注广告等营销投放的累积效果。λ 也称保留率，描述的是上一期广告等营销投放在本期还留存多少影响。如果考虑广告等营销投放的非线性影响，可以将模型变成指数模型。

需要指出的是，动态反应分析的方法主要是在数据不够丰富的时代出现的，采取这类模型需要的数据比较简单，它只需企业记录广告等营销投放及销售额等营销结果变量就可以进行相应的效果评价分析。无论是静态反应模型还是动态反应模型，其基本思想都是将营销简化为两类变量，一类是广告等营销投放变量，另一类是销售额等营销结果变量。如果我们用漏斗模型进行思考，就可以将广告等营销投放变量看成漏斗上部的投入变量，将销售额等营销结果变量看成漏斗下部的营销结果，这样就可以统一用漏斗模型来思考营销的效果评价体系。

5.3.3 心理效果评价

5.3.3.1 心理效果评价概述

营销策略的心理效果受多种因素影响。从信息传播角度看，广告的诉求、类型、媒体选择、投放频次、竞争干扰及环境因素等，均对受众的信息处理产生重要影响。此外，从动机—机会—能力（MOA）理论出发，个人因素如消费者处理信息和做出决策的动机、获取信息的机会，以及相关的产品知识和经验，也深刻影响着消费者的心理反应。Vakratsas 和 Ambler 在综合 20 世纪 60—90 年代的 250 多篇营销文献后指出，消费者的广告反应主要通过认知、情感和体验 3 个维度展现。这 3 个维度可作为界定过往心理效果模型的基础，并将这些模型归为 7 大类，其中 6 类属于心理效果评价模型（见表 5-6）。这表明，深入理解这些维度和因素，对评估和优化营销策略至关重要。

表 5-6 基于认知、情感和体验的 7 种信息加工模型

模型名称	模型描述	测评要点
市场反应模型（Market Response Model）	营销策略输入变量和输出变量之间的关系模型	统计测评模型。只需考虑营销策略输入和输出两个测评点，典型情况是采用计量经济模型
认知信息模型（Cognitive Information Model）	认为消费者是纯理性的，仅从理性视角评价营销策略	心理效果评价模型。仅对产品或广告或品牌的认知属性进行评价
纯情感模型（PureAffect Model）	认为消费者是纯感性的，仅从情感的视角评价营销策略	心理效果评价模型。仅对产品或广告或品牌的态度和情感进行评价

续表

模型名称	模型描述	测评要点
说服层次模型（Persuasive Hierarchy Model）	认为消费者的信息加工是"认知—情感—行为"构成的层次说服过程	心理效果评价模型。对产品或广告或品牌的认知属性、情感态度和行为意愿进行评价
低涉入层次模型（Low-involvement Hierarchy Model）	在低涉入信息加工的情景下，遵循"认知—体验—情感"的说服路径	心理效果评价模型。对产品或广告或品牌的认知属性、使用或体验经验和行为意愿进行评价
综合模型（Integrative Model）	认为信息加工过程是认知、情感和体验的组合，但呈何种层次说服状态与产品和情境有关	心理效果评价模型。根据广告产品类型的不同确定认知、情感、体验的顺序，低值产品情感和体验在前，认知在后，但高值产品认知在前，情感、体验在后
无层次模型（Hierarchy-Free Model）	认为信息产生的效果是认知、情感和体验三维空间上的某个点	心理效果评价模型。信息传播效果并没有固定的模式，可测量认知、情感、体验3个维度确定效果点

依据层次说服模型，图5-11描述了心理效果测量的基本模式和相关方法。在认知方面，主要测试消费者对广告、产品属性的认识和回忆。在情感方面，主要测试消费者对品牌和广告的态度、偏好和喜爱程度。在行为方面，主要测试消费者对产品的购买意愿或购买行为。

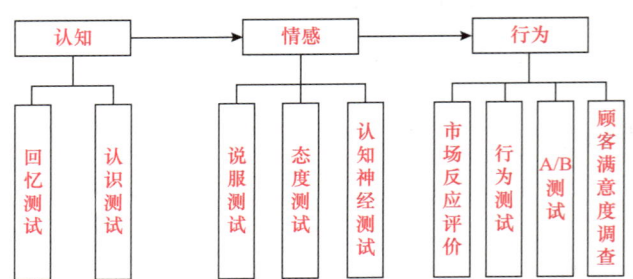

图5-11 心理效果测量的基本模式和相关方法

在传统的心理效果评价中，访谈、问卷调查和行为实验是主要的研究方法，测试过程中需要招募参与者，操作难度比较大。在数字化环境下，人们的心理状态可以通过文本挖掘和在线测试的方式进行测评，测试的效率大幅提升，成本也有所降低。

5.3.3.2　心理效果测试

1．认知测试

认知测试指由于人们看到了外部信息并进行信息加工而自发产生想法的过程，认知测试的主要目的是测试企业传播信息的认知度和记忆度。认知测试分为短期认知测试和长期综合认知测试。短期认知测试主要是考察顾客短期信息传播的记忆情况和认知情况，它具有短期性、实时性和目标性；长期综合认知测试主要考察顾客对公司品牌的市场认知，它体现了营销策略的长期性、累积性和综合性的效果。

短期认知测试如布鲁姆测试，通过展示广告图片测量消费者对广告的识别、兴趣、增效、感受及态度，其中广告感受由27个形容词构成供参与者多项选择。隔日回忆测试则评估受众对广告内容的记忆情况，但情感类广告测试准确性存疑。在数字化环境下，信息过载和媒体形式多样化使短期测试面临挑战，但针对特定投放渠道和人群仍具价值。企业常通过前测后测比较营销策略效果。长期综合认知测试则从品牌认知角度开展，包括品牌知晓度（再认与回忆）、品牌形象（联想与信念评价）、品牌知识（熟悉度）、品牌认知（独特特征了解与想法编码量化）及品牌信任（信任度测量）。这些指标共同构成评估品牌资产的重要维度，帮助企业精准测量营销策略的长期效果。

2. 情感测试

情感测试是评价消费者对广告、公共关系等营销策略的情感反应和态度。

（1）说服测试旨在通过信息传播和加工改变人们的态度。Petty等提出的精细加工可能性模型（ELM模型）是典型的说服模型，它包含中枢路径和边缘路径两条信息加工路径。当信息加工动机低或能力弱时，受众启动边缘路径，态度不易永久改变；而当动机高且能力强时，则启动中枢路径。

在进行说服测试时，应考虑以下效果评价点：①测试说服的基本条件，包括动机、机会和能力，即目标消费群体加工信息的意愿、场所及知识和能力水平。②进行边缘路径线索测试，如代言人测试和品牌口号等线索要素测试，以评估边缘路径信息加工的强度。③进行态度改变测试，可通过前测后测或实验组与对照组比较的方式进行，以衡量说服效果。这些评价点有助于确保说服测试的有效性和针对性。说服效果测试示例见表5-7。

表 5-7 说服效果测试示例

说服测试要点		典型测试问题
信息加工条件	目标顾客信息加工动机	目标顾客是否有强烈动机收看公司发布的信息
	目标顾客信息加工机会	目标顾客是否能在合适的场合和时间看到公司发布的信息
	目标顾客信息加工能力	目标顾客是否有足够的知识理解和记忆公司传播的信息
边缘路径线索	代言人	目标顾客是否喜欢公司的代言人
	信息线索（声音、颜色、数字、口号、品牌标识等）	目标顾客是否能够看到某种颜色就想起公司的品牌
中枢路径态度变化	对产品的喜爱和偏好	目标顾客是否喜欢公司的品牌
	态度改变	目标顾客是否在收看信息之后改变了对公司的态度
	对行为的预测	品牌态度是否持久稳定并能预测行为

（2）认知—情感测试通过问卷调查衡量参与者的认知反应、情感偏好等，源自认知—态度—意愿模型。认知测试涉及消费者对产品功能或属性的理性判断，可通过让参与者列出想法并编码识别品牌认知、广告认知等变量，或直接评价产品属性与功能。态度测试则是对人、事、问题的整体评价，通常涵盖广告和品牌态度。通过构建认知、情感与行为意愿间的因果模型，可测量营销策略效果。例如，在品牌策略测试中，品牌延伸策略下广告态度对购买意愿影响小，品牌态度影响大，且广告态度显著影响品牌态度；而子品牌策略下，购买意愿主要受新产品广告态度影响，母品牌态度影响较小，且新产品广告态度对母品牌态度无显著影响。这表明，品牌延伸策略可借助母品牌态度，但新产品问题会损害母品牌；而子品牌策略需关注子品牌广告态度，即使失败也不会显著影响

母品牌，如图 5-12 所示。

（3）消费者加工模型（CPM）测试。心理效果测试可以按照消费者加工模型进行操作。消费者加工模型反映的是消费者加工信息的过程，是从信息曝光开始到信息提取和产品购买的整个过程。在进行营销效果评价时，可以对消费者加工的每个环节进行测试，从而测试消费者的信息加工效果。对企业而言，营销传播效果的评价可以从以下几个方面进行：①如何向顾客曝光信息？②消费者是否注意到信息？③消费者是否理解信息？④消费者是否认可信息？⑤顾客是否记忆信息？⑥消费者是否顺利提取信息？⑦相关信息是否说服消费者购买？消费者加工模型如图 5-13 所示。

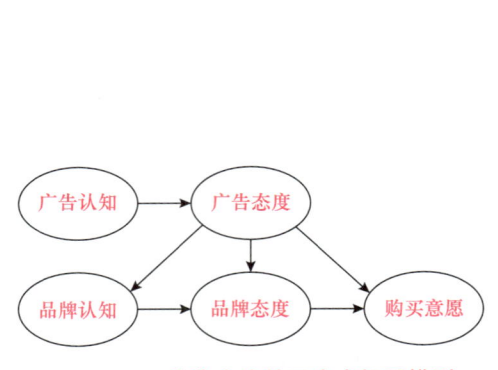

图 5-12　广告态度的双中介拓展模型

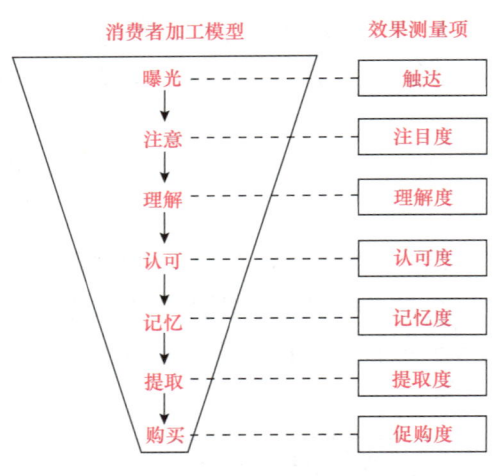

图 5-13　消费者加工模型

之所以评价消费者信息加工各环节的效果，是因为它们相互关联，共同影响整体营销效果。消费者加工模型揭示，营销信息要在每个环节都表现良好才能提升最终效果。尽管各环节重要程度不同，但引起消费者注意被视为营销传播的关键。实际操作中，各环节有不同的测量方式。根据图 5-13 所示的内容，可以从触达、注目度、理解度、认可度、记忆度、提取度、促购度 7 个维度进行测试，从而获得整体的信息传播效果。

（4）认知神经测试，又称"神经营销"，采用核磁共振、脑电图、脑磁图等技术测试情感反应，具有准确性、实时性、敏感性和辨析性等优点。它能直接测试大脑活动，避免主观报告带来的误差，能在信息加工过程中实时测试，探知毫秒级心理变化，并区分相似行为背后的不同神经加工过程。不过，认知神经测试也面临诸多争议。首先，测试效度受质疑，因参与人数少，结果可靠性和有效性不足。其次，测试成本高，操作复杂，被试参与意愿低，且不同研究者结论不一。此外，测试可能涉及被试隐私信息，违反法律和伦理，尤其是《中华人民共和国个人信息保护法》实施后，敏感信息采集需严格依法执行，但多数研究前未进行严格法律审查和伦理审查，存在较大风险。因此，在应用认知神经测试时，需权衡利弊，确保合法合规。

5.3.4　接触效果评价

接触效果评价是对顾客接触企业的各环节进行绩效评价。接触效果在最初主要关注媒体效果的评价，即讨论不同的媒体与顾客接触时产生的效果，因此有人将其称为媒体效果评价。随着顾客的全过程数据开始被采集，企业逐渐可以对顾客接触企业的各个环节进行效果评价，因此称之为接触效果评价。本节拟从品牌与曝光、营销过程、销售与转化3个方面讨论顾客接触过程的效果评价。

1. 品牌与曝光效果评价

品牌建设是长期过程，注重品牌信息对现有和潜在顾客的触达，视为营销传播的绩效指标。品牌与曝光效果评价关注漏斗上部的触达或引流效果，可从曝光费效、触达量、访问量、媒体渠道量等方面测评。曝光费效反映品牌展露成本，如每千人成本（CPM），但 CPM 不直接关联销售且易造假，不受企业欢迎。触达量关注品牌触达状态，通过触达率和触达频次监控品牌触达趋势，优化设计传播计划。访问量衡量互联网企业引流效果，是营销传播后的关键指标。媒体渠道量用于比较不同媒体效果，选择最优曝光媒体，但需结合渠道转化率等后续指标，避免虚假点击影响顾客流真实性。因此，品牌建设中的品牌与曝光效果评价需综合考虑多方面指标，确保营销传播的有效性和真实性。品牌与曝光效果评价典型指标如图 5-14 所示。

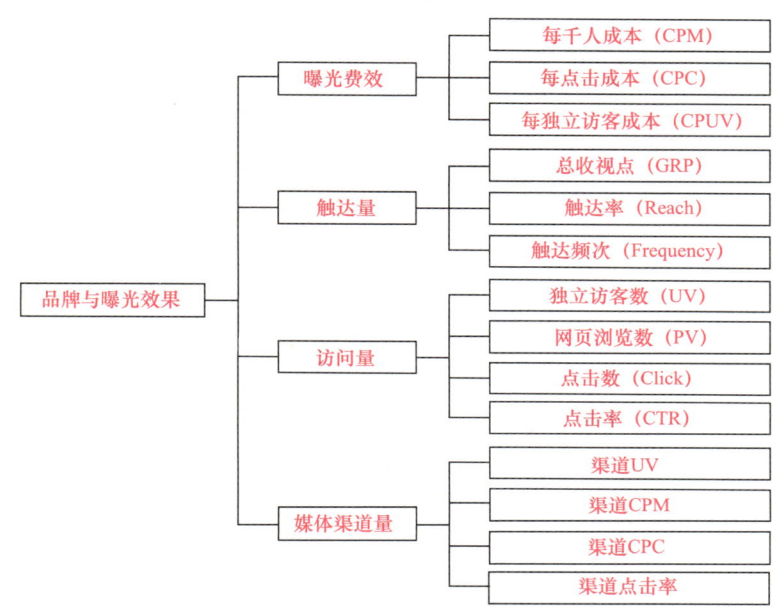

图 5-14　品牌与曝光效果评价典型指标

进行品牌建设时，总触达量与总访问量作为核心指标，要求企业有效提升总投入触达量，这需降低 CPM 等指标并增加曝光投入。品牌建设周期长且需持续投入，企业常更关注传播的直接绩效。在数字环境下，分享与转发对品牌建设日益重要，相关指标如分享率、K 因子和病毒传播周期等也应纳入考量，作为品牌建设的重要指标。因此，企业在品牌建设过程中，应综合考虑直接传播效果与数字环境下的分享效果，以实现品牌的有效建设与推广。

2. 营销过程效果评价

营销过程效果是数字营销出现后的独特指标，当企业可以监控顾客的过程接触行为时，就可以进行过程效果、接触效果或顾客旅程效果的评价。从总体看，营销过程效果评价可以从成本过程绩效、访问效果和互动效果3方面展开，如图 5-15 所示。

（1）成本过程绩效方面，可以关注单次互动成本（Cost Per Engagement，CPE）和互动时长成本（Cost Per Hour，CPH）两个指标。①单次互动成本（CPE）是指获取一个顾客互动行为的价格。

②互动时长成本（CPH）是指顾客对广告或内容浏览或互动的成本。成本过程绩效是与顾客互动花费的成本，它一方面表明企业做出了多大的投入来增加与顾客的互动，另一方面也代表了顾客对互动的问题或内容有多大的兴趣。

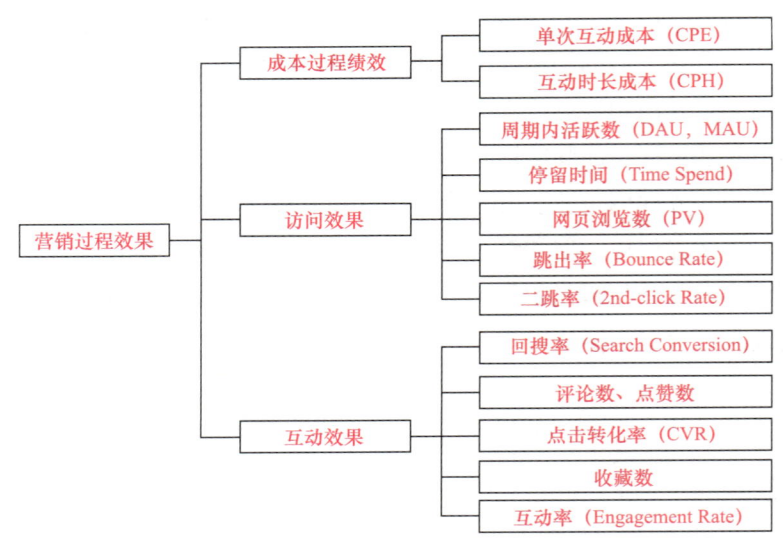

图 5-15 数字营销过程效果评价典型指标

（2）访问效果指标用于描述顾客访问网站或应用的情况，包括周期内活跃数（如 DAU、WAU、MAU）、停留时间、网页浏览数（PV）、跳出率和二跳率等。①周期内活跃数体现网站或应用的总体顾客价值。②停留时间反映顾客兴趣程度，对新产品或页面设计 A/B 测试及精准营销标签设定至关重要。③网页浏览数评价页面设计优劣，是交互设计的主要评价指标。④跳出率衡量落地页吸引力，即顾客进入即离开的比例。⑤二跳率则指浏览入口页面后首次有效点击的比率，反映顾客访问质量及页面、应用吸引力。这些指标共同构成评估顾客访问效果、页面设计质量和营销吸引力的综合体系，助力企业优化用户体验，提升品牌建设效果。

（3）互动效果指标衡量营销中顾客与企业的互动情况，包括回搜率、评论数、点赞数、点击转化率、收藏数和互动率等。①回搜率反映顾客看过内容或广告后的搜索行为，是评价营销效果和品牌记忆的重要指标。②评论数与点赞数体现内容或产品的互动热度，直接评估互动效果。③点击转化率衡量销售漏斗运营效率，高转化率表明运营水平优，若转化率低，则需优化运营环节。④收藏数作为兴趣指标，预示未来购买可能，可标记为精准营销对象。⑤互动率则显示顾客参与网站或应用活动的程度与黏性，高互动率意味着强黏性和高参与比例，有助于提升购买顾客比例。综上所述，互动效果指标全面评估营销互动情况，指导企业优化运营、增强顾客黏性，最终实现购买转化和品牌提升。

3. 销售与转化效果评价

销售与转化效果是指通过一系列营销的策略和方法最终实现销售与转化的效果。销售与转化效果也是企业最为关心的问题，它代表了企业当前的销售绩效和盈利成果，对企业的生存有直接影响。可以从成本收益、销售转化、媒体渠道 3 个方面讨论销售与转化效果，如图 5-16 所示。

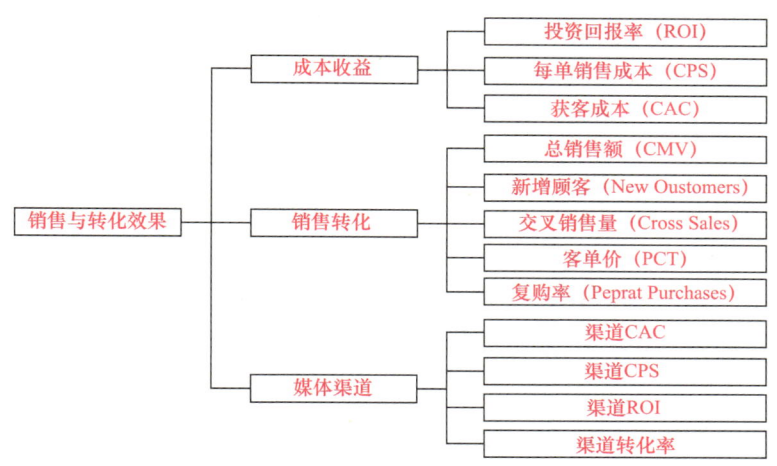

图 5-16　销售与转化效果评价典型指标

（1）成本收益指标关注投入与产出关系，重点考察 ROI、CPS 和 CAC。①ROI 是总绩效指标，反映营销投放的效益，清晰展示投入与产出的总体关系，通过持续监控并调整策略，可找到最优营销组合。②CPS 描述每单销售成本，监控不同来源或类型销售的成本，帮助判断哪些细分顾客更适合当前营销投放。③CAC 指获得付费用户的成本，若过高可能导致新增客户亏损，需关注新增顾客留存情况，计算长期收益。若长期收益仍为负，企业应调整获客方式或减少新客获取，重心转向维系老顾客。综上所述，成本收益指标助力企业精准评估营销效益，优化资源配置，实现可持续发展。

（2）销售转化涉及总量与均量，关键指标包括 GMV、新增顾客、交叉销售量、PCT 和复购率。①GMV 反映商品销售总规模，体现企业市场占有率和影响力。②新增顾客对初创及成长期企业至关重要，也是新产品效果评价的关键。③交叉销售量衡量老客户对其他产品的购买贡献，是客户关系管理的核心指标，可用于新产品推荐效果评估。④客单价（PCT）评估每位顾客贡献，过低则需提升营销策略。⑤复购率反映客户忠诚度和休眠、流失情况，过低需深入探究原因并采取行动。这些指标共同构成销售转化的综合评价体系，助力企业精准评估销售效果，优化客户关系管理，提升市场占有率和顾客忠诚度，实现可持续发展。

（3）媒体渠道的评价指标是比较不同媒体带来的销售绩效，从而评价不同媒体渠道的价值的指标，包括渠道 CAC、渠道 CPS、渠道 ROI、渠道转化率等。不同媒体渠道的效果比较采用销售绩效评价有助于去除虚假点击、虚假浏览等行为，从而看到真实的媒体效果。不过，由于从点击到销售还受到很多运营环节和产品设计的影响，销售效果并不一定是媒体渠道带来的，仅仅用销售指标来评价不同媒体的优劣并不是非常严谨。

5.3.5　数字营销作弊与反作弊

5.3.5.1　数字营销作弊概述

数字营销作弊是歪曲广告库存、伪装机器窃取预算的行为，严重影响顾客流量数据的真实性，对数字营销产业链造成巨大损害。作弊方式多样，如虚假流量、违规福利获取、流量归因作弊、网络刷单和顾客裂变作弊等，推高了营销和获客成本，造成经济损失和资源浪费，最终转嫁给消费者。这种行为导致数字营销行业面临信任危机。虚假数字营销效果的原因主要包括：①媒体为增收夸大扭曲受众指标或植入虚假信息；②广告主伪造数据吸引消费者或投资，恶意点击竞争对手广告干扰其市场化判断，或揭露对手作弊以降低其竞争力；③中介机构或广告平台虚报广告库存和价格，操纵广告拍卖以获取更多佣金。这些行为都破坏了数字营销生态，亟须采取有效措施加以遏制。

5.3.5.2 数字营销作弊的主要方式

1. 违规获取福利

违规获取福利是指企业通过操纵互联网账号参与企业数字化在线营销活动，并通过自动化技术手段（包括人工手段）违规获取营销活动福利，这类行为被称为"羊毛党薅羊毛"。例如，利用自动化软件获取活动红包、奖金、优惠券、低价商品。目前，"羊毛党"已逐步产业化和规模化，并形成了产业链，分工明确且流程成熟专业，他们的行为实质侵占了其他消费者本应享受的优惠，导致企业和顾客双方的损失。由于对这类违规获取福利的行为相关法律法规尚未做出规定，反作弊的技术也在发展中，因此这类行为是企业营销中的一个难点。

2. 虚假流量作弊

虚假流量作弊是利用技术手段假冒渠道顾客，骗取互联网产品运营成本的行为，它会导致企业运营成本增加，投资回报率大幅下降。其主要形式包括：

（1）广告展示作弊。即数字广告未实际曝光或曝光时间短却产生费用，如媒体在短时间内多次展示广告或制造"广告不可见"的虚假流量。

（2）广告点击作弊。指利用机器人软件模拟顾客点击，或竞争对手通过技术手段模拟真人点击，以消耗广告预算，降低对手广告效果。作弊者常清除Cookie、改变IP地址以规避检测。

（3）安装下载作弊。作弊者模拟应用下载，修改设备信息，发送虚假数据模拟注册激活行为，主要针对CPA结算的数字广告。

（4）顾客留存作弊。作弊者用模拟器模拟用户真实使用场景，下载后模拟登录、使用，产生虚假留存数据，诱使广告主为虚假用户付费。

3. 流量归因作弊

广告效果归因是指通过数字广告链路中可记录、可追溯的数据进行追踪匹配，监测广告投放的过程，判断顾客的来源，确定广告的效果，从而指导后期投放。例如，当顾客点击了某广告，并因此进入商品详情页购买了商品时，该次购买则归因于此广告。

典型的流量归因作弊是指自然流量劫持。没有通过广告点击自行安装应用称为自然安装。例如，顾客直接打开应用市场搜索应用并下载安装，在下载过程中，某些恶意软件通过监听安装列表发现了新的安装，并模拟伪造广告的点击行为，形成渠道的用户点击记录，将此次安装归因为渠道安装，从而劫持了本次流量。

4. 网络刷单作弊

网络刷单作弊是指利用自动刷单软件或雇用互联网水军模拟正常交易、正常评论等行为，影响消费者对商品的正常判断。电商平台中，用户评价是消费者选择商品的重要参考内容，但一些不良商家为了吸引消费者的注意以获得更多交易，雇用"刷手"刷单作弊，实施虚构交易、虚构关注、虚构好评等行为。

5. 顾客裂变作弊

顾客裂变是数字营销获客的主要方式之一，它通过红包补贴来激励顾客分享给好友进行拉新。裂变营销因成本低、传播迅速、口碑传播效果好等特点，得到众多移动互联网公司的认可。顾客裂变营销也存在作弊行为，"羊毛党"利用虚拟机、模拟器、改码手机等终端设备进行操作，不断修改、伪造设备的 IMEI、MAC、IDFA 标识码，用一台或几台设备伪造出成千上万台手机。"羊毛党"通过控制大量的手机号、互联网账号，利用软件自动化下载应用、注册，并模拟用户操作骗取裂变营销补贴。

5.3.5.3 反作弊与效果验证

1. 数据监测反作弊

数字广告区别于传统品牌广告的关键在于其全程可监测性，从曝光到购买各环节均能通过数据验证；然而，一些企业未能完全打通各环节数据，给作弊者提供了可乘之机。

在数字营销过程中，企业需要关注三端核心环节数据：媒体端、网站或 App 应用端及销售端。①媒体端数据通过展现量、点击量等指标监测广告情况；②网站或 App 应用端数据则通过 PV、UV、跳出率等指标识别用户使用情况；③销售端数据则以订单量、成单量等指标监控产品销售。理想状态下，三端数据可形成漏斗模型，通过转化率对比和渠道地区验证来识别作弊。

当前，国内外多家第三方广告监测工具和平台对广告数据进行监测，如国内的 Talking Data、热云数据等，国外的 Double Click 等。这些平台的核心功能相似，能监测广告投放端的大部分数据并进行跟踪，大多采用最后一次点击归因模型进行匹配归因。

对用户使用 Web 网站或 App 过程中的行为数据，需要在产品中嵌入 SDK 进行采集，以监测和统计顾客使用情况，并判断是否存在作弊行为。例如，通过比较不同渠道顾客的留存率，可以初步判断渠道效果及作弊嫌疑。

涉及销售和销售后续数据时，由于这些数据属于企业核心敏感数据，需联合市场、运营、销售部门进行分析。理想状态下，企业应打通三端数据，结合媒体数据、顾客行为数据和销售数据，有效监测作弊行为，从而提高营销效果。这需从第三方监测平台获取媒体数据，再通过第三方或自有平台汇集顾客行为和销售数据，实现全面监测。

2. 异常流量反作弊

（1）点击反作弊策略。通过设置点击策略，对疑似作弊的设备和顾客进行过滤。例如，3 秒内某渠道单一设备多次点击，或一天内某设备点击量超过 5 次，抑或一周内某设备点击广告超过 10 次，均标记为异常。同时，也可通过 IP 地址策略识别异常。

（2）激活反作弊策略。与点击反作弊策略类似，一天内某设备激活应用次数过多，或从点击到激活时间差过短（如小于 10 秒），均视为异常。这些策略有助于识别模拟作弊操作。

（3）构建黑名单库。企业可建立基于设备 IP、ID 指纹的黑名单库，实时过滤作弊设备。同时，识别异常点击、激活量的设备，并将其所在渠道列入黑渠道库。此外，企业还需构建并更新黑名单的监督学习模型，对广告监测代码和 SDK 上报的数据进行多维分析，结合应用留存情况制定反作弊规则。数据指标异常，如曝光数峰值与点击、下载量不匹配，网站浏览量高但跳出率增长，广告投放媒体与顾客点击区域不匹配等，均可视为作弊信号。

（4）顾客异常行为识别。通过分析顾客行为频率和次数，识别真人点击与机器人模拟点击的区别。机器点击具有连续性，同 IP 同设备存在大量连续点击，且时间间隔短。此外，机器注册往往具有规律性，如不同账号使用相同密码注册，或频繁注册但未访问页面静态资源等。这些指标有助

于识别机器操作，从而有效防范顾客留存作弊。

随着信息技术的发展，企业和互联网作弊之间的对抗越发激烈，新的作弊技术和工具也在发展，作弊者形成的黑产业越来越隐蔽，造成的行业损失也越来越大。为了应对互联网作弊的欺诈活动，互联网企业应该联合起来，采用联邦学习、区块链技术、共享黑白名单库等手段，共同提高防御互联网作弊的能力，建立行业的反作弊防控体系，营造数字经济的安全环境。

案例分析

网络直播营销典型案例[①]

案例 1：东北雨姐虚假宣传案

2024 年 10 月，知名网红主播东北雨姐因虚假宣传红薯粉条成分而陷入舆论风波。2024 年 9 月，有博主指控其销售的红薯粉条实为木薯，引发广泛关注。随后，东北雨姐公开道歉，但舆论争议未息。市场监管部门迅速介入，确认其虚假宣传，并对相关公司及生产厂家进行了严厉处罚。

案例 2：天津面兜兜网络科技有限公司不正当竞争案

天津面兜兜网络科技有限公司通过开发上货助手软件，提供商品信息数据"一键搬家"服务，在不同购物平台的服务市场上线运营并收取软件使用费。该软件通过调用第三方接口的方式，在未经数据源购物平台及平台内经营者同意的情况下，爬取数据源购物平台商品信息数据，并一键上传至其他具有竞争关系的购物平台。截至案发，该软件共爬取商品信息数据 942 万余条。

案例 3：上海熵云网络科技有限公司不正当竞争案

上海熵云网络科技有限公司于 2022 年 12 月 5 日至 2023 年 2 月 6 日开发运营名称为"ChatGPT 在线"的微信公众号，使用高度类似 OpenAI 公司官方图像的图案作为微信公众号头像，并在公众号介绍是"ChatGPT 中文版"。该公众号含有 AI 对话功能，按次收费。事实上，当事人是通过技术手段调用 ChatGPT 产品背后基础模型为其公众号注册会员提供类似"ChatGPT"的服务，而非"ChatGPT"产品本身。经统计，涉案微信公众号累计注册付费用户 4231 人，充值会员费 165153 元，后产生退费 39767.56 元，经营额共计 12585.44 元。

问题：

以上直播营销中存在哪些典型的作弊行为？对这些作弊行为，法律是如何处罚的？

实战演练

营销数据采集与分析在旅游行业的应用

1. 实践背景

如今数据已成为企业制定营销策略和优化运营的核心资源。营销数据采集、分析和效果评价是数字营销的重要组成部分。本次实践调研作业以旅游行业的领军企业携程（Ctrip）为例，深入分析其在营销数据采集、分析和效果评价中的应用，帮助学生理解数据驱动的营销策略设计与优化。

2. 实践目的

★ 掌握营销数据采集的方法与工具。

★ 培养数据分析和案例研究能力。

[①] 国家市场监督管理总局. 市场监管总局公布 9 起网络不正当竞争典型案例［EB/OL］.（2023-10-07）［2024-11-04］. https://www.samr.gov.cn/jjj/sjdt/gzdt/art/2023/art_885915ef69c94901bd4ce6b44d9029bc.html.

★ 提升团队协作与报告撰写能力。

3. 实践对象

★ 调研行业：旅游行业。

★ 调研企业：携程。

请同学们结合调研结果，在以下空白处填写你对携程公司的认识，分享你的发现与见解。

携程是一个知名的在线旅游服务公司，创立于1999年，总部设在中国上海。携程拥有国内外庞大的酒店资源，提供全球200多个国家超过120万家酒店的预订服务，是中国领先的酒店预订服务中心。此外，携程还提供_____、_____、_____及_____、_____、_____、_____等多项业务。

携程与众多航空公司、酒店、景区等建立了紧密的合作关系，具备强大的资源整合能力和供应链优势，能为用户提供更多元化、更优惠的旅游选择。携程运用大数据和人工智能技术，为用户提供个性化的旅游推荐和智能化的行程规划。携程的网站和App界面设计友好，操作简便，用户体验良好。其客服团队响应迅速，提供7×24小时服务，解决用户在预订和出行过程中的问题。经过多年的发展，携程在旅游行业积累了良好的口碑和广泛的用户基础。

4. 实践内容与步骤

本次实践调研作业分为4个阶段：前期准备与调研设计、数据收集与分析、数据分析与效果评价、总结与报告撰写。实践内容与步骤见表5-8。教师根据各组提交的报告、汇报表现及团队协作情况，进行综合评分，实践评价见表5-9。

表5-8 实践内容与步骤

任务阶段		任务内容	交付成果
第1阶段：前期准备与调研设计（1天）	任务1：确定调研主题与目标	1. 调研主题： 营销数据采集与分析在携程旅游平台中的应用 2. 调研目标： （1）了解携程在营销数据采集中的方法与工具 （2）分析携程在营销数据分析中的技术与应用 （3）评估携程的数字营销效果评价体系与方法 （4）提出优化数据采集与分析策略的建议	调研方案文档（包括调研主题、目标、方法、工具及团队分工等）
	任务2：设计调研方案	1. 调研方法： （1）文献研究：查阅营销数据采集、分析和效果评价的相关理论 （2）数据分析：收集携程的公开数据（如用户行为数据、销售数据等） （3）用户调研：设计问卷或访谈，了解用户对携程营销活动的认知与反馈 2. 调研工具： （1）数据分析工具：Python、Excel、Tableau等 （2）问卷工具：问卷星、Google Forms等 （3）文献检索工具：知网、Google Scholar等	
	任务3：团队分工与时间规划	1. 团队分工： （1）数据收集与分析组：负责收集平台数据和用户调研数据 （2）案例研究组：负责分析携程的营销数据 （3）报告撰写组：负责整理调研结果并撰写报告 2. 时间规划： 明确各阶段的时间节点和交付成果	
第2阶段：数据收集与分析（2天）	任务1：文献研究与案例收集	1. 文献研究： 查阅营销数据采集、分析和效果评价的相关文献，了解理论框架和成功案例 2. 案例收集： 收集携程在营销数据采集与分析中的应用案例等	数据采集与整理报告（包括数据来源、样本量、数据质量评估等）

续表

任务阶段	任务内容		交付成果
第2阶段：数据收集与分析（2天）	任务2：数据收集与整理	1. 平台数据： 通过公开渠道收集携程的用户行为数据（如浏览记录、预订记录等）和销售数据 2. 用户调研： 设计问卷或访谈，收集用户对携程营销活动的认识与反馈 3. 问卷内容： 可包括用户对携程广告的点击率、预订转化率、促销活动参与度等 4. 数据整理： 对收集到的数据进行清洗和分类，便于后续分析	数据采集与整理报告（包括数据来源、样本量、数据质量评估等）
	任务3：数据初步分析	1. 数据质量评估： 检查数据的完整性、准确性和一致性 2. 数据分类： 根据数据类型（如用户行为数据、销售数据等）进行分类整理	
第3阶段：数据分析与效果评价（3天）	任务1：营销数据分析	1. 用户行为分析： 分析用户的浏览、点击、预订等行为，评估用户偏好和预订路径 2. 销售数据分析： 分析不同旅游产品、促销活动的销售数据，评估营销活动的效果 3. 广告效果分析： 分析广告点击率、转化率和ROI，评估广告投放效果	数据分析与效果评价报告（包括数据分析结果、效果评价和优化建议）
	任务2：数字营销效果评价	1. 指标体系构建： 根据携程的营销目标，构建效果评价指标体系（如曝光量、点击率、转化率、客单价等） 2. 效果评估： 基于指标体系，评估携程的数字营销效果 3. 问题诊断： 分析营销活动中存在的问题，提出改进建议	
	任务3：提出优化建议	1. 数据采集优化： 针对数据采集中的不足提出改进建议 2. 数据分析优化： 针对数据分析中的问题提出优化建议 3. 效果评价优化： 针对效果评价体系提出改进建议	
第4阶段：总结与报告撰写（1天）	任务1：总结调研成果	1. 调研回顾： 总结整个调研过程与成果 2. 经验教训： 分析调研中的成功经验与不足之处 3. 未来展望： 提出营销数据采集与分析在旅游行业的未来发展方向	调研报告与展示PPT
	任务2：撰写调研报告	报告结构： （1）引言：调研背景与目的 （2）调研方法：数据收集与分析过程 （3）调研结果：数据分析与案例研究结果 （4）结论与建议：总结调研成果并提出优化建议 （5）报告格式：图文并茂，逻辑清晰，语言简洁	
	任务3：团队展示与答辩	1. 展示内容： 以PPT形式展示调研过程与成果 2. 答辩环节： 回答评委（教师或其他学生）的提问，进一步阐述调研中的思考与收获	

表 5-9　实践评价

实践题目						
完成时间						
学院						
姓名		年级		班级		
成绩评定	评价内容	评价标准	分值	教师评价（占比60%）	个人评价（占比40%）	实际得分
	调研设计与执行能力	1. 调研方案的合理性与执行效果 2. 团队分工与时间规划的合理性	20			
	数据分析能力	1. 数据收集的全面性 2. 分析方法的科学性 3. 结论的准确性	20			
	案例研究能力	1. 案例分析的深度与广度 2. 优化建议的可行性	20			
	报告撰写与展示能力	1. 报告的逻辑性、完整性 2. 展示的吸引力	20			
	汇报表现	内容完整，表达清晰，视觉美观，互动流畅，自信专业	20			
		总分				

德育天地

守护独居老人安全，让用电数据成为"电力雷锋"[①]

在合肥市瑶海区恒通社区，"窗帘之约"成为邻里守望的代名词。清晨7点半拉开窗帘、傍晚6点合上窗帘，这个简单的动作不仅是独居老人的生活仪式，更是社区志愿者判断老人安危的信号。

然而，随着老龄化加剧，"窗帘之约"服务逐渐暴露出恶劣天气覆盖困难、志愿者短缺等瓶颈。为此，2025年2月初，该社区和供电部门想了一个新办法——依托合肥市能源大数据中心，把用电数据变成独居老人家中的"电力雷锋"。如今，"窗帘之约"叠加电力大数据监测技术，为老人提供了"人工巡查+智能预警"的双重保障。

"窗帘之约"服务再升级，"电力雷锋"加入守护

清晨7点，志愿者张文竹的手机屏幕亮起——恒通小区某户前日用电量异常偏低。半小时后，社区志愿者便通过多方联络确认：独居在此的老人因身体不适已被子女接走照料。这场"虚惊"背后就是"电力雷锋"在默默守候。

据悉，自2021年起，恒通社区为独居老人定制印有特殊标识的窗帘，志愿者每日巡查开合情况，用"看得见的约定"守护老人安全。然而，随着老龄化加剧，"窗帘之约"服务逐渐暴露出恶劣天气覆盖困难、志愿者短缺等瓶颈。社居委和供电公司依托合肥市能源大数据中心电力大数据监测技术，守护老人安全。

"在获得老人或其子女授权后，我们可以为每位独居老人开展用电数据分析，当监测到老人用电量突增或突减后，预警信息会及时推送给社区志愿者，帮助他们更好地为老人提供帮助。"合肥供电公司瑶海分公司相关负责人介绍，用电监测分析系统具有数据准、实时性强等优点，不需要用户另外改装线路，就能够精准识别出老人异常用电、疑似离家等风险。

[①] 大皖新闻. 守护独居老人安全，让用电数据成为"电力雷锋"[EB/OL]. （2025-03-04）[2025-03-05]. https://baijiahao.baidu.com/s?id=1825669850410832153&wfr=spider&for=pc.

科技的温度，藏在细节优化里。该系统在开展用电监测分析时，除了会考虑老人家中的基础用电量外，还会将季节变化、电器使用习惯等变量纳入算法中。2025年2月16日出现一次电量陡增的"假阳性"案例，供电部门在与社区志愿者求证后得知，老人家里新增了电取暖设备。工作人员随即调整该户模型的相关参数，优化算法逻辑，让监测系统变得更加"聪明"。

试点一个月，形成"人工巡查＋智能预警"双重保障

"窗帘之约"这个始于2021年的公益活动，如今叠加电力大数据监测技术，为守护老人安全提供了"人工巡查＋智能预警"的双重保障。试点一个月以来，该监测系统已成功预警3起异常事件，为社区志愿者提供了及时、有效、准确的数据辅助判断，切实实现"让大数据多跑路，让志愿者少跑路"。"这不是替代，而是延伸。过去只能靠我们的志愿者双腿巡查，现在数据'跑腿'让关怀更加没有死角。"恒通社区党委书记龚雪说。

据悉，这种创新模式正在重新定义社区养老的边界。当前，瑶海区拟持续推广"窗帘之约"活动，服务对象以辖区6层及以下住宅小区80岁以上的独居老人为主。未来，在电力大数据的强力支撑下，"窗帘之约"服务范围将进一步拓展，服务精准度将显著提升。

夜幕降临，恒通社区的窗帘陆续合上。在合肥市能源大数据中心数字大屏上，13条用电曲线平稳跳动，与街巷间志愿者手电筒的光斑遥相辉映。这场"双线守护"，恰似新时代的"电力雷锋"——既延续着1963年那个春天开始的邻里守望，又用电力数据拓展了温暖的边界。

这一案例不仅展示了数据在解决实际问题中的强大能力，也体现了科技与人文的深度融合。未来，随着数据技术的进一步发展，类似的创新模式将在更多领域得到应用，为社会带来更多温暖与便利。

本章小结

本章主要探讨了数字营销中的数据采集、分析与效果评价。

首先，在营销数据采集部分，概述了营销数据的重要性及其类型，并介绍了大数据采集方式和管理方法。这些数据是后续分析和决策的基础，对精准营销和效果评估至关重要。

其次，在营销数据分析部分，概述了数字营销分析方法，并深入探讨了典型的数字营销数据分析方法和实验方法。这些方法和工具能够帮助我们挖掘数据背后的规律和趋势，为优化营销策略提供有力支持。

最后，在数字营销效果评价部分，概述了评价的重要性和主要内容，包括市场反应评价、心理效果评价、接触效果评价等。同时，也关注了数字营销作弊与反作弊的问题，强调了诚信营销的重要性。

本章旨在帮助学生建立全面的数字营销知识体系，提升数字营销实战能力。无论是企业还是个人，在数字营销领域，都需要注重数据的价值，以数据为驱动，不断优化和调整营销策略，以实现最佳的市场效果。

微课资源

微课视频

第6章 数字营销客户管理

知识目标

★ 了解商品数字化管理与销售渠道数字化管理的内容
★ 掌握销售人员数字化管理的核心要点
★ 掌握数字化顾客满意度管理与忠诚度管理

素养目标

★ 掌握数字渠道与销售管理的方法，提升学生的渠道销售和客户管理能力
★ 了解数字化客户关系管理的原理和实践，培养学生的客户关系维护和忠诚度提升能力
★ 强调在客户管理中应关注客户需求和体验，倡导以客户为中心的服务理念，培养学生的服务意识和团队合作精神
★ 通过分析客户管理案例，引导学生关注客户价值创造和长期合作关系的建立，提升客户满意度和忠诚度

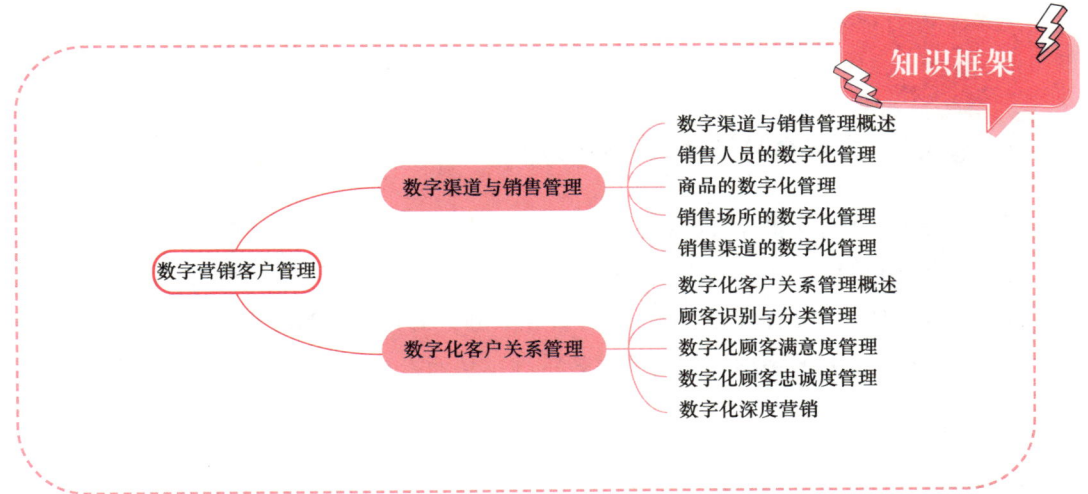

数字营销

> **案例导入**

美团牵牛花系统——营销客户管理革新[①]

在数字化转型日益加速的当下，数字营销客户管理已成为企业提升竞争力、实现持续增长的核心要素。美团牵牛花系统，作为美团旗下的数字化平台 SaaS 系统产品，专注于为本地零售商家提供全方位的即时零售数字化解决方案。而佳惠集团，作为在湘、黔、渝、桂四省（市）拥有众多零售连锁门店的大型商贸流通企业，面临着提升即时零售业务效率和消费者体验的重要挑战。在此背景下，美团牵牛花与佳惠集团携手合作，共同探索数字营销客户管理的新模式，以期实现双方的共赢发展。

美团牵牛花系统与佳惠集团企业资源计划系统（Enterprise Resource Planning）深度对接，实现了数据实时共享。这一基础搭建为数字营销和客户管理提供了坚实支撑。随后，美团牵牛花为佳惠定制了会员体系，通过大数据分析精准识别客户，提供个性化服务。同时，智能营销工具助力佳惠实施精准营销，多渠道推送信息，提升客户参与度。此外，美团牵牛花还提供客户反馈机制，帮助佳惠持续优化产品和服务，增强客户满意度和忠诚度。这一系列举措共同推动了佳惠集团的数字化转型进程。

通过系统对接和数据整合，佳惠集团的即时零售业务效率得到了显著提升，订单处理速度加快，库存周转率提高，运营成本降低，实现了业务的高效运转。会员体系的优化和精准营销的实施，使得佳惠集团能够更好地满足客户需求，提升客户体验，客户满意度和忠诚度显著提高，复购率大幅提升，为企业的持续增长奠定了坚实基础。借助美团牵牛花系统的数字营销客户管理解决方案，佳惠集团成功实现了数字化转型，提升了市场竞争力。在激烈的市场竞争中，佳惠集团能够更好地应对挑战，抓住机遇，实现持续稳健的增长。

接下来，将进一步深入探讨数字营销客户管理。数字营销客户管理不仅是数字渠道与销售的管理，更是数字化客户关系的管理。

6.1 数字渠道与销售管理

6.1.1 数字渠道与销售管理概述

在当今的数字化时代，渠道与销售管理已经发生了深刻的变革。传统的销售渠道主要依赖于经销商、直营和销售人员等实体渠道，而在数字环境下，销售渠道更加多元化和复杂化。数字渠道与销售管理，作为现代营销战略的重要组成部分，通过整合数字化手段和技术，实现了对"人、货、场"3个核心要素的精准、实时和高效管理，从而推动了产品和服务的销售。

[①] 中国百货商业协会 CCAGM. 零售数字化案例 | 美团牵牛花助力即时零售会员升级［EB/OL］.（2024-08-21）［2025-01-13］. https://weibo.com/ttarticle/p/show?id=2309405069769966485566.

6.1.1.1 数字渠道与销售管理的定义与框架

数字渠道与销售管理,简言之,就是运用数字化工具和技术来优化管理销售流程与渠道。它全面覆盖了从识别潜在顾客、吸引其注意、促使其转化为实际购买者,直至完成交易的每一个环节,旨在提升销售效率,提高顾客满意度,驱动企业长远发展。

在数字化的大潮中,销售渠道被划分为 3 大类别。

(1)与人紧密相连的渠道,包括 KOL 与关键意见顾客(KOC)。KOL 凭借其在微博、头条、抖音、知乎等网络平台的影响力,广泛传播产品信息,覆盖广泛受众;KOC 则侧重于通过社群运营和客户关系管理,利用满意顾客的口碑效应推动销售。这两类渠道在数字时代展现出强大的传播力与影响力,成为企业的重要资源。

(2)与销售场所相关的渠道主要包括电子商务平台与线下零售平台。电子商务平台既可是外部大型平台,如淘宝、京东,也可为企业自建平台,提供丰富的购物选择。线下零售平台则借助智慧零售与配送体系,拓宽商圈,提升销售效率。

(3)经销渠道销售通过经销商、代理商等中间商进行销售。在数字环境下,经销模式也在创新,如 B2B2C 模式,借助电商平台加速商品流通与分销。

在数字渠道与销售管理的框架中,企业需要构建全渠道经营体系,如图 6-1 所示,包括内部销售人员及 KOL、KOC、自有电商、内容电商、电商平台旗舰店的 B2C 渠道、B2B2C 的经销渠道及基于 O2O 或同城速递的线下门店渠道等。这些渠道相互补充、协同作用,共同构成了企业的全渠道销售网络。

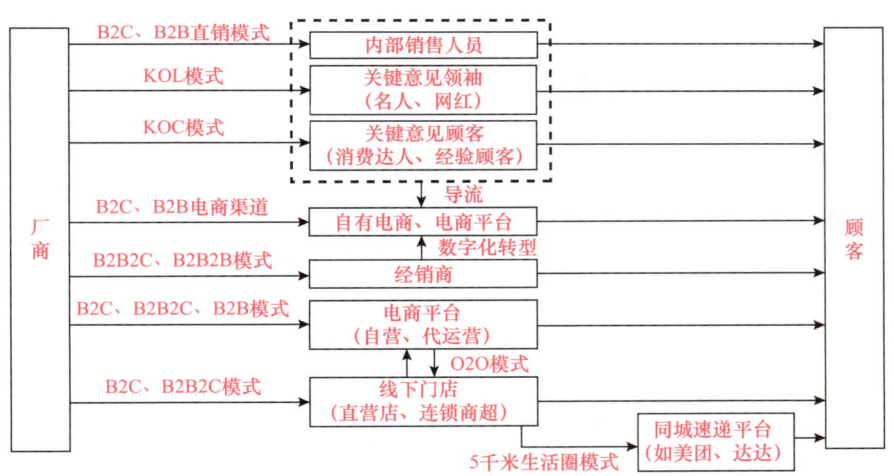

图 6-1 企业的全渠道销售体系框架

6.1.1.2 数字渠道与销售管理的构成要素

渠道与销售管理的精髓在于"人、货、场"3 大要素的协同作用。其中,"人"涵盖内部销售人员、KOL 及 KOC,"货"则指销售的商品或服务,而"场"代表零售卖场、电商平台等销售场所。这三者共同构成了渠道与销售管理的基石。在数字浪潮的冲击下,人、货、场的管理迎来深刻变革。

在"人"的数字化管理方面,企业需注重销售人员数字化、服务体系数字化及顾客旅程数字化

的全面提升。例如，利用数字化技术优化销售人员订单跟踪流程，完善拜访记录，强化管理与激励机制。同时，通过智能语音系统与服务机器人，提升服务效率与标准化水平，并运用数字技术深入分析顾客行为，优化卖场布局。

在"货"的数字化管理方面，企业应注重商品选择的科学化、实体商品的数字化、商品监控的物联化及商品展示的个性化。借助信息技术与统计分析，实现商品管理的智能化，如基于数据分析自动筛选商品，对实体商品进行数字化展示，依据顾客画像进行个性化推荐，以及通过物联网技术实现商品的精准查找与销售引导。

在"场"的数字化管理方面，则需关注线上平台运营、线下卖场数字化经营、线上线下融合经营及销售场所物联化等方面。例如，通过线上线下数据的互联互通，实现选址、选品、物流、引流等方面的协同优化，打造无缝衔接的购物体验。

 拓展阅读

太古可口可乐拥抱渠道数字化①

太古可口可乐作为全球销量领先的可口可乐公司装瓶伙伴之一，自2019年起便积极布局渠道数字化战略。其隶属太古集团与可口可乐公司的强强联合，致力于通过创新技术提升供应链效率与消费者体验。

太古可口可乐携手数字化工具与解决方案，成功搭建起从C（消费者）至b（零售店）的无缝连接桥梁。在线上领域，太古可口可乐推出了"乐客通"小程序，这一平台不仅使小店店主能够享受一键订货的便捷，还通过直播活动直观展示新品，传授先进的产品陈列及销售技巧。结合LBS定位功能，系统自动引导消费者至最近的线下门店，有效促进了C端流量的公平分配与b端终端的引流。

在线下布局中，太古可口可乐利用一物一码技术，实现了品牌商与消费者、终端门店之间的深度链接。这一技术不仅为品牌提供了消费者营销与渠道营销的数字化解决方案，还实现了B（品牌商）、b（零售店）、C（消费者）数据的全面打通，构建起庞大的后台数据库。依托这一数据链路，太古可口可乐能够精准投放与管控营销费用，为渠道商与终端提供数字化支持的奖励。同时，基于数据分析，太古可口可乐能够实施"千店千策"战略，快速推出MVP（最小可行性产品），并迅速实现商业化变现。

太古可口可乐在渠道数字化方面的积极探索，不仅提升了供应链效率，还优化了消费者体验，为行业树立了数字化转型的典范。

6.1.2 销售人员的数字化管理

6.1.2.1 销售人员数字化管理简述

在销售管理领域，销售人员的数字化管理正逐渐成为提升销售效率与业绩的关键手段。其核心在于通过数字化工具对销售人员的各项活动进行精准记录与管理，包括位置追踪、路线规划、客户

---

① 米多大数据引擎官方. 快消2023年渠道数字化案例推荐：东鹏特饮/可口可乐/康师傅[EB/OL]. （2024-01-04）[2025-01-13]. https://www.sohu.com/a/749431912_505786.

拜访、商机挖掘等多个维度。

数字化管理在销售人员的工作场景中发挥着重要作用。

（1）在拜访重要客户时，销售人员的位置、行进路线、客户信息及沟通详情等均可被系统实时记录。这不仅有助于企业掌握销售人员的实际工作状态，还能有效追踪商机线索，为后续的销售策略调整提供数据支持。针对价值较高的商机，企业可组织跨部门团队深入跟进，以提高成交率。

（2）在"扫街"活动中，销售人员需定期走访商业密集区的沿街店铺。数字化管理工具能够记录销售人员的行进路径、店铺信息及潜在商机，确保每一次拜访都能转化为有效的销售数据。尽管"扫街"不总能立即带来订单，但长期的店铺拜访是线下商业管理的基石，有助于建立稳定的客户关系。

（3）定点服务也是销售人员的重要工作内容之一。在小区、工地、商业聚集区等特定场景设置服务点，能够吸引潜在客户并提升品牌曝光度。数字化管理工具同样适用于定点服务场景，可以记录服务详情及顾客反馈，为持续优化销售策略提供有力支持。

（4）销售人员还需负责顾客社群的维护与管理。通过企业微信等平台构建顾客社群，不仅能够增加顾客黏性，还能为企业创造更多的销售机会。数字化管理工具能够帮助销售人员高效管理社群，提升顾客满意度与忠诚度。

6.1.2.2 销售人员数字化管理的核心要点

数字化变革正重塑工业品市场销售管理，数字销售系统为销售人员提供全面辅助，涵盖客户数据、销售记录、产品推荐等功能。其精髓在于6大数字化管理节点：销售目标的数字化管理、销售行为的数字化管理、销售线索的数字化管理、销售报价的数字化管理、销售订单的数字化管理及销售绩效的数字化管理。

1. 销售目标的数字化管理

销售目标是销售人员工作的指南针，不仅明确了业绩标准，还与薪酬紧密挂钩。在数字化管理平台的助力下，企业能够在销售周期开始前就设定清晰、量化的销售目标，并在销售过程中进行实时监控。这一系统能够模拟考核和评估结果，对目标进行动态调整，确保销售人员始终明确自己的工作方向。数字化目标管理使销售人员能够实时掌握目标达成情况，根据数据反馈及时调整销售策略，为下一步行动提供有力指导。

2. 销售行为的数字化管理

销售行为对销售成果起着至关重要的作用。譬如，客户步入采购周期之际，销售人员能否精准把握时机并采取行动，往往成为销售成功的关键。数字化销售管理系统能在关键时刻向销售人员发送提示，借助到访地点、停留时长、拜访周期及频率等数据，对销售拜访实施精细化管理。同时，针对卖场销售人员，系统可分析步数、客户接触量、商品展示及顾客试穿试用次数等，以优化销售策略。在线下"扫街"活动中，数字化软件亦能记录销售人员的拜访轨迹与临街商铺详情，确保销售行为既透明又高效。

3. 销售线索的数字化管理

B2B销售模式下，采购流程烦琐，展会等营销活动成为主要销售途径。以往，市场人员需在

展会结束后才移交客户线索给销售人员，易错失商机。数字化管理则能即时构建线索传递机制，实现市场与销售端的快速对接，显著提升响应效率。销售人员借助数字销售系统，可全面管理销售流程，从顾客认知至成交谈判，均由数字化辅助。系统不仅能整合顾客全面信息，还能依据历史采购、周期分析及广告投放数据，助力销售人员捕捉销售机遇。销售人员反馈商机确认，形成闭环管理，为企业策略制定提供数据支撑。

4. 销售报价的数字化管理

报价是销售过程中的重要环节，传统企业的价格审批流程往往较长且规范性不足。数字化管理能够有效解决这一问题。数字销售系统能够设定统一的报价规则，根据顾客规模、关系维护情况、未来采购预期等因素测算合理的价格范围。价格审批结果全程由系统监督，避免了滥用职权和徇私舞弊的情况。此外，数字化的价格审批还大大提升了报价效率，使企业能够更快速地响应客户需求，提高客户满意度。

5. 销售订单的数字化管理

销售订单的数字化管理在企业实践中应用较早，得益于财务管理和税务管理的信息化发展。订单管理的数字化不仅强调信息的准确性，还注重与其他信息系统的联通。订单信息成为其他阶段关键的基础数据来源，为企业的决策提供支持。例如，订单生成时间的记录有助于判断客户的下一个采购周期；订单的流转记录可以实时、可视化地展示给客户，减少查询成本，提高采购体验。当客户能够实时了解订单的动态流转情况时，往往会产生更好的服务质量感知，进而提升满意度和忠诚度。

6. 销售绩效的数字化管理

传统销售绩效管理因需待业绩结算后方知结果，致使销售人员难以实时调整策略；而数字化管理让销售人员能即时查阅绩效，明晰企业鼓励的销售行为，并根据目标完成情况灵活调整工作重心。管理者亦可通过数字化系统高效管理销售团队，依据目标达成情况给予个性化指导。如中国移动等企业已实践将销售目标细化至每位网格成员，并实时追踪绩效，确保团队高效达成目标。

市场上数字化销售管理软件琳琅满目，企业可按需选择。部分软件支持直接订阅使用，部分软件则允许企业在SaaS（软件即服务）平台上按需开发。这些软件通常集项目管理、移动办公、竞品分析、沟通管理、活动规划、日志记录、考勤打卡、日报提交、工作轨迹追踪、客户拜访追踪、潜在客户挖掘、客户管理、合同管理及数据分析等功能于一体，为销售人员提供全方位支持，助力其高效完成任务、提升业绩。

6.1.3 商品的数字化管理

6.1.3.1 商品分类与定位策略的新视角

数字化技术飞速发展，传统销售模式的信息不对称已被现代透明模式取代。消费者能轻松搜索对比商品，市场竞争加剧。商品繁多且创新难，商家需寻新法吸引顾客。性价比策略虽有效但减利润，故应将商品精细划分为爆款商品、量销商品、潜能商品及锚定商品4类。

1. 爆款商品

爆款商品是消费者热捧、满足特定需求的商品，性价比高，销量大，但主要作用在于引流，提升店铺曝光度。其特点如下：属性多样，满足多元需求；注重体验，契合特定场景；具有口碑传播效应，属于优质产品且经消费者推荐可迅速积累人气，产生裂变效应。

2．量销商品

量销商品是消费者持续青睐、广泛满足大众化需求的商品，具备实用性强、价格亲民的特点，销量稳定且规模较大，主要作用在于稳固市场份额，实现持续盈利。其特点如下：功能基础且实用，覆盖日常高频使用场景；设计简约且耐用，符合大众审美与实用标准；具有重复购买效应，良好使用体验与口碑，促使消费者多次复购，形成稳定的消费群体。

3．潜能商品

潜能商品是商家正在积极培育的新品爆品。它们的市场热度虽然较低，但性价比高，且具备成为未来爆款的潜力。在数字环境下，市场变化迅速，商家需时刻保持敏锐的市场洞察力，及时发掘并培育潜在的爆品。通过老款爆品或量销商品的带动销售，如增加链接、打包销售、附加试用装和优惠券等方式，商家可以逐步提升潜能商品的知名度和市场接受度，为未来的爆款之路奠定基础。

4．锚定商品

锚定商品在商品陈列中扮演着至关重要的角色。它们通常具有较高的品质和价格，代表着品牌形象和高端市场定位。通过展示锚定商品，商家可以为消费者提供一个价格和质量上的参照点，帮助消费者更明智地做出购买决策。在数字化情境下，商品信息的透明度极高，为消费者提供实时的商品信息和参照依据显得尤为重要。锚定商品的存在，不仅增强了消费者对品牌的信任感，还提升了他们对性价比更高商品的满意度。

6.1.3.2 商品数字化的深度探索

商品数字化描述的是对实体产品的特性进行解析并以文字、图像、音频、视频等数字形式呈现的过程。在电子商务领域，由于缺乏面对面的导购交流，商品信息的数字化展示成为吸引顾客、促进购买决策的关键。实体商品数字化的核心要素涵盖了多个方面，它们共同构建了一个商品在线上的全面形象。

1．商品标题的优化艺术

商品标题是顾客搜索发现商品的首要方式，至关重要。精心设计标题能确保商品在搜索结果中显眼，激发顾客兴趣，引导其深入了解。优化标题要点在于巧用类目词、属性词、品牌词、卖点词及促销信息。类目词可帮助顾客快速定位商品类别；属性词细化商品特征，满足个性需求；品牌词增强品牌认知；卖点词突出商品差异，回应顾客关切；促销信息吸引价格敏感顾客。商家应结合商品特性、市场趋势及顾客需求，灵活组合，通过 A/B 测试持续优化，适应不同营销场景。

2．商品详情页

商品标题为吸引顾客之首，详情页则是深化认知、促进转化的核心。设计详情页需深度洞悉目标顾客，预判其信息渴求，提供全面且吸引人的产品内容。这涵盖商品特性、材质说明、安装步骤、售后保障等，旨在打消顾客顾虑，坚定其购买决心。通过精准满足顾客信息需求，详情页成为推动交易达成的关键。

3．针对不同类型商品的数字化策略

商品数字化需根据类型定制，以达最佳市场效果。爆款商品数字化侧重快速吸引顾客，标题突

出价格、卖点，利用图片视频展示、详情页强调优势。量销商品侧重关键词优化，橱窗图显眼，利用爆款引流。潜能商品数字化提升认知度，关联展示、打包销售或优惠券策略增加曝光度。锚定商品突出高端定位，为量销商品创造性价比优势。商家需紧跟市场，了解顾客需求，灵活运用数字化工具，持续优化，提升商品竞争力与顾客满意度，实现销售与品牌增长。

6.1.3.3 商品销售数字化的深度剖析

1. 商品的数字化销售

商品数字化完成后，在线销售流程随即启动，此流程烦琐而复杂，涉及商品定价、上下架调控、库存管理、物流优化、投递追踪及满意度维护等多个核心环节，需细致管理以确保销售目标的实现。

（1）在定价策略上，数字化时代使价格比较变得简便快捷，因此需灵活应对市场竞争，根据竞品价格波动适时调整，通过优惠促销、买赠活动等方式展现价格优势，实时监控并快速响应竞品价格变动，成为数字化定价的关键。

（2）上下架管理需具备高度灵活性，确保商品信息完善且库存充足。面对库存短缺、客户投诉等突发情况，应立即下架处理，问题解决后再恢复上架。持续根据实际运营状况调整上下架策略，避免顾客体验不佳，如应下架未下架、重复或遗漏上架等，每日核对库存与上架状态的一致性至关重要。

（3）库存管理在数字销售中与传统模式存在显著差异，需实时监控并灵活调整库存数据，根据供应模式制定不同管理策略。库存数据涵盖可售、订单占用及不可售库存，确保订单提交但未支付时为顾客保留库存，同时准确记录破损等原因导致的不可售库存。促销活动中还需设定锁定库存，保障活动顺利进行。

（4）物流管理方面，采用集中库存管理方式降低店面租金成本，顾客下单后由库房直接发货。物流方式需根据商品特性选择，如生鲜商品采用冷链运输确保品质。我国物流业（如京东物流、菜鸟网络、顺丰速运等）的发展，为数字化销售提供了坚实支撑。

（5）投递管理需透明化，库房及时发货并通过扫码关联物流信息与订单信息，顾客可实时追踪物流动态。

（6）满意度管理在数字化销售中占据核心地位，商品描述失实、物流延迟或损坏、服务不佳等均会降低满意度，需从提升商品质量、加速物流并控制成本、优化线上客服态度等维度入手，强化顾客体验，确保描述精准、选用优质物流、培训专业客服团队是提升满意度的有效举措。

2. 物联网技术在商品销售中的革新应用

物联网凭借信息传感器、RFID、卫星定位等尖端技术，为物体赋予电子身份，记录详尽信息，实现智能识别、追踪与管理。随着技术飞跃，万物互联成为现实，为营销领域带来革新。

在零售超市，物联网应用广泛，革新商品监控、购物体验与零售模式。物联网技术强化商品监控，通过读写器实时追踪库存，区分畅销与滞销品，优化补货与促销策略，提升盈利能力。同时，监控食品新鲜度，确保安全，解决溯源难题，增强消费者信任。在结算环节，物联网技术实现自助结算，管理商品位置与状态，减少盗窃。智能购物车成为物联网技术的新亮点，导航顾客至目标商品，自动扫描商品并支持移动支付，提升购物体验，降低人力成本。智能购物车还促进线上线下融合，收集数据，助力精准营销，为数字化客户关系管理奠定基础。无人零售凭借其便捷、高效与价格优势迅速普及，背后依托的正是物联网、机器视觉与智能支付技术。无人零售形式多样，满足多样化消费场景需求，推动了零售业变革。

6.1.4 销售场所的数字化管理

销售场所作为商品交易的核心环节，涵盖了线上店铺、线下卖场及交易平台等形态，是"人、货、场"理论中的关键组成部分——"场"。在当今数字化浪潮中，销售场所的数字化管理已成为销售渠道管理的核心议题，它不仅关乎电商平台的智能化运营，也深入线下门店的数字化转型中。

6.1.4.1 电商平台的数字化管理策略

1. 自营店铺的构建与发展

电商渠道的多元化发展为企业提供了广阔的市场空间，其中，建立自营店铺成为众多品牌进军电商领域的首选策略。这一过程涵盖从平台选择到店铺装修，再到商品陈列的多个环节，每一步都需精心策划，以确保店铺能在激烈的市场竞争中脱颖而出。

（1）平台选择。品牌选择电商平台时，需全面考量，制定合适的入驻策略。在店铺自营模式下，品牌自主运营，如天猫旗舰店；而京东等平台还兼具自营功能，品牌则转为供货方。实力强的品牌可多平台入驻以分散风险，资源有限的则需精选平台。服务质量、客流量、运营成本、快递服务及品牌与平台定位的契合度均是关键。服务质量影响购物体验，客流量决定市场规模，成本需合理规划，快递服务需高效安全，品牌与平台定位需匹配，避免形象受损。

（2）店铺装修。店铺装修对自营店铺至关重要。明确店铺定位是基础，需结合商品优势、目标顾客需求及竞品分析，确立独特卖点与市场定位，指引装修与设计。装修风格需创新，虽可参考同类店铺，但色彩搭配、布局规划等需具有新意，展现品牌价值。店铺主图设计亦关键，线上购物环境下，主图成为传递商品信息、吸引顾客的核心。设计需突出商品卖点，巧妙结合促销信息，保持清晰醒目，引导顾客快速认识商品价值，激发其购买兴趣。

（3）商品陈列。商品陈列是店铺运营的关键，面对商品同质化挑战，合理排序尤为重要。A类商品（高点击率、高转化率）应置于首页或显眼位置，增加曝光机会。B类商品（低点击率、高转化率）虽点击率不佳，但转化率高，适合引流促销，应适当展示。C类商品（高点击率、低转化率）适合短期促销，向已收藏未购买顾客推荐，促进成交。D类商品（低点击率、低转化率）作为普通商品，可在热门商品详情页关联推荐，增加曝光机会，优化销售效果。

2. 店铺数字化管理策略深化

店铺数字化管理的核心理念为漏斗管理模型，如图6-2所示，这一模型将顾客的在线购物旅程细分为多个关键环节，每个环节的顾客数量与转化率均为优化运营、提升整体转化效率的关键。在管理线上销售空间时，特别关注顾客进入店铺后的行为路径，旨在通过提升各环节转化率，最大化销售转化效果，最终实现店铺的经营目标。这一过程中，数字化能力扮演着核心角色，它依赖于平台数据收集与分析，能精准识别问题所在，并有效利用资源，推动销售转化率的提升。

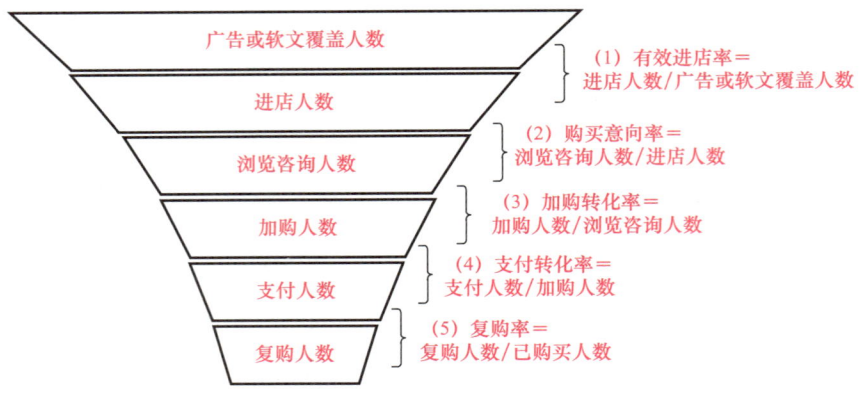

图6-2 顾客在线购物流程漏斗管理模型

（1）有效进店率是衡量店铺吸引力的关键指标，它揭示了广告或推广信息覆盖人群中实际进入店铺的比例。这一比例直接反映了广告传播的效果和效率。在线上环境中，客流量分为公域与私域两大板块，公域流量通过广告、内容营销等手段吸引，私域流量则基于长期的客户关系管理积累。分析客流量的结构，有助于店铺精准投放资源，优化客流吸引策略。

（2）购买意向率反映了进店顾客中具备购买意愿的比例，是评估潜在购买力的关键。通过数字化手段，店铺能够精确计算这一比率，并利用多项指标监控顾客的购买倾向。首页访问量揭示了目标客群对店铺的兴趣程度；访问深度通过访问总量与访客数的比值，展现了顾客对店铺内商品的探索深度，深度越高，兴趣越浓；跳出率警示店铺内容或商品可能无法满足顾客需求，需及时调整；咨询量则直接反映顾客对店铺及商品的兴趣程度，结合跳出率分析，可以洞察商品描述的有效性。提升购买意向需从店铺设计、商品描述优化及客服沟通策略3个方面综合施策，利用上述指标进行精细化管理。

（3）加购转化率，即将商品加入购物车顾客的比例，是评估顾客购买意向强烈程度的重要指标。在线上购物场景下，加购行为预示着顾客对商品的高度兴趣，但加购并不等同于购买，顾客可能出于多种原因（如等待促销、比较商品等）而暂不结账。因此，加购转化率虽高，并不直接等同于销售成功。然而，加购商品数量的增多，意味着商品吸引力的增强，为捆绑销售和交叉销售提供了契机。通过对加购行为的数字化管理，店铺能更精准地把握顾客购买欲望，优化商品组合与营销策略。

（4）支付转化率，即从加购到实际支付的顾客比例，是衡量购买行为最终完成度的关键。影响支付转化率的因素多样，包括支付便捷性、促销策略的有效性、限时优惠的设置等。此外，顾客支付后的退货行为也需关注，背后可能隐藏着产品质量、竞品策略或需求变化等多重原因。提升支付转化率，电商平台需不断创新支付方式，如小额免密支付、先用后付等，减少支付障碍。对于长时间未支付的购物车商品，店铺可通过定向推送促销信息或提醒，鼓励顾客完成交易。

（5）复购率，即再次购买顾客的比例，是衡量顾客忠诚度的核心指标。提升复购率的关键在于深化客户关系管理，通过周期提醒、新福利通知、新品推荐、专属优惠及定向广告等策略，增强老顾客的黏性。复购率的提升不仅依赖优质的商品和服务，更需要精准的市场定位与个性化的营销策略。

销售漏斗公式具体表述为"销售额=流量×转化率×客单价×（1+复购率）"，为店铺数字化管理提供了另一视角，它将销售额作为最终目标，拆解为流量、转化率、客单价及复购率4大关键因素。这一公式强调了各要素间的相互作用，以及它们在推动销售增长中的重要作用。流量是基础，转化率是关键，客单价影响着整体收益，复购率则反映了店铺的长期竞争力。店铺数字化管理的核心在于对这些指标的量化分析与策略制定，通过不断优化各环节的运营，实现销售额的持续增长。

在实践中，店铺需定期审视销售漏斗各环节的表现，识别瓶颈与机遇。例如，若流量充足但转化率低迷，可能意味着店铺设计、商品描述或促销活动未能有效吸引顾客；若客单价偏低，则需考虑是否通过商品组合、增值服务等方式提升平均消费额。同时，利用数据分析工具，如 A/B 测试、用户行为分析等，持续优化用户体验，提升各环节转化率，最终实现销售漏斗的整体效能提升。

3．电商代运营概述

电商代运营作为一种新兴商业模式，正快速成为品牌电商拓展线上市场的首选。该模式由专业第三方服务商接管品牌线上店铺的部分或整体运营，涵盖咨询、店铺运营、商品管理、营销推广、客户服务、仓储物流及 IT 支持等。服务商凭借实战经验及高效执行力，精准捕捉市场，制定并执行有效策略。因此，众多厂商选择将线上旗舰店交给代运营公司，以提升销售业绩和竞争力。电商代运营可从交易模式（服务费或提成）和品类模式（单品垂直或多品平台）两个维度分类，进一步细分为单向广度协同、双向广度协同、单向深度协同及双向深度协同 4 种类型，如图 6-3 所示。

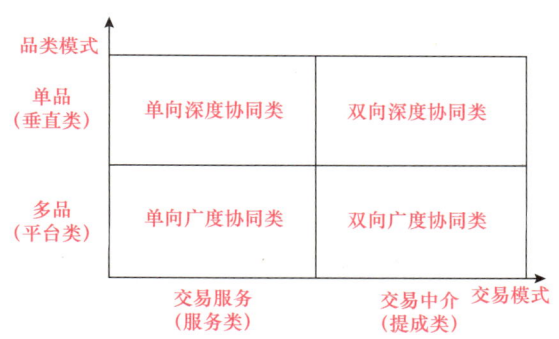

图 6-3　电商代运营的基本模式

（1）单向深度协同类代运营企业主要聚焦于单一品类，通过收取固定年服务费的方式盈利。它们对品牌选择有较高的要求，并会针对所运营的单品进行专业的研究开发。这类企业与电商平台之间的合作也更为紧密，会定制使用平台上的运营工具。

（2）双向深度协同类代运营企业同样专注于单一品类，但它们的盈利模式为收取销售提成。由于与销售业绩直接挂钩，这类企业会更加努力地提升产品的销售收入。它们不仅会对单品进行专业运营研究，还会采买行业数据，向厂商提供市场信息，以协助其进行新品研发和备货。这类企业与厂商之间的融合度很高，形成了紧密的合作关系。

（3）单向广度协同类代运营企业运营多种产品品类，盈利模式为收取固定年服务费。它们对电商平台的工具运用较为熟悉，但不会针对单一品类进行深入研究。这类企业通常采用标准化的运营策略和普适性的电商平台工具，以降低成本和提高效率。

（4）双向广度协同类代运营企业同样运营多种产品品类，但它们的盈利模式为收取销售提成。这类企业与厂商的合作较为紧密，但不会针对单一品类进行专业运营研究。它们同样采用标准化的运营策略和普适性的电商平台工具，但会更加注重与平台的合作和数据挖掘，以提升销售业绩。

6.1.4.2 线下门店的数字化转型与管理

1. 线下门店数字化管理的环节

线下门店作为零售业的核心组成部分，其数字化转型已成为提升运营效率、优化顾客体验的关键。这一过程涵盖了从选址决策到顾客互动，再到商圈顾客精准化的多个环节，旨在通过数字化手段，实现门店管理的精细化与智能化。

（1）选址——这一零售门店成功的先决条件，正经历着数字化的深刻变革。传统选址依赖的经验判断，正逐步被基于大数据的量化分析所取代。交通环境、人口因素、竞争态势、地形特征及区域设施等关键指标，如今均可通过先进的数据分析工具进行精准量化。云熵数据、智慧选址等数字化平台，通过整合并解析这些多维数据，为零售企业提供了科学的选址建议，有效降低了选址风险，提升了决策效率。

（2）在数字化时代，商品订货流程也迎来了革命性的变化。借助实时更新的销售数据，企业能够准确掌握商品库存状态，包括缺货与滞销情况，为采购决策提供了坚实的数据支撑。这种基于数据的订货模式，不仅提高了进货周期的准确性，还实现了库存管理的动态优化，减少了库存积压，提升了资金周转率。

（3）橱窗作为吸引顾客眼球的前沿阵地，其数字化管理同样至关重要。通过收集顾客进店行为数据，如点击率、试穿率等，企业可以精准识别最受顾客欢迎的商品类型，从而优化橱窗布局，将高吸引力商品置于最显眼位置。此外，随着热门商品的动态变化，橱窗管理也需要持续调整，确保始终展示最具吸引力的商品组合。

（4）数字化技术为线下门店与顾客之间的互动开辟了新途径。人脸识别技术的应用，使门店能够识别顾客类型，提供个性化服务。同时，通过扫码加入数字会员，顾客与企业之间建立了持续的联系，便于企业推送促销信息，增强顾客黏性。此外，构建线下社群，将具有共同偏好的顾客聚集在一起，不仅提升了顾客参与度，还为企业提供了直接了解顾客需求的渠道。

（5）数字化管理还推动了商圈顾客精准化的进程。通过创建商超 App，吸引商圈附近顾客下载使用，结合高效的配送体系，零售门店的服务范围得以显著扩大。盒马鲜生就是一个典型例证，其通过"线下门店+电商"模式，将经营商圈覆盖半径从传统的 500 米扩展至 3～10 千米，实现了商圈顾客的有效触达与精准营销。

（6）在数字化管理下，商品被赋予了更多标签，形成了与顾客高度关联的体系。当顾客选购某类商品时，系统能够基于历史购买数据，智能推荐高关联度商品，提高下单转化率。同时，通过 App 收集顾客购买周期信息，门店能够精准把握顾客需求，适时推送购买提醒，进一步增强顾客满意度与忠诚度。

2. 线下门店数字化管理的特征

在数字化转型的浪潮中，线下门店正经历着前所未有的变革。AI 与大数据技术的融合，为门店管理带来了全新的视角和工具，从店铺选址到日常运营，再到客户关系管理，每一个环节都深深烙印上了数字化的印记。这一转型不仅提升了管理效率，更深刻改变了消费者的购物体验。下面将深入探讨线下门店数字化管理的 5 大核心特征。

（1）顾客数据的深度挖掘与应用。随着大数据技术的不断进步，线下门店对顾客数据的挖掘与应用日益深入，能够以前所未有的精确度构建顾客画像。深度分析顾客消费行为，有助于门店优化库存管理、降低成本，并显著提升顾客满意度。物联网技术让门店实时追踪顾客店内行为，精准洞察个性化偏好，提供定制化服务，体现以人为本的经营理念，增强顾客忠诚度，提升市场竞争力。

（2）导购方式的场景化创新。数字化技术正深刻改变线下门店的导购模式，从传统向场景化转型。AR、VR 技术突破物理界限，为顾客带来沉浸式购物体验。数字化模拟的商品试用，增添了购物乐趣，激发了顾客购买兴趣。场景化导购提升了门店魅力，成为品牌展示理念与未来科技设想的平台。通过创新设计数字化场景，门店能敏锐捕捉顾客兴趣与需求，提供更加精确且个性化的服务。

（3）消费过程的智能化升级。数字化门店极大提升了消费体验。现场扫码查询商品信息、自助结算与人脸识别支付等智能化设备的应用，简化了消费流程，提高了效率。无人值守模式既优化了顾客购物体验，又降低了门店人力成本。智能化终端的普及，提升了门店管理效率和服务质量。顾客在享受智能便利的同时，对门店品牌形象和服务水平给予了更高认同，满意度大幅提升。

（4）客户关系管理的社群化转型。数字化技术正深刻改变顾客消费模式，从线下门店到互联网电商、移动电商，再到新型智慧门店的线下回归，形成线上线下融合的新趋势。数字化客户关系管理拉近了门店与顾客的距离，扫码抽奖、社群会员礼遇等活动增强顾客参与感与归属感。社群成为沟通桥梁，高效处理活动提醒、失物招领、服务反馈等，提升顾客满意度与忠诚度，为门店带来更多曝光机会与潜在客户。

（5）在数字化门店转型中，物联网、云计算与网络智联化融合成为关键趋势，如图 6-4 所示。物联网技术通过信息传感设备实现智能化管理，为门店提供强大数据支撑。AI 技术拓展了物联网应用场景，如无人便利店全程无人值守。智能门店融合物联网技术，实时收集顾客行为数据，洞察商品受欢迎度，与供应链、柔性生产线联动。这种智联模式提升了门店运营效率，为消费者带来智能化、个性化购物体验。

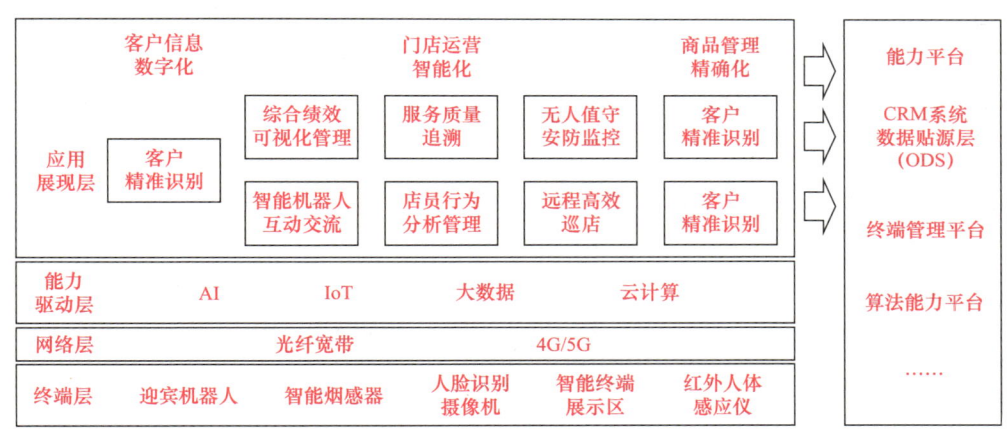

图 6-4　物联网、云计算与网络智能化集成系统的逻辑架构

数字化门店模式涵盖获客、逛店、选购、体验及会员管理 5 大环节。利用 LBS（Location Based Services，基于位置服务）技术形成电子围栏，精准定位客户并推送优惠，吸引进店。进店后，基于兴趣的广告推荐个性化商品。智能导购结合电子投屏展示商品应用场景，激发购物欲。人脸识别、自助购物车提升购物效率。会员数据数字化管理，支持营销活动，商家扫码沉淀客户于会员中心，设计活动增加曝光度，提升到店率。

盒马鲜生——新零售领域的领航者[①]

盒马鲜生作为阿里巴巴集团在新零售领域的旗舰品牌，正以其独特的业务模式和创新理念引领行业变革。自创立以来，盒马鲜生便致力于打造一个线上线下高度融合的购物平台，以满足消费者日益增长的多元化需求。

在线上，盒马鲜生通过先进的数字化技术，为消费者提供了便捷、高效的购物体验。消费者可以通过 App 轻松浏览商品、下单购买，并享受快速配送服务。而在线下，盒马鲜生的门店则融合了超市、餐饮店和菜市场的多重功能，为消费者带来了前所未有的购物享受。这种线上线下一体化的模式，不仅提升了消费者的购物体验，也极大地促进了线上订单的增长。

然而，盒马鲜生的成功并非一蹴而就。在供应链管理、用户群体拓展以及成本控制等方面，盒马鲜生都面临着诸多挑战。为了应对这些挑战，盒马鲜生不断创新和优化业务模式，通过与农场、屠宰场等直接合作，确保生鲜产品的质量与成本效益；同时，通过精准营销和个性化推荐，提升用户体验和满意度。

盒马鲜生的成功实践，不仅为消费者带来了更加便捷、高效的购物体验，也为整个零售行业树立了数字化转型的典范。其线上线下一体化的新零售模式，不仅提升了供应链效率，也推动了零售行业的创新发展。未来，随着技术的不断进步和消费者需求的不断变化，盒马鲜生将继续探索和创新，为消费者带来更加优质、便捷的服务体验。

6.1.5　销售渠道的数字化管理

销售渠道数字化转型的核心是整合经销商、代理商等企业数字化管理平台。数字化管理能大幅提升渠道运作效率，促进交叉销售，优化客户关系管理。此转型重塑厂商、渠道与客户关系，形成统一数字化管理新模式。该模式下，顾客与交易信息透明，管理效率提升，确保渠道客户在各接触点获得一致且高质量体验。销售渠道的数字化管理涵盖多个方面，包括目标管理的数字化实践、渠道激励策略的数字化实施、价格策略调控的数字化升级、渠道权益的数字化保障策略、渠道成员成长与发展的数字化管理以及数字化赋能等。

1. 目标管理的数字化实践

销售渠道数字化管理的关键是实施目标管理，精准进行数据监控。企业实时采集并监控渠道运营数据，动态管理渠道目标。设定明确的绩效指标，持续跟踪完成情况，期中及期末分析目标达成情况，优化策略助力渠道成员达成销售目标。组织销售竞赛，实时公布销售绩效数据，激发渠道成员积极性与竞争意识，推动销售目标顺利实现。

2. 渠道激励策略的数字化实施

数字化渠道管理体系使厂商高效管理激励策略，渠道成员即时获取绩效反馈。积分成长体系鼓励完成任务累积积分，兑换多种奖励，驱动成员投身厂商目标。额外积分激励（如新品双倍积分、节庆抢单积分）增加多样性。体系还通过商机分配策略激励成员，基于数据预测客户采购周期，识

[①] 何鹏. 新零售背景下生鲜电商商业模式优化研究——以"盒马鲜生"为例[J]. 电子商务评论，2025，14（1）：2762-2770.

别需求偏好，分配新客户资源，确保响应时效，未跟进则有序转移，维护客户体验。

3. 价格策略调控的数字化升级

价格策略的稳定性对渠道成员业务顺畅至关重要。渠道伙伴希望价格体系稳定，同时渴望厂商提供价格优惠以争取客户。数字化渠道管理体系增强了价格策略管理的灵活性和可控性，使厂商有效掌控和监督价格变动，确保折扣申请流程公正透明，便于执行总额、累积、功能等折扣规则，维护市场秩序，促进业务平稳运行。

数字化时代，价格策略调控聚焦于4大关键：①总额折扣，激励批量采购，加速市场渗透和提升销售效率；②累积折扣，建立长期稳定合作关系，缓解价格波动影响，增强渠道忠诚度；③功能折扣，对特定服务提供者给予补贴或优惠，提升服务质量与市场竞争力，加速数字化转型；④市场秩序维护，通过数字化网络精准记录产品信息、行业属性及客户数据，有效监控市场动态，防止价格混乱与窜货，确保市场健康运行。

4. 渠道权益的数字化保障策略

数字化渠道管理体系为厂商提供了保障渠道成员权益的有力工具，使运营和管理更加透明，增强信任，激励成员积极纳入客户资源。该体系主要包括：①客户绑定机制，记录报备信息，建立专属关联，确保公平竞争；②商机专属权，保障渠道伙伴自行下单，维护正当利益；③订单优先处理，确保绑定客户订单由指定渠道处理，提供一致服务。数字化保障是实施管理体系的关键，让成员安心投入，发挥数字化优势，提升交易效率，共同推动企业目标实现。

5. 渠道成员成长与发展的数字化管理

数字渠道管理平台为厂商注入了强大动力，助力其对渠道成员的成长进行全面赋能。通过该平台，厂商能够更精准地把握渠道成员的发展需求，提供定制化的支持与服务，促进成员能力的持续提升。这一平台不仅优化了资源分配，还加强了渠道成员间的协同合作，推动了整个渠道生态的健康发展。在数字渠道管理平台的赋能下，渠道成员能够更好地适应市场变化，加速成长，共同为厂商创造更大的价值。

6. 数字化赋能

数字化管理平台成为厂商赋能渠道的关键工具，深度洞察销售行为，精准评价销售人员，实时反馈促进竞争合作。LBS技术确保销售真实性，积分制度精细化管理提升业绩。共享仓库等数字化手段优化供应链，节省成本，加速流转。销售流程标准化，数字化平台提供经验与指导，确保品牌体验一致。智能推荐系统融合大数据与AI，自助选品、快速报价，缩短沟通时间，提升效率，确保采购信息准确传递，为渠道数字化赋能注入新动力。

6.2 数字化客户关系管理

6.2.1 数字化客户关系管理概述

6.2.1.1 客户关系管理的基本概念

客户关系管理是企业专为现有客户群体设计的管理策略。其精髓在于精确识别并细致划分顾客，以提升高盈利潜力顾客的满意度与忠诚度，激励他们增加购买并乐于进行口碑传播。实施要点包括顾客识别、分类、满意度增强、忠诚度建立及深度营销。该模式与传统营销管理思维迥异，摒弃一次性交易理念，专注挖掘顾客终身价值，重心由市场交易转向顾客经营，由产品导向转为顾客导向。

客户关系管理的发展历程：初期，企业依赖纸笔来记录客户信息及销售活动。到了20世纪50年代，企业开始系统性地收集并整理客户与公司互动的信息，这被称为"接触管理"。当时，Rolodex作为一种客户关系管理工具出现，便于销售人员快速查找名片等关键信息。80年代，计算机软件的引入使客户关系管理能够高效记录并深入分析顾客信息，催生了客户数据库营销。90年代，SaaS模式的客户关系管理系统兴起。2000年后，随着网络及移动技术的发展，客户关系管理进一步融入万物互联思维，SCRM成为重要工具。

时至今日，云服务和SaaS已成为客户关系管理的标准配置，不仅保留了传统信息存储与数据库功能，还增添了顾客互动、数据分析、客户关怀及忠诚度管理等多重职能。借助信息技术，客户关系管理实现了数字化、实时化及互动化的飞跃。随着人工智能技术的融入，客户关系管理系统能够全天候响应顾客需求，并与人工客服协同，为顾客提供个性化交互体验，预示着自动化客户管理系统的大规模应用即将成为现实。

6.2.1.2　数字化对客户关系管理的影响

数字化浪潮正在深刻改变客户关系管理的运作模式，为提升管理效率与实现自动化运营夯实了坚实基础。下面探讨数字化如何重塑客户关系管理的面貌。

（1）数字化技术的融入极大地简化了顾客识别与分类的流程。通过全面捕捉并记录顾客的特征与行为信息，企业能够轻松构建顾客标签与画像，使识别与分类工作变得更为迅速、精准且全面。此外，数字化技术还能实时追踪顾客行为的变化，赋予客户识别与分类动态性与实时性，确保企业能够紧跟顾客需求变化的步伐。

（2）在数字化背景下，顾客管理效率得到了显著提升。企业能够实时追踪顾客信息，动态监控需求变动，从而迅速响应并调整管理策略。数字化技术助力企业实现即时决策与顾客管理，形成"数据即时—认知即时—决策即时"的高效循环，确保第一时间对顾客行为进行管理与干预。同时，数字化工具还能批量处理海量顾客数据，实现自动化管理，提升顾客管理的精准度与效率。

（3）数字化技术还实现了客户关系的全过程监控。在数字化环境中，客户关系管理从事后补救转变为事前洞察，通过全程记录与分析顾客触点及旅程，企业能够清晰描绘出顾客行为的各个环节与关键点，识别销售机会与潜在问题。数字化技术还能对顾客行为进行实时分析与可视化展示，帮助企业实现客户关系的全过程数字化管理，提升决策的科学性与准确性。

（4）在数字化环境下，提升顾客满意度与忠诚度管理变得更为便捷。企业能够利用多种方式与顾客进行互动，深度洞察顾客需求，提升服务水平与关怀程度。通过精准获取顾客反馈，企业能够及时发现经营中存在的问题，并采取有效措施加以改进，从而提升顾客满意度。此外，数字化技术还能帮助企业分析顾客流失状况，评估实施提升顾客忠诚度计划的效果，为提升顾客忠诚度提供有力支持。

6.2.1.3　数字化客户关系管理的基本框架

数字化客户关系管理是企业构建顾客全面数字档案、实时追踪顾客需求动态，并在精准分类的基础上，致力于提升顾客满意度与忠诚度，进而促进购买行为与口碑传播的管理策略。其核心在于数据驱动顾客管理，实现了从细分市场与产品定位的传统模式向分类顾客与定制服务的现代模式的转变。

从企业内部视角出发，数字化技术能够整合孤立的系统与信息，构建企业内部业务活动的完整链条与数据流，使各部门间的协作更为紧密，确保产品与服务的精准高效提供，优化企业资源的投入产出比。而从企业外部的顾客体验看，数字化客户关系管理凭借数据连接与驱动，深入洞察顾客需求，提升其满意度与忠诚度，迅速构建竞争优势，实现顾客价值的飞跃。

数字化客户关系管理的基本框架如图 6-5 所示，不仅涵盖了顾客识别、顾客分类、顾客满意度、顾客忠诚度及深度营销等传统客户关系管理的关键环节，还通过价值分析与顾客画像等数字化手段，对每一环节进行精细化管理，实现了客户关系的全面数字化升级。这一框架确保了企业能够精准把握顾客需求，提供定制化服务，从而在激烈的市场竞争中脱颖而出。

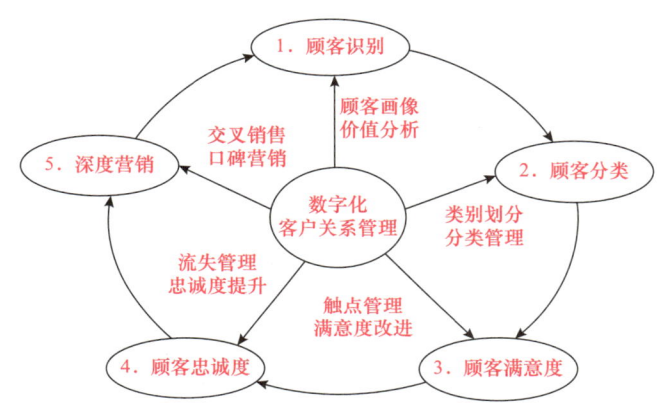

图 6-5　数字化客户关系管理的基本框架

6.2.2　顾客识别与分类管理

6.2.2.1　数字化环境下的顾客识别

顾客识别作为数字化客户关系管理的基石，是实施顾客分类、满意度提升、忠诚度培养及深度营销策略的首要步骤。

1. 构建顾客画像

在数字化时代背景下，顾客识别聚焦于已与企业建立业务联系的客户，借助顾客画像技术，细致描绘顾客特征与行为模式，深入分析顾客价值，为后续客户关系管理策略的制定奠定坚实基础。企业广泛收集顾客数据，如交易记录、浏览行为和社交媒体互动等，利用这些数据打造个性化标签，全面反映顾客偏好、消费习惯及潜在需求，进而形成详尽的顾客画像。数字化技术使客户关系管理更加精准，顾客画像在优化体验和提升效率方面至关重要。相较于单纯依赖销售金额，企业现采用多元化标签与画像，能更科学全面地识别顾客，银行业也逐渐以精细化分类取代单一金额标准，满足顾客个性需求。

2. 顾客价值评估

顾客价值评估是顾客识别过程中另一项至关重要的工作。通过对顾客进行价值分析，企业能够深入了解每位顾客为企业带来的贡献和潜在价值。这一过程不仅有助于识别高价值顾客，还能发现顾客的潜在需求和消费趋势，为企业制定更加精准的市场策略提供有力支持。因此，顾客价值分析在顾客识别中具有举足轻重的地位。

从订单价值角度考量顾客终身价值（Customer Lifetime Value，CLV），为企业提供新的分析维度。将顾客终身价值细分为商品价格、每订单商品数量、顾客订单量及订单边际利润等要素，如图 6-6 所示，企业能更清晰地洞察顾客价值构成。针对高价值顾客，企业可采取定制服务、专属优惠等策略提升其忠诚度，增加订单与利润。对低价值顾客，则需分析原因，优化产品服务，增强体验，激发其消费潜力，逐步提高其终身价值。

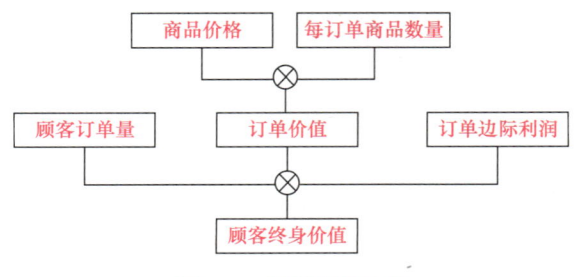

图 6-6　顾客终身价值

顾客资产（Customer Equity，CE）是由所有顾客的 CLV 汇总得出的，这一计算过程不仅要求精确衡量每位顾客的 CLV，还需全面考虑顾客群体的总规模。在实际应用中，企业往往聚焦特定的顾客细分群体来进行价值分析，这实质上是对不同细分群体顾客资产的深度剖析，通过一系列细化指标评估顾客价值的构成要素。图 6-7 深入展示了评估细分顾客群体价值的关键因素，指出顾客价值由保留率、边际利润及复购顾客数 3 大支柱支撑。

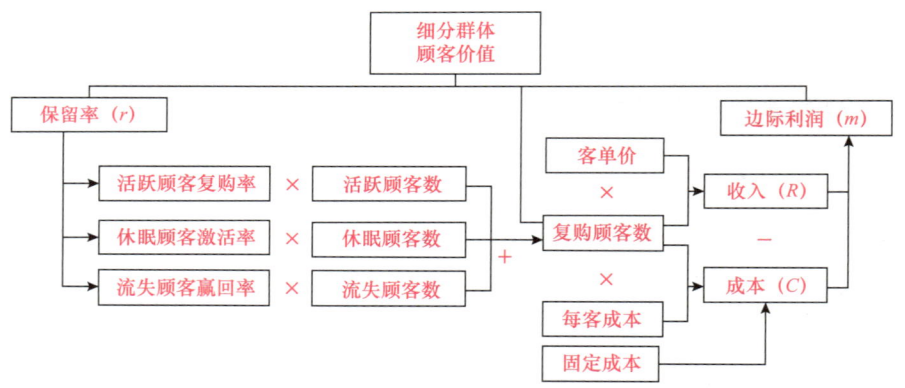

图 6-7　细分群体的顾客价值

保留率作为衡量忠诚度的关键，涵盖活跃顾客复购率、休眠顾客激活率及流失顾客赢回率等维度。各维度影响力因顾客群体特性而异，如高度活跃群体需提升复购率，流失较多群体则需强化赢回策略，以提升整体保留率。企业计算边际利润需精细平衡收支，收入受客单价与复购顾客数影响，成本则分固定与变动。但预测未来收支难度大，市场变动、顾客偏好转变及运营效率变化均带来不确定性。固定成本分摊至顾客群体亦具挑战，平均法易低估大客户成本。为准确评估，企业应采用精细化成本计算法，如作业成本法（Activity-Based Costing，ABC），并构建动态预测模型应对市场不确定性。复购顾客数作为保留率与边际利润的桥梁，其增加直接扩大收入、间接促进利润增长。企业应提升顾客满意度与忠诚度，激发顾客复购意愿，实现顾客资产增值。

6.2.2.2 数字化环境下的顾客分类管理

顾客类别划分常采用先验分类与后验分类两种方法。先验分类基于以往经验或理论,如逻辑回归、决策树及 ABC、RFM、金字塔分类等,通过预设标准事前认定,在大数据下为有监督学习。后验分类则依据已发生数据,通过聚类分析、潜分类等方法事后验证,在大数据下为无监督学习。企业可运用这些方法,如多指标 ABC、RFM、金字塔分类,进行顾客分类分析。

1. ABC 分类管理

ABC 分类法,即主次分类法,依据顾客利润或销售收入贡献等,将顾客分为 A、B、C 3 类,重大、重点及一般顾客。此法可单维度或多维度实施。单维度按选定指标排序划分;多维度则结合多个指标权重计算综合分值分类。后验分类可通过聚类分析多维度指标来分类。ABC 分类法简便高效,节约成本,易于理解,提升了管理效率与经营业绩,广受企业欢迎。

2. RFM 分类管理

RFM 模型为 George Cullinan 于 20 世纪 60 年代提出的经典顾客分类管理模型,因其卓越贡献,1989 年被美国直复营销协会(DMA)纳入名人堂。该模型是衡量顾客当前与潜在价值的关键工具,通过 R(最近购买时间)、F(购买频次)、M(购买金额)3 个维度评估。RFM 能精准预测复购与关联销售时机,对快消品行业尤为重要,变量分"高""低"两个尺度(见表 6-1),可形成 8 种顾客分类,助力精细化运营。

表 6-1 基于 RFM 模型的经典顾客分类管理模型

顾客分类	最近购买时间(R)	购买频次(F)	购买金额(M)	精细化管理要点
重要价值客户	高	高	高	VIP 服务
重要发展客户	高	低	高	提升消费层次
重要保持客户	低	高	高	促销或产品推荐
重要挽留客户	低	低	高	原因探究,针对性召回
一般价值客户	高	高	低	引导重要客户
一般发展客户	高	低	低	需提升转化
一般保持客户	低	高	低	小客户,不需过多关注
流失客户	低	低	低	一次性客户,忽略

3. 金字塔分类管理

金字塔分类法依据顾客价值占比确定其重要性级别,遵循二八定律,即 20% 的顾客贡献 80% 的利润,助力顾客分类与管理。考虑保留率、边际利润、顾客数及存续期,顾客利润可转化为长期指标顾客资产,二八定律依然适用。分类时,可采用先验或后验方式,先验按顾客数量或利润率划分类型;后验则通过聚类分析收入、利润、保留率等指标,更科学地界定顾客类型。

金字塔分类法依据利润贡献和顾客资产占比,将顾客分为顶级、核心、重要和普通 4 类,如图 6-8 所示。顶级顾客贡献最大,资产占比高,为企业当前重中之重;核心顾客同样重要,需重点关注。这两类顾客合计占比 5%,但资产占比高达 45%。重要顾客占比 15%,资产占比 35%,亦需优质服务。其余 80% 为普通顾客,价值较低,可视为潜力或维系对象。若出现负终身价值顾客,企业可考虑放弃。

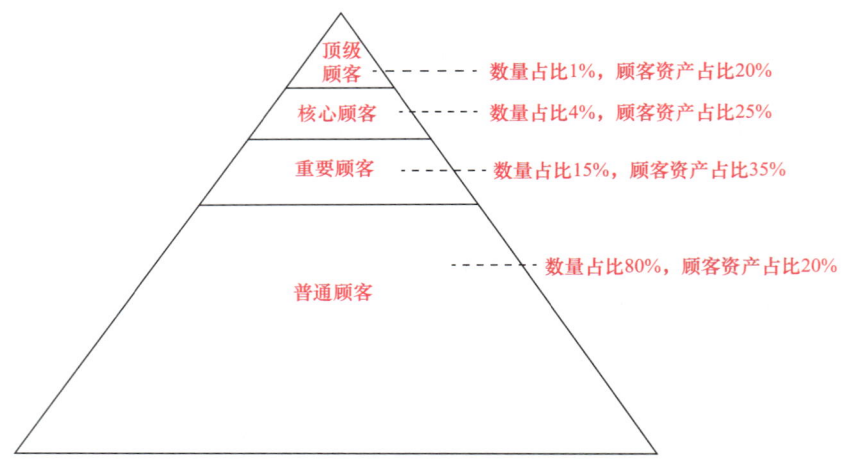

图 6-8　顾客金字塔分类

课堂讨论

假设你是某消费品公司的客户关系管理经理，面对当前市场竞争激烈、顾客需求多样化的背景，你计划如何利用数字化环境下的顾客识别与分类管理策略来优化顾客体验并提升顾客价值？请结合 ABC 分类管理、RFM 分类管理和金字塔分类管理，提出具体实施方案并阐述其预期效果。

6.2.3　数字化顾客满意度管理

6.2.3.1　顾客满意度概述

1965 年，美国学者 Cardozo 首次在市场营销领域引入客户满意概念，揭示顾客心理状态。研究表明，顾客满意是顾客忠诚的关键驱动因素，能解释超 80% 的顾客忠诚度。其基本理论涵盖期望差异、需求满意、效用及公平理论。期望差异理论强调感知与预期之差，决定满意度。需求满意理论基于动机，关注需求满足后的满意感。效用理论分解产品服务属性以测评满意度。公平理论则强调比较后的正直感，涵盖分配、程序与结果公平。

数字化顾客满意度管理涵盖顾客满意度测评和管理、产品和服务质量改进、顾客触点和顾客旅程管理、场景体验管理、顾客关怀管理、投诉和抱怨管理、服务补救管理等方面，运用数字化手段，实现顾客满意度的全程测评、监控与提升。

6.2.3.2　顾客满意度测评和管理

1. 顾客满意指数

顾客满意度测评与管理中，基于预期差异理论的测评方法颇为典型。该方法认为顾客满意源于预期与感知的差距，感知超越预期则满意，反之则不满意。20 世纪 90 年代起，多国开始构建国家层面的顾客满意度指数，如 1989 年瑞典首建的 SCSB，随后美国于 1994 年推出 ACSI，1999 年欧洲建立 ECSI，中国也逐步建立了相应的顾客满意度指数体系。

图 6-9 展示了中国行业顾客满意度指数测评的基础模型，该模型是对美欧顾客满意度指数测评

模型的优化。它是一个测量因果关系的结构方程模型，涵盖品牌形象、预期质量、感知质量、感知价值、顾客满意度和顾客忠诚度 6 个变量。通过问卷调查和偏最小二乘结构方程模型计算，可得出各变量值及其之间的影响系数。

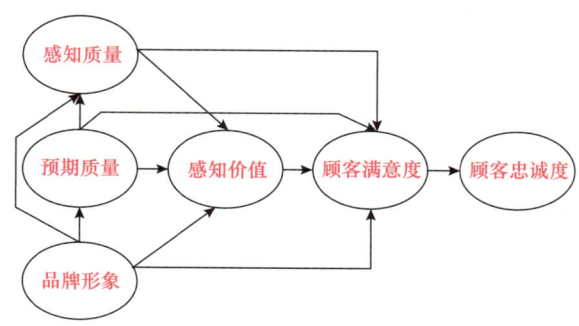

图 6-9　中国行业顾客满意度指数测评基础模型

2. 基于效用理论的顾客满意度测评

基于效用理论的顾客满意度测评，核心在于将产品或服务细分为多个属性，并逐一评估顾客对这些属性的满意度，从而识别出需改进与维持的属性，如图 6-10 所示。例如，手机可被分解为外观、功能、配置、价格、服务等属性，通过分别测试各属性满意度获取数据。实际操作包含属性获取、属性提纯、顾客满意度测试及属性管理建议等步骤。

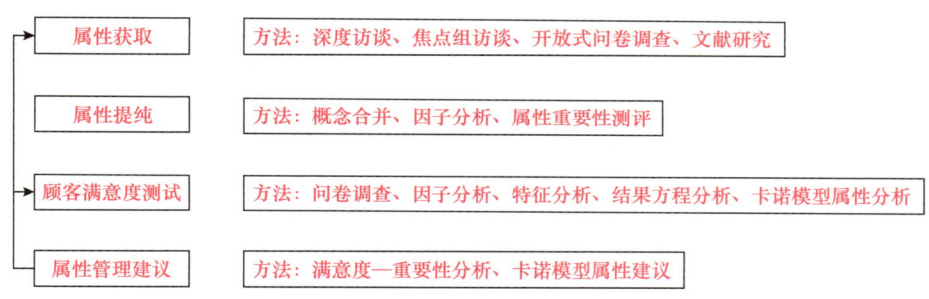

图 6-10　基于效用理论的顾客满意度测评基础模型

3. 净推荐值（NPS）分析

净推荐值概念由贝恩公司于 2003 年提出，是衡量顾客向他人推荐某企业或服务意愿的指标。顾客的推荐意愿越高，满意度通常也越高，有助于企业借助口碑扩大客户规模。NPS 的计算公式为（推荐者数 − 贬损者数）/ 总样本数。作为直接反映客户满意度的指标，NPS 能快速捕捉顾客态度与感受。因 NPS 聚焦于顾客满意后的直接推荐效应，成为企业吸引新客的关键工具，尤其对新兴或快速成长的公司及行业而言，更是重要的运营监控指标。

净推荐值可结合其他题项深化分析，如询问不推荐原因，迅速捕捉顾客心声，发掘潜在不满因素，为提升 NPS 和加速扩张提供策略支持。同时，NPS 支持跨企业、地域及客户群的比较，便于实施对标管理，助力企业强化优势、弥补不足，通过提升顾客满意度来扩大顾客规模，实现效益持续增长。

6.2.3.3　顾客触点和顾客旅程管理

1. 顾客触点管理

触点指企业与顾客在品牌、产品、服务等各个环节的交互节点，通过视觉、触觉、听觉、嗅觉、味觉及整体感受影响顾客认知。触点管理旨在通过优化接触点流程、产品界面及提升服务质量改善顾客体验，提升顾客满意度。它分为产品触点管理与服务触点管理，两者在策略上存在差异。

产品触点管理旨在优化产品设计，增强顾客体验。关键在于细致分解顾客使用产品的流程与活动，对每一个细节进行改进，以提升使用时的感知与体验。可运用顾客使用产品过程进行分析、质量屋分析等方法深入剖析产品触点，进而制定针对性的管理策略，以达到最佳的产品设计与顾客体验效果。

服务触点管理核心在于提升各触点体验，以优化整体顾客旅程及满意度。管理步骤涵盖触点分解识别、触点关键流程解析、关键服务体验提升、服务触点管理体系、反馈和评估等，如图6-11所示。在数字化环境下，触点数字化水平提升，顾客每次交互均有记录。企业可增设触点提升服务，利用无感知技术如人脸识别识别关键顾客。数字化流程助力实时监控、需求挖掘、信任建立等，促进关系维护和购买意愿增强。

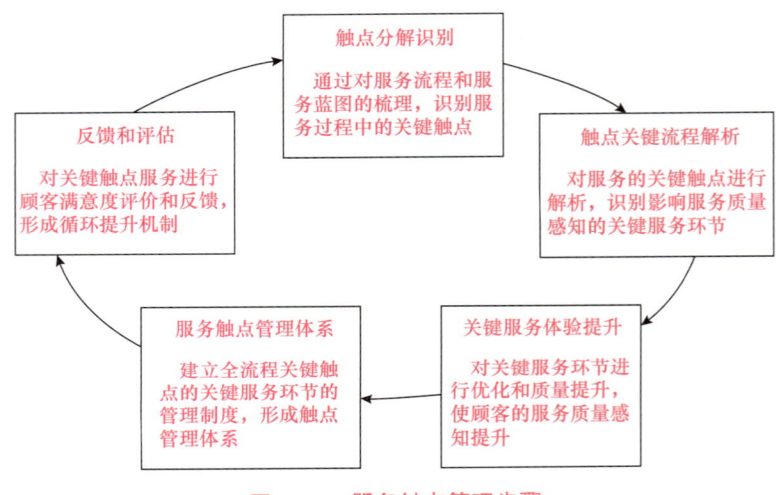

图6-11 服务触点管理步骤

2. 顾客旅程管理

顾客旅程图源自市场营销领域，由奇普·R.贝尔与罗恩·泽姆克于1989年提出，初称"服务周期图"，旨在分析顾客购买产品或服务时的关键影响时刻。顾客旅程管理对企业至关重要，它基于顾客视角，全面解析购买及使用前后的体验，涵盖行为、期望、风险等。通过细致描绘各阶段体验，企业能精准识别问题并寻求改进，高质量旅程图可带来竞争优势，其影响远超单一触点，关乎整体满意度。

顾客旅程图由3部分构成：目标顾客、体验历程与深入分析。首先，明确"目标顾客"，依据具体画像和任务场景设定分析范围，如手机话费套餐更换的顾客需求。其次，"体验历程"。展现顾客购买决策各个阶段的品牌接触内容及其感受与想法，以往常用笑脸图标或情绪线表示。最后，"深入分析"。基于顾客画像和任务场景，剖析触点体验，助力企业优化服务，提升顾客满意度。

在数字化时代背景下，顾客旅程图的绘制与应用已经迈入了全新的阶段。借助先进的数字技术和分析工具，企业能够更加高效地捕捉、分析和优化顾客的每一个交互环节，从而精准描绘出顾客在数字环境中的完整旅程。这一过程不仅提升了顾客体验的洞察能力，也为企业带来了前所未有的竞争优势和市场机遇。

6.2.4 数字化顾客忠诚度管理

6.2.4.1 数字化顾客忠诚度管理的基本概念

数字化顾客忠诚度管理关注数字环境下顾客的重复购买、口碑推荐等行为，涵盖忠诚测评、会员管理、忠诚计划等。顾客满意是影响忠诚的关键因素，但形态各异——垄断行业顾客或许不满意但仍会购买，竞争行业顾客满意则会流失，而理想状态是满意与忠诚正相关。衡量忠诚顾客的标准多样，包括复购率、钱包份额、净推荐值、对竞争诱惑的抵抗力及容忍失误的能力，还有幸福感、承诺与裂变等指标。

6.2.4.2 会员顾客的忠诚度管理

1. 会员顾客的忠诚计划

会员顾客的忠诚度提升计划是企业为保留现有顾客或增强顾客黏性而制定的一系列策略。这些计划通过提供专属优惠、积分奖励、会员特权等方式，激励顾客持续选择并忠诚于企业品牌。通过精心设计的忠诚计划，企业不仅能够提升顾客的满意度与忠诚度，还能有效促进顾客回购，为企业的长期发展奠定坚实的顾客基础。

数字环境为会员顾客忠诚计划带来新特性。①会员注册制度便于收集行为数据，实现精准画像与识别。②交易记录自动化，数字化监控顾客旅程。③流程优化，提供自动化服务，会员可在线自助完成遗漏环节。④构建围绕移动端与 AI 客服的实时在线服务体系。⑤依据会员数据自动化推荐高价值产品，提升购物体验。⑥数字化内容呈现，通过 A/B 测试优化营销策略，预测建模提升产品推荐效果。⑦数据分析与洞察，预警流失顾客、激活休眠顾客、优化顾客忠诚计划。

顾客忠诚计划旨在达成两大目标：一是提升顾客重复购买率，对普通顾客主要通过折扣、赠券等硬性利益实现，对顶级顾客则通过精准推送和特别让利增强；二是构建顾客退出壁垒，尤其针对顶级顾客，采用硬性经济利益与软性关系利益结合，增加转换成本（程序、经济、情感）和沉没成本（前期投入），降低流失率。

2. 顾客的社群管理

顾客的社群管理是通过构建线上与线下社群体系，对顾客群体实施持续管理。在数字时代，社群管理已成为关键管理模式，企业利用微信、QQ 等工具建立社群，保持与顾客的即时沟通，满足需求、推广产品、推动销售增长及口碑传播，进而提升企业绩效。社群基于共同需求而形成，因此，需强化共同特征和价值观，确保社群稳定和活跃。

社群运营需关注多个要点，包括社群加入规则、互动管理、仪式与器物及变现模式。社群加入方式多样，如邀请、任务、付费等，代价越高，人数越少，但退出壁垒越高。互动管理涵盖活动设计、仪式实施、行为规则、传播规范等。正式社群更重视仪式场所、故事、符号等仪式与器物元素。

6.2.4.3 顾客流失管理

1. 顾客流失与赢回

顾客流失分为两类：一是自愿流失，即顾客主动放弃购买或选择购买竞争对手产品，通常源于需求未被满足或市场竞争；二是非自愿流失，例如，因生活变化（如孩子长大不再需要婴幼儿奶粉）

而停止购买。企业应重点关注自愿流失，及时识别风险并干预以减少流失。对于非自愿流失的满意顾客，企业可鼓励其传播正面口碑，尝试通过裂变传播吸引新顾客。

针对具有重复购买周期的产品，建立流失预警系统至关重要。如在婴幼儿奶粉换段时期，顾客易流失，企业可在换段前实施老顾客回报策略，减少转换购买的可能。同时，顾客抱怨和投诉是预警关键，记录并分析这些反馈能揭示流失原因，为产品和服务改进提供方向，也为顾客赢回策略制定提供依据，使其从而降低顾客流失率。

顾客赢回是降低客户关系成本的关键。阿伦·杜卡，指出赢回老顾客比争取新顾客成本更低；但赢回前需评估流失顾客的二次终身价值，确保投入产出比合理。抱怨型流失顾客是赢回的突破口，企业可针对其抱怨原因实施补救方案，并提取标签和画像，对类似流失顾客实施相同策略。通过 A/B 测试和策略迭代，企业能找到最佳赢回策略。赢回后，企业需持续关怀顾客，提供特殊价值或服务，加入社群保持互动，提升顾客满意度和忠诚度。

2. 休眠顾客激活管理

休眠顾客指的是注册或初次购买后未再产生购买行为的顾客，尤其在 B2C 领域（如银行、网络公司、商超等）广泛存在。激活这类顾客需从其行为动机入手。研究表明，顾客参与营销的动机主要包括获取利益、提升自我、建立社交、利他、娱乐、便利及解决问题。这些动机可分为保健型（促销售）和激励型（建关系）两类。结合使用这两类策略，既能短期激活顾客，又能长期建立关系。在操作时，需先通过人员拜访、短信、邮件等方式向休眠顾客传达激活信息，若 3 次尝试后仍无反应，可考虑放弃。

课堂讨论

假设你是某消费品公司的客户关系管理经理，面对顾客流失和休眠顾客的问题，你会采取哪些策略来管理和改善？请详细说明理由。

6.2.5 数字化深度营销

1. 重复购买与重定向

数字化运营时代，顾客购买行为数据详尽，便于精准定向推荐与重定向营销。重定向策略类型多样，其中包括：①消费习惯重定向，即依据顾客购买周期性规律推送限时优惠，提升复购率；②销售环节重定向，针对未完成购买流程的顾客，通过优惠券等激励措施促其完成交易；③地理位置重定向，顾客频繁现身某地时推送相关商品广告；④刺激反馈重定向，顾客对产品信息积极响应后深化接触，促进销售；⑤关联销售重定向，向购买某商品的顾客推荐相关商品，同样能有效提升复购率。

提升顾客复购率的有效策略涵盖提醒服务、个性化产品推荐、发放优惠券、累积积分奖励及以旧换新计划等。鉴于单次提醒转化效果有限，结合多样化的促销活动尤为关键。为此，部分企业推出了定期购模式，即顾客预先支付，企业则依据顾客需求定期配送商品，以此有效提升复购率。

2. 交叉销售和增值销售

交叉销售策略旨在向购买 A 产品的顾客推销相关联的 B 产品，两者常一同出现在顾客购物清单中。超市中洗发水搭配护发素、方便面搭配火腿肠等促销，以及经典的"啤酒与纸尿裤"案例，均为交叉销售的实例。其机会源自深入的数据关联分析。交叉销售形式多样，例如产品配套关联（如电影票配爆米花）、上下游关联（如机票搭配酒店优惠）、平台产品组合（如中粮的米面粮油礼品卡）及地理位置关联（如便利蜂购物后获附近餐馆券）。作为数字化客户关系管理的关键，交叉销售对提升顾客价值至关重要，有时增值销售也被视为其一部分。

增值销售旨在在顾客预算内增加销售额，如在面馆，顾客点清汤面时店员会推荐加卤蛋。企业常设计互补产品组合，诱导顾客购买关联商品，以培养忠诚客户。例如，移动通信公司会在顾客购买宽带服务时，推荐家庭号卡、电视宽带、监控及云服务等附加业务，通过捆绑服务增强顾客黏性，使其难以转向其他服务商。

3. 组合销售和社群变现

组合销售和社群变现是数字化客户关系管理的两大法宝，核心在于汇聚顾客资源形成资产，进而实现盈利。社群变现模式尤为关键，它依据是否向会员直接销售及是否视会员为整体资产两个维度，衍生出多种变现策略。当直接销售不适用时，需探索其他盈利途径。将顾客视为整体资产，则能开辟更多盈利空间。据此，社群变现可分为集中采购、直接销售、异业合作及合伙赚钱4种模式，如图 6-12 所示，每种模式均能有效利用顾客资产，创造更多价值。

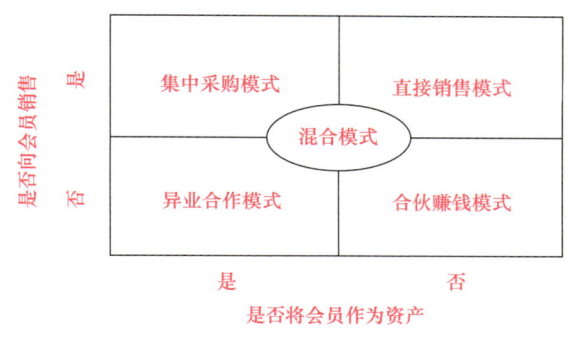

图 6-12 社群变现模式

集中采购模式则利用会员规模优势，通过团体采购为会员带来实惠，同时实现社群运营方的收益，如大型社区物业的集采服务。直接销售模式面向社群成员直接推销产品，尤其适用于提供独特价值商品或服务的企业，如移动通信公司。在异业合作模式下，社群成员被视为资源，与其他企业或社群进行资源互换，如企业间利用联邦计算共享广告信息。合伙赚钱模式则常见于专业社群，成员共同开发产品并销售，共创收益。

> **案例分析**
>
> **网络直播营销典型案例**[①]
>
> 小米汽车——一个新兴的国产新能源汽车品牌，凭借其在数字营销领域的卓越创新，迅速成为业界的焦点。品牌深刻认识到，在竞争激烈的市场环境中，精准捕捉消费者需求，提供个性化的品牌体验，以及打通线上线下的全渠道，是赢得消费者青睐的关键。
>
> SU7 系列车型作为小米汽车的明星产品，其数字营销策略尤为出色。品牌围绕 SU7，精心策划了一系列营销活动，从上市发布会到雷军年度演讲，再到小米"新起点"发布会，每一场活动都吸引了大量关注。此外，品牌还通过"小米汽车答网友问""雷军的副驾"等栏目，与消费者

---

① FANG. 小米汽车 2024 营销回顾：让消费者成为精神股东 [EB/OL]．（2024-12-20）[2025-01-13]．https://www.digitaling.com/articles/1295692.html．

进行深度互动，传递品牌价值与产品优势，增强了消费者对品牌的认知与情感连接。

在社交媒体平台上，小米汽车同样表现出色。品牌充分利用微博、抖音等平台，发布产品信息、活动预告及与雷军互动内容，吸引了大量网友的关注和讨论。雷军作为品牌的灵魂人物，其个人魅力与梗文化成为数字营销的一大亮点，有效拉近了品牌与消费者的距离，提升了品牌的亲和力和影响力。

小米汽车还注重线上线下融合的无缝体验。在线下门店，品牌设置了展柜，让消费者能够亲身体验产品的魅力；而在线上平台，品牌则提供了详细的产品介绍、预约试驾等服务，实现了线上线下的无缝衔接。此外，通过直播活动，如"雷军的副驾"专题直播，邀请汽车博主与雷军共同分享驾驶体验，进一步提升了消费者对产品的认知与期待，增强了品牌的互动性和传播力。

值得一提的是，小米汽车 SU7 Ultra 原型车在纽北赛道上取得了全球最速四门车的成绩，为产品赢得了极高的关注度和口碑。品牌通过发布纽北赛道实录、纪录片等内容，将小米汽车在纽北的故事娓娓道来，激发了消费者的激情与共鸣，进一步提升了品牌形象和产品价值。

在发布会策略上，小米汽车也进行了创新。品牌对待上市产品，采用长线布局和持续推进的策略，每一款产品的发布都至少进行两次发布会，以延长传播周期，加深消费者印象。这一策略不仅提升了品牌的知名度，还增强了消费者对产品的记忆点，为品牌的长远发展奠定了坚实基础。

此外，小米汽车还通过"小米汽车答网友问"等栏目，建立了与消费者的对话桥梁，传递出品牌的真诚与可信。品牌定期发布阶段性进展的即时汇报，如交付成绩、工厂动向等，让消费者感受到品牌的透明度与责任感，进一步增强了消费者对品牌的信任与认可。

小米汽车的数字营销策略不仅提升了品牌知名度与美誉度，更在激烈的市场竞争中赢得了消费者的青睐与信任。未来，小米汽车将继续深化数字营销策略，不断创新与突破，为消费者带来更加个性化、便捷的品牌体验，助力品牌实现持续稳健的发展。

问题：

小米汽车如何运用数字营销客户管理，持续优化消费者体验，提供个性化的品牌服务？请具体分析。

 实战演练

数字营销客户管理在运动服饰行业的应用

1. 实践背景

客户管理是企业实现精准营销和提升客户价值的关键。数字渠道与销售管理、数字化客户关系管理是数字营销客户管理的核心内容。本次实践调研作业以运动服饰行业的领军企业李宁（Li-Ning）为例，深入分析其数字营销客户管理的应用，帮助学生将数字渠道与销售管理、数字化客户关系管理的理论与实践结合。

2. 实践目的

★掌握数字渠道与销售管理的方法与工具。

★学会数字化客户关系管理的基本技术与应用。

★理解数字营销客户管理的指标体系与方法。

★培养数据分析和案例研究能力。

★提升团队协作与报告撰写能力。

3. 实践对象

★调研行业：运动服饰行业。

★调研企业：李宁。

请同学们结合调研结果，在以下空白处填写你对李宁公司的认识，分享你的发现与见解。

李宁是中国领先的运动服饰品牌，由著名体操运动员李宁于1990年创立。作为中国体育用品行业的先驱，李宁以其创新的产品设计、强大的品牌影响力和对体育事业的持续支持而闻名。李宁品牌自成立以来，迅速成为中国运动服饰市场的领军者。

李宁产品涵盖_____、_____、_____等多个品类，广泛应用于_____、_____、_____等运动领域。

李宁不仅在国内市场占据重要地位，还通过国际化战略拓展海外市场，成为全球知名的运动品牌之一。

4. 实践内容与步骤

本次实践调研作业分为4个阶段：前期准备与调研设计、数据收集与分析、数据分析与效果评价、总结与报告撰写。实践内容与步骤见表6-2。教师根据各组提交的报告、汇报表现及团队协作情况，进行综合评分，实践评价见表6-3。

表6-2 实践内容与步骤

任务阶段		任务内容	交付成果
第1阶段：前期准备与调研设计（1天）	任务1：确定调研主题与目标	1. 调研主题： 数字营销客户管理在李宁品牌中的应用 2. 调研目标： （1）了解李宁在数字渠道与销售管理中的策略 （2）分析李宁在数字化客户关系管理中的技术与应用 （3）评估李宁的数字营销客户管理效果 （4）提出优化数字营销客户管理策略的建议	调研方案文档（包括调研主题、目标、方法、工具及团队分工等）
	任务2：设计调研方案	1. 调研方法： （1）文献研究：查阅数字渠道与销售管理、数字化客户关系管理的相关理论 （2）数据分析：收集李宁的公开数据（如用户行为数据、销售数据等） （3）用户调研：设计问卷或访谈，了解用户对李宁品牌和产品的认识与反馈 2. 调研工具： （1）数据分析工具：Python、Excel、Tableau等 （2）问卷工具：问卷星、Google Forms等 （3）文献检索工具：知网、Google Scholar等	
	任务3：团队分工与时间规划	1. 团队分工： （1）数据收集与分析组：负责收集平台数据和用户调研数据 （2）案例研究组：负责分析李宁的客户管理数据 （3）报告撰写组：负责整理调研结果并撰写报告 2. 时间规划： 明确各阶段的时间节点和交付成果	
第2阶段：数据收集与分析（2天）	任务1：文献研究与案例收集	1. 文献研究： 查阅数字渠道与销售管理、数字化客户关系管理的相关文献，了解理论框架和成功案例 2. 案例收集： 收集李宁在数字营销客户管理中的应用案例等	数据收集与整理报告（包括数据来源、样本量、数据质量评估等）

续表

任务阶段		任务内容	交付成果
第2阶段：数据收集与分析（2天）	任务2：数据收集与整理	1. 平台数据： 通过公开渠道收集李宁的用户行为数据（如浏览记录、购买记录等）和销售数据 2. 用户调研： 设计问卷或访谈，收集用户对李宁品牌和产品的认识与反馈 3. 问卷内容： 可包括用户对李宁的品牌认知度、产品使用体验、购买动机、消费习惯等 4. 数据整理： 对收集到的数据进行清洗和分类，便于后续分析	数据收集与整理报告（包括数据来源、样本量、数据质量评估等）
	任务3：数据分析	1. 数据质量评估： 检查数据的完整性、准确性和一致性 2. 数据分类： 根据数据类型（如用户行为数据、销售数据等）进行分类整理	
第3阶段：数据分析与效果评价（3天）	任务1：数字渠道与销售管理分析	1. 渠道分析： 分析李宁在不同数字渠道（如官网、电商平台、社交媒体）的销售表现 2. 销售策略分析： 评估李宁的促销活动、定价策略和产品组合对销售的影响	数据分析与效果评价报告（包括数据分析结果、效果评价和优化建议）
	任务2：数字化客户关系管理分析	1. 客户画像分析： 分析李宁的目标用户群体及其特征 2. 客户生命周期分析： 评估客户在不同生命周期阶段（如潜在客户、新客户、忠诚客户）的行为和需求 3. 客户满意度分析： 分析用户对李宁产品和服务的满意度	
	任务3：数字营销客户管理效果评价	1. 指标体系构建： 根据李宁的营销目标，构建效果评价指标体系（如客户获取成本、客户留存率、客户终身价值等） 2. 效果评估： 基于指标体系，评估李宁的数字营销客户管理效果 3. 问题诊断： 分析客户管理中存在的问题，提出改进建议	
	任务4：提出优化建议	1. 数字渠道优化： 针对数字渠道的不足提出改进建议 2. 客户关系管理优化： 针对客户关系管理中的问题提出优化建议 3. 效果评价优化： 针对效果评价体系提出改进建议	
第4阶段：总结与报告撰写（1天）	任务1：总结调研成果	1. 调研回顾： 总结整个调研过程与成果 2. 经验教训： 分析调研中的成功经验与不足之处 3. 未来展望： 提出数字营销客户管理在运动服饰行业的未来发展方向	调研报告与展示PPT
	任务2：撰写调研报告	报告结构： （1）引言：调研背景与目的 （2）调研方法：数据收集与分析过程 （3）调研结果：数据分析与案例研究结果 （4）结论与建议：总结调研成果并提出优化建议 （5）报告格式：图文并茂，逻辑清晰，语言简洁	

续表

任务阶段	任务内容		交付成果
第4阶段：总结与报告撰写（1天）	任务3：团队展示与答辩	1. 展示内容：以PPT形式展示调研过程与成果 2. 答辩环节：回答评委（教师或其他学生）的提问，进一步阐述调研中的思考与收获	调研报告与展示PPT

表6-3 实践评价

实践题目						
完成时间						
学院						
姓名		年级		班级		
成绩评定	评价内容	评价标准	分值	教师评价（占比60%）	个人评价（占比40%）	实际得分
	调研设计与执行能力	1. 调研方案的合理性与执行效果 2. 团队分工与时间规划的合理性	20			
	数据分析能力	1. 数据收集的全面性 2. 分析方法的科学性 3. 结论的准确性	20			
	案例研究能力	1. 案例分析的深度与广度 2. 优化建议的可行性	20			
	报告撰写与展示能力	1. 报告的逻辑性、完整性 2. 展示的吸引力	20			
	汇报表现	内容完整，表达清晰，视觉美观，互动流畅，自信专业	20			
		总分				

德育天地

雪花啤酒数字营销策略与转型之路解析[1]

雪花啤酒近年来在市场中表现出色，凭借一系列精心打造的明星产品，如马尔斯绿、匠心营造、脸谱及勇闯天涯SuperX等，成功打入中高端市场并稳固了地位。这些产品不仅丰富了雪花啤酒的产品线，更以其独特的口感和包装设计赢得了消费者的广泛喜爱，充分满足了消费者日益多样化的需求。

在Brand Finance发布的"2024全球啤酒品牌价值50强"榜单中，雪花啤酒以卓越的品牌实力和市场表现，位列第六，这一成绩彰显了雪花啤酒在国内啤酒行业的领先地位。雪花啤酒的成功并非偶然，而是得益于其对数字营销策略的精准把握和持续转型的努力。

在数字营销方面，雪花啤酒充分利用线上线下融合经营的优势，通过大数据分析和精准营销，实现了对目标消费群体的精准定位。同时，雪花啤酒还注重与消费者的互动体验，通过社交媒体、电商平台等渠道，开展了一系列富有创意和趣味性的营销活动，有效提升了品

---

[1] 产业家. 雪花啤酒：以AI数智化重新书写啤酒产业［EB/OL］.（2024-10-14）［2025-01-13］. https://news.qq.com/rain/a/20241014A06ID100.

牌知名度和美誉度。

此外，雪花啤酒在转型之路上也取得了显著成效。公司积极推动线上线下融合经营，打造无缝连接的购物体验。通过优化供应链管理、提升物流效率等措施，雪花啤酒实现了从生产到销售的全链条数字化转型。这一转型不仅提高了公司的运营效率和市场竞争力，更为消费者带来了更加便捷、高效的购物体验。

雪花啤酒凭借其明星产品的成功推出、数字营销策略的精准把握以及持续转型的努力，成功在市场中脱颖而出。未来，随着消费者需求的不断变化和市场竞争的日益激烈，雪花啤酒将继续坚持创新驱动，不断提升品牌实力和市场竞争力，为消费者带来更多优质、个性化的啤酒产品。

本章小结

本章主要探讨了数字渠道与销售管理及数字化客户关系管理。

在数字渠道与销售管理部分，概述了数字渠道与销售管理，详细探讨了"人、货、场"3个核心要素的数字化管理。在销售人员的数字化管理方面，介绍了销售目标的数字化管理、销售行为的数字化管理、销售线索的数字化管理、销售报价的数字化管理、订单的数字化管理及销售绩效的数字化管理。在商品的数字化管理方面，探讨了商品分类与定位策略、商品数字化以及商品销售数字化。在销售场所的数字化管理方面，分别分析了电商平台和线下门店的数字化管理策略。在销售渠道的数字化管理方面，探讨了目标过程管理的数字化实践、渠道激励策略的数字化实施、价格策略管理的数字化升级、渠道权益的数字化保障策略、渠道成员成长与发展的数字化管理以及数字化赋能的多个方面。

在数字化客户关系管理部分，第一，概述了数字化客户关系管理；第二，在顾客识别和分类管理方面，介绍了构建顾客画像和顾客分类管理的方法，如ABC分类法，这些方法有助于企业精准把握顾客特征和行为模式，为后续营销策略的制定提供依据；第三，在数字化顾客满意度管理方面，讨论了顾客满意度的基本理论及数字化手段在顾客满意度测评和管理等方面的应用；第四，在数字化顾客忠诚度管理方面，强调了会员顾客的忠诚度管理及顾客流失管理的重要性；第五，简要提及了数字化深度营销，包括重复购买与重定向、交叉销售和增值销售等策略。这些策略有助于企业进一步提升顾客价值和市场竞争力。

本章旨在帮助读者全面理解数字渠道与销售管理及数字化客户关系管理的核心概念和策略，掌握数字化手段在提升营销效率和效果方面的应用。无论是传统企业还是新兴的数字营销企业，都需注重数字化转型，以数据为驱动，不断优化和调整营销策略，实现最佳的市场效果和顾客满意度。

微课资源

微课视频

第 7 章 数字营销组织结构与管理

知识目标

★ 理解数字营销组织的基本概念、设计原则及结构
★ 掌握数字营销组织设计流程、运作流程及业务模式

素养目标

★ 了解数字营销组织的结构和岗位设置，提升学生的组织管理和团队协作能力
★ 掌握数字营销组织的运作流程和业务模式，培养学生的数字营销组织创新和管理能力
★ 强调在数字营销组织管理中应遵循公平、公正、透明的原则，培养学生的职业道德和社会责任感
★ 通过分析数字营销组织案例，引导学生关注组织效率和创新能力提升，倡导持续改进和追求卓越的精神

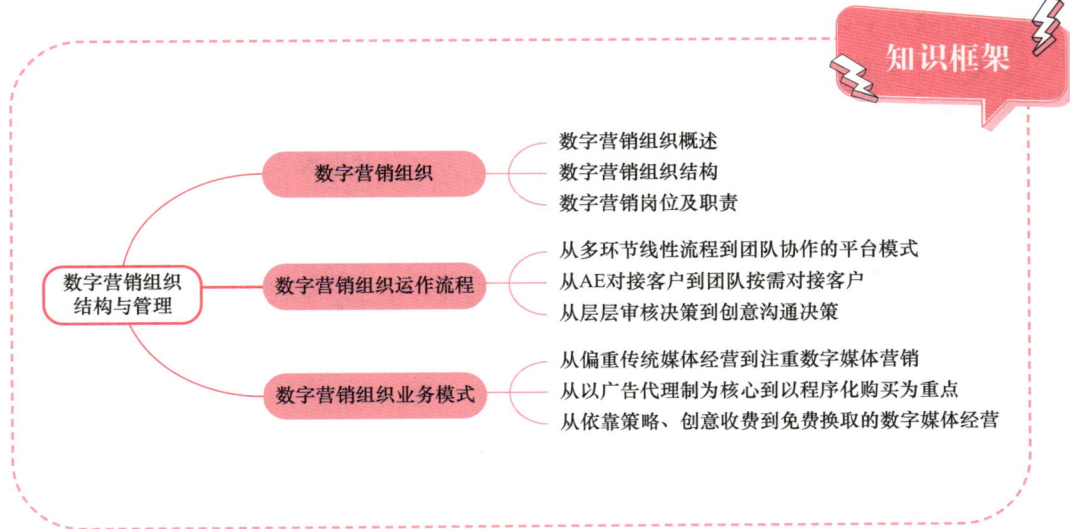

知识框架

山西文旅与《黑神话：悟空》的数字营销创新实践[①]

随着国产游戏《黑神话：悟空》的盛大发布，其精美的游戏画面和深厚的文化底蕴迅速吸引了广大玩家的目光。更令人惊喜的是，游戏中的许多取景地都位于中国山西省，这无疑为山西文旅部门提供了一个千载难逢的营销良机。面对这一难得的机会，山西文旅部门迅速行动，凭借一系列创新的数字营销策略，成功地将游戏与文旅产业紧密结合，实现了双方的互利共赢。

《黑神话：悟空》的火爆不仅在于其游戏本身的吸引力，更在于它所蕴含的文化价值。山西文旅部门敏锐地捕捉到了这一点，它们充分利用社交媒体平台和短视频应用的广泛影响力，精心策划了一系列与游戏相关的内容。这些内容丰富多彩，既有游戏取景地的实地探访，又有游戏场景与现实场景的对比视频，还有以游戏角色为背景的文旅故事。这些生动有趣的内容不仅深深吸引了游戏玩家的关注，更激发了广大网友对山西文旅的浓厚兴趣。

除了线上内容的发布和产品的设计，山西文旅部门还非常注重与游客的互动和参与。它们在线上举办了《黑神话：悟空》主题摄影比赛、征文比赛等活动，鼓励游客分享他们在山西的旅行经历和感受。这些活动不仅激发了游客的创作热情，更让游客在分享的过程中感受到了山西文旅的独特魅力。同时，山西文旅部门还组织了线下主题活动，如游戏取景地探访团、主题音乐会等，让游客能够亲身参与到游戏中去，感受那份来自心底的震撼和感动。

为了确保这次营销计划的顺利实施，山西文旅部门在组织结构上也进行了相应的调整。它们组建了一个专项团队来负责整个项目的策划、执行和监测。这个团队由来自不同部门的专家组成，包括市场营销、产品设计、数据分析等领域的专业人才。他们各司其职，共同协作，确保了项目的顺利进行和高效执行。此外，山西文旅部门还建立了跨部门协作机制来加强内部沟通和协作。这个机制确保了不同部门之间能够及时分享信息、协调资源，并共同解决遇到的问题。这种跨部门协作的方式不仅提高了工作效率，更增强了团队的凝聚力和执行力。

这次营销活动不仅带来了显著的经济效益，更带来了深远的社会效益。一方面，它吸引了大量游客前来山西旅游，促进了当地经济的发展；另一方面，它也提升了山西文旅的品牌形象和知名度，为未来的文旅产业发展奠定了坚实的基础。更重要的是，这次活动让更多的人了解到了山西丰富的文化底蕴和旅游资源，激发了他们对山西文旅的热爱和向往。

山西文旅与《黑神话：悟空》的数字营销创新实践为我们提供了一个成功的案例。它们充分利用社交媒体平台和短视频应用、跨行业合作以及互动与参与等策略，并结合高效的组织结构管理，成功地实现了文旅与游戏的深度融合。这一案例不仅值得我们学习和借鉴，更为我们未来的数字营销实践提供了有益的启示。

[①] 郭玉敏. 从"黑神话：悟空"看山西文旅举措［EB/OL］.（2024-10-14）［2025-01-13］. https://news.qq.com/rain/a/20241014A044MZ00?suid=8QMc339c7YEZuDfa7gJ1&media_id=.

7.1 数字营销组织

7.1.1 数字营销组织概述

1. 组织和组织结构的基本概念

组织作为社会发展中劳动分工的成果,尤其在企业形态中体现明显。现代企业组织是为了达成特定生产经营目标,由全体员工及所需资源构成的有机整体。其核心在于组织结构,即员工为实现企业目标而在工作中形成的权责分工体系,涵盖管理层次、部门设置、权责划分及业务职能等方面。这一结构如同企业的骨架,深刻影响着内部指挥、沟通系统,以及员工表现。在当下充满易变性、不确定性、复杂性和模糊性的市场环境中,组织结构需与业务战略紧密融合,底部组织需具备弹性,以适应市场波动。营销组织作为企业与外界联系的桥梁,其强化对提升企业竞争力至关重要。

2. 数字营销组织的基本概念

数字营销组织依托数据与数字技术,聚焦顾客终身管理,整合营销传播、产品研发、顾客运营等部门,形成 DIA 闭环迭代体系。在数字营销浪潮下,企业纷纷重塑营销组织,如可口可乐设立首席增长官,宝洁重构数字营销部并强化顾客互动,安利则以数字技术为核心重构营销体系。数据丰富性促使营销策略动态化,市场营销组织形态随之演变,新增运营、数据分析等岗位与职能。然而,企业数字营销组织结构各异,受层级关系、行业特性、产品差异及企业独特需求影响,并无统一模板,各企业需根据自身情况灵活构建。

3. 数字营销组织的设计原则

数字营销组织设计需遵循4大原则:①需适应市场环境,包括技术、竞争、法律及社会环境,确保组织设计与之相协调。②应与企业战略相匹配,全面数字化转型与部分转型在营销组织设计上存在差异,需确保战略实施。③需依据企业能力,具备相关技术、数据及人力资源时,可构建完整数字营销组织,反之则需与外部合作。④需考虑顾客特征,根据行业特性及产品服务复杂度,灵活设置数字营销岗位,以提供精细化服务或满足社交媒介管理等需求。

4. 数字营销组织的设计基本目标

数字营销组织设计旨在达成多重目标:①适应数字环境变革,超越传统营销职能,满足社交媒介互动等新需求。②追求全过程数字营销管理,利用数据优化各环节,提升整体效率。③构建数据驱动的决策体系,依托丰富数据支撑营销策略,确保其精准有效。④满足顾客实时需求,通过专门岗位快速响应市场变化,建立顾客信任。⑤充分利用新技术(如AI、大数据等),推动营销创新,使企业数字营销组织与技术发展同步,持续引领市场。

5. 数字营销组织的设计流程

数字营销组织设计遵循既定流程:①深入分析企业外部环境与顾客需求,聚焦数字营销技术趋势、新兴工具、竞品策略及目标客户偏好。②综合评估企业在数据分析、数字平台运用及开发、数据应用等方面的能力。③考量组织文化对管理能力的影响，以确定内部承担与外部合作的数字营销职能。④依据市场需求、企业能力和文化设计组织结构。⑤明确岗位与职能，招聘专业人才。⑥组织运行一段时间后，进行效果评估，检查是否达成目标并适应新应用体系，为后续迭代优化奠定基础。

7.1.2 数字营销组织结构

7.1.2.1 数字营销组织结构的基本概述

传统企业市场部与销售部各司其职，分别把控营销漏斗的两端。随着数字技术深入业务，数据在营销管理与市场监测中扮演关键角色。顾客旅程至销售转化的全链条均可由数据驱动管理，促使企业构建适配数字运营的组织架构，运营、产品及数据等部门应运而生，强化数据在营销中的作用，如图7-1所示。数字技术还促使组织管理跨越部门界限，市场、销售等部门间的协作成为常态，使各企业的数字营销组织结构各具特色，且不断经历由数字技术引领的变革。

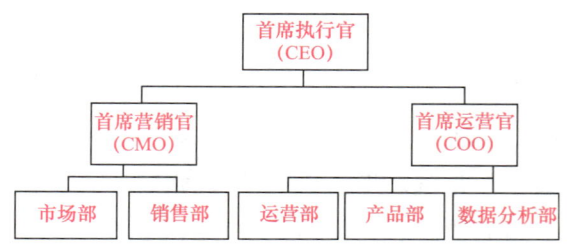

图 7-1 数字营销相关部门组织结构

市场部负责品牌建设与营销传播，策划创意方案并执行推广，分析舆情与竞品，为销售提供支持。销售部则制定销售策略，维护客户关系，完成销售与回款任务。产品部负责需求调研、规划及项目管理，协调各部门确定运营方案，并持续优化产品。运营部调查分析顾客行为，策划运营方案，管理顾客生命周期，优化产品与服务。数据分析部搭建评估体系，解读业务数据，支持业务发展，设计A/B测试优化方向，推动数据化运营培训。

7.1.2.2 数字营销组织结构的类型

在企业中，数字营销组织结构可设计为3种模式。独立式数字营销组织让各业务单元独立并行运作；整合模式则分为集中式和混合式，前者强调总部集中管理，后者则兼顾总部与业务单元的协作。这3种模式各有特点，适应不同的企业需求。

1. 独立式数字营销组织

在独立式数字营销组织模式下，企业内各业务单元独立运营，均配备完整的数字营销部门。这些部门在传统市场部与销售部基础上，增设了运营、产品及数据分析等部门。其中：运营部依托数据，管理企业获客、激活、留存、变现等全环节；产品部负责规划、设计与数字化展示；数据分析部则专注数据提取、分析及报告。部分业务单元还设有技术开发部，负责网站搭建与前后端开发，但本文不涉及其工作，仅聚焦数字营销相关职责。独立式数字营销组织结构如图7-2所示。

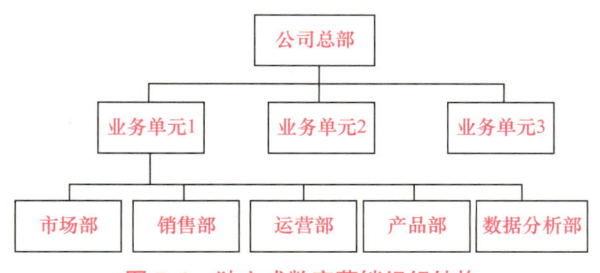

图 7-2 独立式数字营销组织结构

独立式数字营销组织优势显著，分工明确、权责清晰，便于高效实现顾客画像、产品设计与运营。此架构利于各业务单元深入洞察市场，精准制定营销策略，助力销售目标达成；然而，它也面临数据与营销战略缺乏统一规划的问题，导致数据孤岛、资源难以共享复用、重复投入及冗余建设等弊端。

2. 集中式数字营销组织

集中式数字营销组织专注构建并运营数字营销中台，集中力量进行平台搭建与维护，如图 7-3 所示。各个业务单元通过访问和利用这一共享平台上的资源支持自身的营销活动和产品销售工作。这种方式促进了资源的有效利用，提升了营销效率。

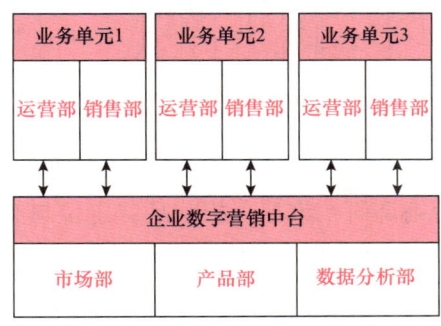

图 7-3 集中式数字营销组织结构

（1）数字营销中台。企业数字营销中台作为核心支撑平台，统一管理营销资源，涵盖市场、产品及数据分析等管理职能，服务于全企业各业务单元。该中台采用"资源共享+能力共享+集中服务"模式，由企业层级集中管理市场策略、产品研发及数据资源，业务单元则专注数字化运营与销售。此集中式架构避免了独立式组织的弊端，通过功能复用提升效率。它配合业务单元的小前台，实现全业务数据管理，精准洞察顾客，全渠道个性触达，精细化运营，最终提升顾客终身价值。

数字营销中台是集资源管理和运营于一体的平台，依托数据资源构建数据管理、市场营销管理和产品管理 3 大核心能力。数据管理整合 CRM、交易销售及顾客行为数据，实现精准顾客洞察与画像构建。市场营销管理则整合全渠道资源，制定共性营销策略，管理顾客触点和旅程，包括流量运营、资源运营、触点活动管理及引流转化。产品管理覆盖产品全生命周期，从定义到迭代，早期快速验证产品与市场反馈，成熟期则提升顾客体验与满意度。

（2）集中式数字营销组织的特点。集中式数字营销组织与独立式数字营销组织相比，核心差异在于是否构建了营销中台体系。在集中式数字营销组织模式下，企业能够高效整合各类数字与数据资源，由数字营销中台统一负责数据管理、分析、市场策略规划及产品设计与发布。这一中台成为数据流转、顾客引流、产品开发的核心枢纽，各业务单元则专注市场运营与销售管理。数字营销中台不仅作为策略制定的核心，还设立了运营执行岗位，为各业务单元的数字营销策略实施提供坚实

支撑，实现了营销活动的集中管理与高效协同。

集中式数字营销组织优化了独立式数字营销组织的分散管理，展现出良好的规划性、低冗余、数据整合、资源共享、自主运营及成本控制优势，适合资源丰富、业务单元执行力强的企业；然而，它也存在不足，如与市场脱节、理解业务数据不够深入、沟通成本高。面对快速变化的业务，中台可能滞后，且平台开发和维护能力不足时，运营管理受阻。此外，中台集权可能导致业务单元资源匮乏，抑制创新。

3. 混合式数字营销组织

混合式数字营销组织结构融合了企业层面与业务单元的职能，各有侧重。企业层面专注策略规划、品牌建设、渠道与媒体资源整合、数据能力构建、技术应用及整体营销活动。策略执行与销售职责则下放至各业务单元，实现职能分布与协作，确保策略有效落地与市场响应速度，如图7-4所示。

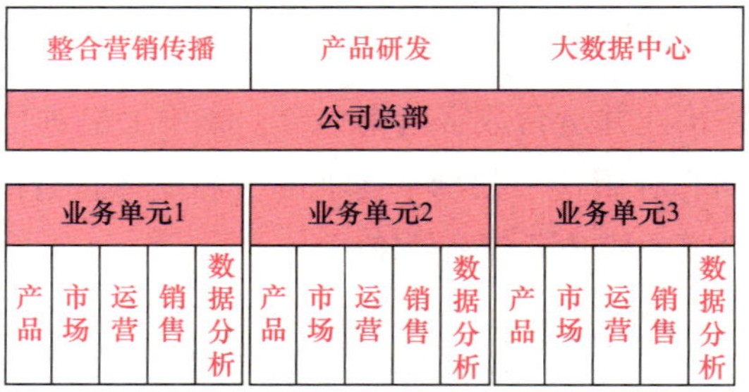

图7-4 混合式数字营销组织结构

在混合式数字营销组织模式下，公司总部扮演成本中心角色，负责数字营销传播、品牌建设、技术研发及数据管理。它主导营销调研、市场分析、品牌定位与策略制定，并执行营销传播。同时，负责信息技术解决方案、交互与UI设计等技术研发。数据管理涵盖数据采集、存储、标签画像、分析及产品服务，采用数据字典模式为各业务单元提供标准化报表。此外，公司总部还负责战略策略规划、技术支持、资源协调整合，充分利用顾客、数据、网络和技术资源，为业务单元运营提供坚实后盾。业务单元负责提交产品开发需求，利用大数据中心资源进行深入的数据分析，并申请定制化数据服务。它们执行总部策略，反馈市场与顾客动态，管理销售渠道与关键客户，确保销售业绩，同时与总部合作，共同加深对市场的理解，推动业务增长。

混合式数字营销组织架构集统一规划与业务单元自主性于一身，有效消除数据孤岛，避免资源重复建设，降低成本，同时确保数据协同与营销战略落地。然而，该架构也面临挑战：公司总部与业务单元间协调难度大，因远离市场可能导致对业务单元洞察不足，统一策略难以适配所有单元。此外，公司总部需服务多个业务单元，可能出现响应滞后、支撑不足的情况，影响业务单元运营效率与市场响应速度。

传统的营销组织结构[①]

在商业环境中，一个完善且高效的营销组织架构对于企业的持续增长和市场竞争力的提升至关重要。

首先，职能营销组织结构是一种经典且广泛采用的模式。在这种结构中，营销部门被细分为

---

① 利兹. 10种营销组织结构（推动2023年增长）[EB/OL]．（2024-08-16）[2025-01-13]．https://www.toptut.com/zh-CN/10-types-of-marketing-organization-structures-to-fuel-growth-in-2023/.

多个专门团队，如搜索引擎优化、内容创作、广告设计等，每个团队专注于特定的营销职能。这种结构的好处在于能够充分发挥专业优势，确保各项营销任务的高质量完成。同时，团队成员间的紧密协作有助于形成高效的工作流程，推动整体业绩的提升。然而，过于细化的分工也可能导致沟通成本增加，影响整体效率。

事业部营销组织结构侧重于产品或服务的专门化管理。每个事业部独立负责其产品或服务的营销工作，拥有相对独立的预算、员工和营销策略。这种结构赋予了事业部高度的自主权，使其能够灵活应对市场变化，快速调整营销策略。此外，事业部间的竞争机制也有助于激发创新活力，推动产品升级和服务优化。但事业部间的资源争夺可能导致内部竞争过度，影响整体协同效应。

地理营销组织结构根据营销人员服务的地理区域进行分组。对于跨国企业或大型区域性企业而言，这种结构有助于实现营销活动的本地化，更好地满足不同地区消费者的需求。同时，地理分组还有助于优化资源配置，确保每个市场都能得到充分的营销支持。然而，管理多个地理区域的营销团队需要较高的管理费用和协调能力。

基于产品的营销组织结构适用于产品线丰富的企业。每个产品线都配备专门的营销团队，负责该产品的市场推广和销售。这种结构有助于精准定位目标市场，制定更具针对性的营销策略。团队成员对产品的深入了解也有助于提升营销活动的有效性。但产品线过多可能导致营销资源分散，影响重点市场的突破。

基于客户的营销组织结构强调以客户为中心，致力于建立与客户之间的长期关系。这种结构通过客户关系管理、客户支持团队、忠诚度计划和数据分析团队等组成部分，全方位提升客户服务质量。这种结构有助于提升客户满意度和忠诚度，为企业的可持续发展奠定坚实基础。但过于注重客户需求，可能导致企业忽视自身核心竞争力的建设。

矩阵营销组织结构结合了职能型和分散型组织结构的优点。在这种结构中，团队既按产品划分，又按地域划分，形成交叉管理的格局。这种结构有助于实现跨职能和地域的协作，提升决策效率。同时，矩阵结构也有助于企业更好地应对复杂多变的市场环境。然而，矩阵结构也可能导致管理复杂性和沟通成本的增加。

除了上述几种结构外，还有以活动为中心、基于渠道、混合型和平面等组织结构。以活动为中心的结构注重项目的快速响应和执行；基于渠道的结构根据营销渠道的不同进行团队划分；混合型结构融合了多种结构的优点，以适应企业的多样化需求；平面结构强调减少中层管理，提升员工的自我管理能力。

不同的营销组织结构各有优缺点，适用于不同的企业环境和战略目标。企业在选择营销组织结构时，应充分考虑自身的目的、目标、团队规模和资源条件。同时，企业还应保持对组织结构的持续评估和调整，以确保其始终适应市场变化和企业发展的需求。通过不断探索和实践，企业可以找到最适合自身的营销组织结构，为企业的持续增长和竞争力提升奠定坚实基础。

7.1.3　数字营销岗位及职责

7.1.3.1　数字营销相关的岗位

传统市场部门分市场部与销售部，市场部专注营销传播与品牌建设，销售部则侧重顾客管理与产品销售。随着营销技术演进，数据管理平台整合了市场部多项职能，要求营销人员不仅精通业务，还需具备数据思维与技术应用能力，以数据分析洞察市场与顾客行为，提升运营效率。因此，在数字营销组织中，从业者需兼具营销经营能力、数据分析能力及对科技的深度认知，方能胜任相关工作，推动营销活动的有效实施。

在企业内部，数字营销岗位广泛分布于市场部、销售部、产品部、运营部及数据分析部。高级管理层包括CMO与COO，其中CMO主管市场与销售，负责传统营销事务；而COO则负责产品部、运营部及数据分析部，专注数据驱动的营销流程管理。

图7-5展示了数字营销各部门的基本岗位配置，与各部门职责紧密相关。市场部聚焦品牌塑造与整合营销传播，岗位设置围绕营销传播展开。销售部则致力于产品销售与客户关系维护，岗位配置侧重渠道与顾客管理。产品部专注产品开发，岗位与研发、项目管理及交互设计紧密相关。运营部管理顾客触点、旅程与体验，岗位涉及吸引、激活与保留顾客等多个方面。数据分析部专注数据分析，岗位设置涵盖顾客、业务及竞品分析等关键领域。

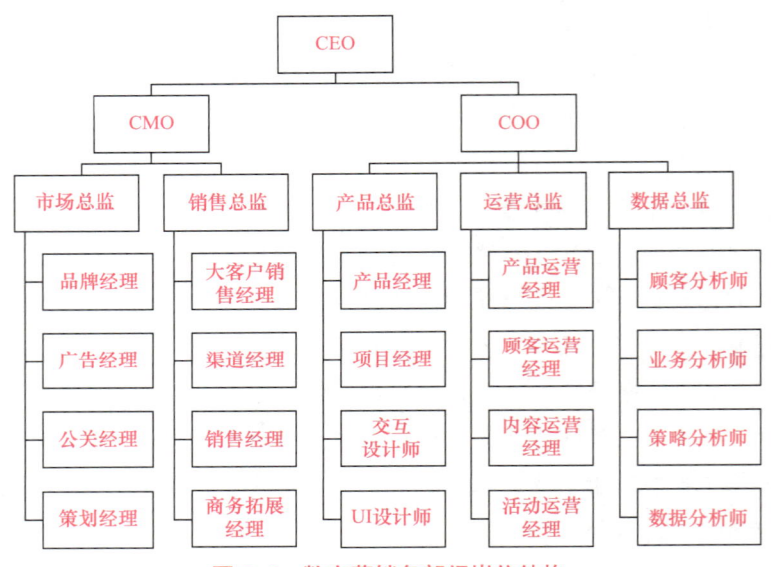

图7-5 数字营销各部门岗位结构

7.1.3.2 数字营销岗位的工作内容及任职要求

数字化时代推动了产品经理、运营经理、数据分析师等新岗位的出现，他们在数字营销组织中扮演着重要角色。市场总监、销售总监、产品总监、运营总监及数据总监等高层职位，均与数字营销紧密相关，他们各自负责不同领域，共同推动营销战略的实施与优化，以适应快速变化的数字化市场环境。

1．市场总监

市场总监专注品牌塑造与整合营销传播，其角色核心在于洞悉市场动态，把握竞争态势，构建并维护合作伙伴关系。通过多元化渠道，如传统媒体、数字媒体及公关活动，市场总监致力于推广公司品牌形象，确保公司及产品声誉的正面传播。市场总监需领导品牌体系建设，规划品牌策略，创新宣传内容与传播方式，以强化品牌形象。同时，整合内外部数字传播资源，运用热点策划、KOL合作、线上活动等策略，提升品牌影响力与市场渗透率。此外，还需管理官方媒体平台内容输出，维护媒体关系，进行舆情监控与风险管理，以及策划并执行公关与市场活动。市场总监需具备深厚的品牌建设经验、品牌增长思维及全面的业务能力，包括策划、沟通、推动、执行、协调与品效协同等。同时，应熟悉市场营销、公关及媒体领域，掌握丰富的媒体资源与合作经验，能够带领团队进行高效的研究分析与内容创作，并具备法律法规知识与舆情处理能力。

2. 销售总监

销售总监负责策划、执行并监控数字销售策略，旨在驱动业务增长并确保目标达成。此岗位需领导数字销售团队，紧跟数字营销趋势，运用先进工具与技术，打造智能化、个性化的销售策略。销售总监需制定全面的数字营销策略，涵盖搜索引擎、社交媒体、电子邮件等多渠道推广；同时，深化数字客户关系管理，基于客户数据分析，构建个性化客户体验。通过数据分析工具，销售总监需深入剖析销售绩效与市场趋势，为策略优化提供数据支持。此外，还需协调各销售渠道，确保数字销售策略的协同实施，实现品牌全面曝光与销售机会最大化。销售总监需具备卓越的沟通与协调能力，有效整合团队与跨部门资源。同时，需以客户为中心，具备出色的人际交往能力，通过数字渠道深化客户关系。解读销售数据，基于数据驱动决策，也是销售总监不可或缺的能力。

3. 产品总监

产品总监在互联网企业中扮演着核心角色，负责产品从需求调研到开发管理的全过程。他们需要深入市场调研，把握用户需求与行业动态，规划并设计符合市场趋势的产品。同时，产品总监需协调各方资源，推动产品开发进程，确保产品按时上线。在产品生命周期内，他们还需持续优化产品体验，根据数据分析结果迭代升级。此岗位要求具备强大的抗压能力、沟通能力、学习力及敏锐的市场洞察力，精通文案与原型设计工具，能够紧跟互联网快节奏，不断推动产品创新与升级。

4. 运营总监

运营总监致力于通过优化运营策略，实现顾客增长与业务扩张。他们围绕产品核心，基于数据分析，精准把握顾客需求，制定并实施运营规划，以提升用户活跃度、留存率及商业价值。运营总监需全面负责产品运营，包括活动策划、知识库搭建、数据分析、顾客维系等，确保产品持续优化与顾客体验升级。此岗位要求具有深厚的顾客洞察力、产品知识及业务理解力，同时需精通运营策略与数据分析，具备卓越沟通、协调、执行及创新能力，以精准捕捉市场机遇，驱动产品价值与业务增长。

5. 数据总监

数据总监引领数据部门，负责行业数据的收集、整理与分析，为制定业务策略提供数据支撑。他们需精通算法与统计技术，同时深入理解业务运营，构建业务指标体系，解析数据趋势，挖掘业务痛点，并提出优化方案。数据总监还需指导团队深入专项分析，构建分析模型，快速识别问题与机遇，确保数据分析结论的有效落地与持续优化。此外，他们需具备强大的数据管理能力，熟练掌握数据管理系统、分析工具与可视化软件，保障数据系统的稳定运行，推动数据驱动的业务决策。

> **课堂讨论**
>
> 数字营销的成功离不开各岗位的紧密协作与专业技能的充分发挥，请同学们深入探讨市场总监、销售总监、产品总监、运营总监及数据总监等关键岗位的具体工作内容与所需专业技能。

7.1.3.3 数字营销岗位职业发展路径

数字营销岗位在不同企业中名称各异，但职业发展路径存在共性。这些岗位虽分布在市场、产

品、运营、数据分析等部门，但都遵循着相似的职业发展规律。以某互联网公司游戏产品数据分析岗位为例，其岗位序列从低到高任职要求逐步提升，清晰展现了岗位的成长路径。

1. 数据分析经理

数据分析经理为初级阶段，需具备出色的执行力，能够高效调配资源，确保工作质量，及时反馈效果，并按时按计划完成多项并行任务。在专业能力上，需掌握基础及专题数据分析能力，涵盖产品收入、商业模式、顾客行为、市场推广、网站运营及媒介效果等多维度分析，同时熟练运用Excel、SPSS、Python等工具。此外，还需具备一定的产品和运营知识，以深入理解业务背景。专业经验方面，期望候选人毕业于数据分析相关专业，为数据分析工作打下坚实基础。

2. 高级数据分析经理

高级数据分析经理为中级阶段，需深化对产品和运营的理解，掌握模型构建能力，如收入预测、顾客行为分析、市场推广效果评估等，以数据洞察消费者行为和运营现状，指导产品运营。同时，需具备专题案例分析和研究能力，定期输出包含收入预测、顾客生命价值、市场结构等维度的分析报告。此外，还需建设数据分析体系，为业务发展提供策略性建议，并展现出色的跨部门沟通协调能力。拥有3年以上数据分析经验是此阶段的基本要求。

3. 资深数据分析经理

资深数据分析经理为高级阶段，需精通策略制定，能根据产品运营与市场营销需求构建数据分析策略和体系。同时，他们需具备强大的培训与指导能力，能系统地为调研人员、各级数据分析经理等岗位传授高级数据分析知识。此外，资深经理还需从数据分析视角规划和设计产品设计与运营模式，具有出色的跨部门沟通与团队管理能力。拥有6年以上数据分析经验，并全面掌握数据分析经理及高级数据分析经理的各项能力是此阶段的核心要求。

4. 数据分析部门经理

数据分析部门经理作为专家级别角色，需全面掌握并超越资深数据分析经理的所有能力。他们需展现出卓越的领导力和组织管理能力，深刻理解数据分析岗位的职责要求。具备出色的计划与策略制定能力，能统筹安排部门工作。同时，他们擅长跨部门沟通与协调，有效管理团队、推进数据分析项目，激励团队成员达成目标也是其强项。拥有10年以上数据分析专业经验。数据分析部门经理是团队中的领航者。

7.2 数字营销组织运作流程

7.2.1 从多环节线性流程到团队协作的平台模式

数字营销公司的运作流程融合了传统广告公司的实践与当代传播环境的特点。传统广告公司以往遵循的是多环节线性流程，从客户接洽至广告效果反馈，每个环节顺序进行。然而，在快速变化的营销传播环境下，这种模式面临挑战。传统流程包括客户委托、议案讨论、计划制订、议案审核、计划执行及效果评估等环节，构成了一次完整的广告活动周期。

广告主提出初步需求后,广告公司的客户执行(AE)与之深入沟通,明确广告的传播目标、定位、对象及主题。AE 撰写沟通报告,递交给客户经理(AM)和客户总监(AD)进行策划,制订广告计划。计划经内部审核及广告主确认后,进入广告执行阶段,包括创意制作、媒介购买投放及效果检测,其间可按需进行效果测试。广告执行后,广告公司依据评估方案对效果进行监测和总结,以报告会形式向广告主反馈,至此,整个广告代理活动圆满结束。

图 7-6 展示了某广告集团的广告传播项目执行流程。通常始于与广告主的沟通,明确项目需求后接收任务书。随后,根据传播任务制订详细计划,包括提案、排期与采购等,确保广告顺利上线。执行过程中,集团会进行追踪并对效果进行评估,最终将传播效果反馈给广告主。这一流程以策略、提案、制作、上传的线性方式推进,确保了各环节的衔接与准确性,降低了出错风险。然而,分步执行也增加了沟通成本,适合大型营销传播活动以确保执行效率与质量。

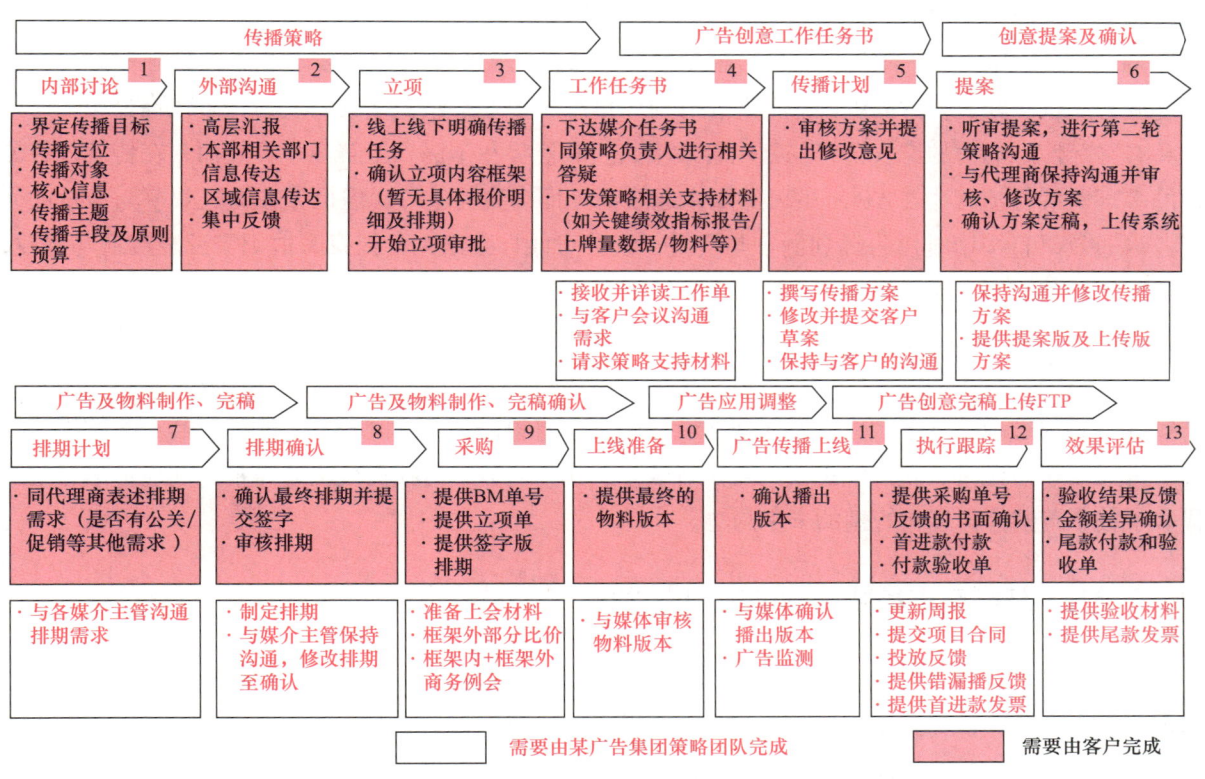

图 7-6 某广告集团的广告传播项目执行流程

传统广告公司采用多环节线性运作流程,是代理制确立后的行业惯例,具有历史合理性和科学性。此流程可确保广告公司按部就班完成广告各阶段任务,有效预防错误,降低不确定性影响,对广告公司特别是大型营销传播集团的稳定运作至关重要。同时,该模式也为广告主降低了实施风险,减少了突发状况带来的损失,确保了广告活动的平稳进行。

互联网时代下,多环节线性运作流程已失优势。新媒体的即时互动特性加速了信息传播,提升了用户参与度,使传统流程显得僵化低效。冗长会议与频繁沟通导致资源浪费,成本增加。同时,广告公司过于依赖客户需求,忽视市场与用户反馈,广告效果欠佳。因此,数字营销公司倾向采用平台模式,以团队形式直接对接客户,满足其全方位需求,类似项目制或业务策划制,提升业务效率与市场响应速度。

7.2.2 从AE对接客户到团队按需对接客户

AE制是广告公司的一种服务制度,它指定专门的客户负责人对接广告客户。依据广告客户或品牌,广告公司组建运作小组,成员涵盖创意、客户、策略等人员,具备全面运作能力,独立与客户联络并代理广告业务。小组内,AE主导客户沟通,其上由AM和AD层级管理。若客户委托多品牌代理,可设客户监督总负责,AE则负责具体品牌,并可配备副AE或助理AE协助。这些职位共同构成传统广告公司的客户部门。

客户部在传统广告公司中至关重要,它汇聚了销售、客服、营销策划、媒体顾问及市场调研专家,形成综合性团队。该部门需精通广告营销,全程参与广告活动,从客户委托至效果评估、项目总结及款项跟进,均发挥关键作用。客户部作为广告公司与客户间的桥梁,提供全方位服务和支持,确保公司业务顺畅运行,服务效能最大化,是广告活动协调运作的核心力量。

AE制是为满足客户需求而设立的业务小组,独立代表公司与广告客户联络并代理业务。这一制度源自广告实践,与"品牌经理制"相呼应,借鉴了事业部组织结构,成为全案代理公司,尤其是具有国际性影响力的广告公司的常用管理模式。其优势在于深入了解客户。然而,在传统广告公司的多环节线性流程中,AE制虽可保障沟通顺畅,推动流程进行,但也存在沟通效率与质量的问题。沟通效果直接影响广告计划制订与实施,误解可能导致误判,提案失败则需反复沟通与修改,降低广告运动效率,这在快速变化的营销环境下尤为不受客户欢迎。

为适应快速变化的营销环境,数字营销公司采用平台模式对接客户,取代传统客户部。每个团队直接负责一个客户的广告代理,全员对接客户需求。例如,媒介人员在遇到投放突发状况时,能与客户及时沟通调整方案,确保专业问题专业解决,避免误解与时间浪费。这种按需对接的模式提升了沟通效率与质量,直接优化了广告执行效果。作为对数字时代高效沟通需求的回应,平台模式代表了数字营销公司运作管理的未来趋势。

7.2.3 从层层审核决策到创意沟通决策

传统广告公司注重广告创意对消费者痛点的触动,激发其购买欲。数字营销时代,尽管创意的重要性有所降低,更侧重用户数据挖掘与精准投放,但广告的创意表现始终是营销传播策略的关键,无论是在传统营销时代还是在数字营销时代都不可或缺。

传统广告公司与数字营销公司在决策制度上大相径庭。传统公司采用层层审核的业务决策模式,所有业务成果(如调查报告、计划书、广告文案及作品等),均需经过公司主管、业务审核机构或临时审核会议的严格审查,确保质量达标后才提交客户。其中,创意表现是审核的重点,需由创意部层层把关,达成共识后再提交客户。这一流程确保了业务成果的专业性和严谨性。

传统广告时代的层层审核制度确保了服务品质,但在当前快速变化的营销环境中决策显得迟缓。例如,社交媒体热点事件要求迅速响应,而传统审核流程可能导致错过营销时机。为此,数字营销公司采用创意沟通决策机制,直接与客户沟通创意表现,客户确认后即可发布,无须内部层层审核,从而大幅提升决策效率,适应瞬息万变的市场需求。

数字营销时代,与客户沟通和决策的效率对营销活动至关重要。从层层审核到创意沟通决策的转变,不仅是数字营销公司决策流程的优化,更是其积极适应信息传播速度加快的体现。这一变革显著缩短了市场反应时间，极大地提升了运作效率。数字营销公司能够快速响应客户需求，确保营销活动的高效实施，从而在竞争激烈的市场中占据优势。

7.3 数字营销组织业务模式

数字营销传播时代，数字营销公司展现出与传统广告公司截然不同的业务模式。其创新以计算机技术为驱动，体现在4个方面：①在媒体资源上，由传统媒体转向数字媒体；②在代理模式上，从广告代理制向程序化购买转变；③在收费模式上，从依赖策略、创意收费变为免费获取数字媒体经营权；④在营销方式上，从传统营销进化到精准营销。这些变革彰显了数字营销公司在业务模式上的创新与进步。

7.3.1 从偏重传统媒体经营到注重数字媒体营销

广告代理公司在广告产业链中占据核心地位，上联广告主，下接传播媒体。19世纪中期，首批广告代理公司诞生，主要职能是协助报纸销售广告版面，或作为报纸版面的中间商，低价买入、高价卖出。自此，广告代理公司与广告媒体建立了紧密联系，媒介代理成为其主要收入来源，优势媒体资源成为核心竞争力。因此，传统广告公司的工作重心大多围绕媒体展开，致力于媒体资源的开发与利用。

无论是传统广告公司还是数字营销公司，媒体资源均扮演着核心角色，但在媒体类型的选择上却呈现出明显差异。传统广告公司受限于其历史背景，长期深耕传统媒体领域，传统媒体在其资源结构中依然占据主导地位。然而，随着互联网时代的全面到来和数字媒体的蓬勃发展，用户逐渐从传统媒体转向以社交媒体为主导的互联网媒体平台。这一转变打破了传统媒体在广告产业中的垄断地位。CNNIC（中国互联网络信息中心）最新发布的第54次《中国互联网络发展状况统计报告》显示，截至2024年6月，我国手机网民规模达10.96亿人，网民使用手机上网的比例为99.7%；同时，使用台式电脑、笔记本电脑、电视和平板电脑上网的比例分别为34.2%、32.4%、25.2%和30.5%；使用智能网联汽车、智能家居设备和个人可穿戴设备上网的比例分别为10.4%、21.9%和24.2%。这些数字彰显了以个人电脑、手机和互联网电视等终端为载体的数字媒体的巨大魅力。面对这一媒体格局的变化，广告主的投资预算结构日益多元化，特别是在数字媒体领域，跨屏互动已成为行业标配。因此，广告主在数字媒体的投放预算占比持续攀升。

随着用户规模持续扩大和广告主预算向数字媒体倾斜，数字营销公司越发重视数字媒体的经营和资源采购。许多公司纷纷设立社会媒体营销部门，组建专业的H5运营团队及微信、微博KOL运营团队，专注数字媒体领域的发展。更有甚者，一些公司的业务已全面转向数字媒体，所有业务运作均围绕其展开，以适应市场变化和广告主需求，进一步巩固和拓展自身的市场地位。

7.3.2 从以广告代理制为核心到以程序化购买为重点

在欧美广告代理制模式下，广告代理公司充当广告主与广告媒体间的桥梁，提供双向专业服务，

其运作基于固定的代理费用。该制度明确了广告主、广告公司及广告媒体三者间的角色定位，广告公司作为中介，受广告主和媒体委托，代理相关广告活动。其本质是双重代理与交换关系：企业借广告公司促进销售、增值品牌、确立市场地位；媒体通过广告公司销售资源获利；广告公司则通过专业服务实现自身发展。此模式理论上可实现广告主、代理公司、媒体的三方共赢，因此在西方广告界长期盛行。在我国，虽面临适应性挑战，但在北上广深等广告业发达地区，仍被众多大中型广告企业采用。

1. 广告代理程序化购买

新媒体技术革新、计算机普及与数字营销兴起，正悄然推动广告交易制度的变革，对传统广告代理制构成挑战。大数据、云计算及 LBS 等技术在营销传播中的广泛应用，催生了程序化购买广告，自在中国崭露头角以来，尽管目前在整体广告市场中所占份额较小，但其已成为数字广告领域内一股不可阻挡的发展潮流，预示着广告业未来的重要方向。

程序化购买广告是一种依托自动化系统和数据，针对每个广告展示请求进行精准投放的互联网广告交易方式，主要通过实时竞价（RTB）和非实时竞价（Non-RTB）两种机制实现。其核心在于构建并管理 4 大关键平台：需求方平台（DSP）、供应方平台（SSP）、数据管理平台（DMP）及广告交易平台（Ad Exchange）。为满足供需双方对高效广告运营的追求，行业推出了 Ad Manager 广告操作平台，该平台凭借卓越的数据管理和技术能力，通过数据产品化、工具化及工作流管理，构建了从供应端到需求端的无缝集成业务流程管理体系。

2. 易传媒的程序化购买系统

易传媒的程序化购买系统依赖 3 大平台的协同运作：广告主的需求方平台 ADP、媒体的供应方平台 ASP，以及连接两者的广告管理系统 Ad Manager。ADP 集成了工作流管理、媒介策划购买、数据管理和投放效果分析等功能，简化广告主和代理商的操作流程，实现用户导向的购买、系统化的媒介策划及深度报告分析，并整合数据优化投放效果。ASP 平台专为媒体设计，包含 AFP 和 AFM 两大系统，分别助力在线和移动媒体提升运营效率及广告收益，通过科学管理、智能投放和精准报告，推动媒体方高效开展广告运营。

易传媒的技术平台以 Ad Manager 广告管理系统为核心，无缝连接供应端与需求端，实现了流程的系统化与高效化。从客户下单至订单执行，整个流程被精简优化，显著提升了工作效率。易传媒的 200 余名销售人员可实时登录系统，快速注册项目需求，一键生成媒介排期，并即时为客户提供用户行为分析报告及投放效果预测。凭借这一高效清晰的流程，易传媒能迅速支持多项目并行上线，日新增项目在 20 个以上，同时维持超 300 个项目在线，累计项目数已超 4000 个。

易传媒结合 Ad Manager 广告管理系统，推出了内部运营分析系统，该系统能够自动生成公司运营所需的决策支持信息。在短短几分钟内，即可快速生成包括人力资源规划、员工绩效评估、财务自动化报告、经营分析、项目运营详情、订单利润率分析、销售业绩达成率、广告位流量利用情况及订单指标完成率等一系列详尽报告。这一创新举措极大地提升了决策效率与精准度，为易传媒的持续稳健发展提供了坚实的数据支撑。

3. 程序化购买平台——Media Matrix

传漾科技推出了 Media Matrix 平台，旨在构建一个集用户分析、媒体评估、媒介规划、精准营销及监测等功能于一体的开放式营销解决方案。传漾科技 CEO 徐鹏认为，数字营销公司的竞争优势在于对媒体控制的提升，因此公司采取了"技术＋营销"的双平台战略。随后，该系统升级为以 AdPlace 为核心的 RTB 程序化购买系统，外部连接需求方、供应方和数据方，形成协同的 RTB 数字营销生态；内部则通过多个协作平台，实现系统化、流程化的工作体系，提升数据整合与广告精准度，确保服务质量，灵活应对瞬息万变的传播环境。

尽管程序化购买广告在中国整体广告市场中的占比尚小，但以技术为驱动的程序化交易模式已成为数字时代不可逆转的发展方向。从技术层面分析，几乎所有展示类广告均可通过程序化方式投放，且信息流、短视频、互联网电视（OTT）等新兴广告形式正迅速增长。随着程序化购买在 PC 端和移动端渗透加深，OTT 和 OOH（户外广告）的程序化被视为新的增长点。因此，可以预见，未来将有更多数字营销公司和传统广告公司涌入程序化购买的浪潮中，共同推动这一领域的发展。

7.3.3　从依靠策略、创意收费到免费换取的数字媒体经营

7.3.3.1　广告代理公司经营策略

在广告代理公司的经营与管理中，代理服务的收费范围、标准及方式占据重要地位。传统广告公司注重客户策略和创意的把控，并据此收取服务费；数字营销公司则倾向于将创意融入活动，通过打包执行整个活动收费，策略服务往往作为换取数字媒体经营权的附加价值，不单独计费。

广告代理费制作为广告代理制的核心，历经百余年发展，形成了媒介代理佣金制和服务费制两种模式。媒介代理佣金制早期标准不一，后于 1917 年统一为 15% 的国际标准，由媒介向广告公司支付回扣。服务费制兴起于 20 世纪 60 年代，按劳务支出计费，广告代理公司需与广告主结算所有外付成本。两种模式在广告行业中相辅相成，共同存在于大型营销传播集团的营收结构中，但媒介代理佣金仍是传统广告公司的主要收入来源。

近年来，广告公司间的竞争愈演愈烈，导致广告代理费比例不断下滑。国外调查显示，仅有约 14% 的广告主仍按 15% 的标准支付代理费。而在国内，由于广告产业发展尚不成熟，广告公司间的竞争尤为激烈，行业利润已从 20 世纪八九十年代的丰厚转为 21 世纪的微薄，普遍代理费率仅为 3%～5%，甚至出现了"零代理"现象。面对这一严峻形势，新兴数字营销公司纷纷探索创新的收费模式，以期在激烈的市场竞争中立足并发展。

7.3.3.2　数字营销公司经营策略

数字营销公司与传统广告公司的收费模式截然不同。前者往往将创意、策略等服务作为赠品，以换取客户的数字媒体经营权。在传统广告代理中，代理公司仅需争取代理权，无须承担过多责任。然而，在数字化时代，广告主期望数字营销公司的收益与代理责任相匹配，因此出现了 PPC、CPC、CPM 和 RTB 等收费模式。数字营销公司通常会将这些新模式与传统代理费模式结合，根据服务内容灵活采用多元化的收费结构。

1. **传统广告公司的营销方式**

传统媒体时代，传统广告公司多依赖"声量为王"的营销方式，通过高曝光度吸引受众；然而，

网络媒体与移动媒体的崛起打破了这一格局，媒体市场陷入平台与内容形态的激烈竞争。互联网的双向互动和即时海量传播特性导致信息过载、数据爆炸，消费者个性化需求凸显，成为商业行为的主导者。同时，大数据技术的发展使海量数据的收集、分析、整合成为可能。因此，基于大数据的精准营销成为营销传播领域的新趋势，旨在帮助广告主在海量信息中精准触达消费者。

传统广告公司拥有全面的业务体系，涵盖广告、公关、线上线下、品牌及零售等领域，主营业务侧重传统媒体，数字营销与电子商务涉足有限，其模式以"整合"与"全面"为特点；相比之下，新兴数字营销公司聚焦"数据"与"精准"，业务模式截然不同。通过对比奥美中国、广东省广告集团等传统公司与易传媒、悠易互通等数字营销公司的业务范围与营销模式，可以清晰地看出两者间的异同点。

传统广告公司，主营业务广泛，涵盖广告、公关、媒介代理、数字营销及零售活化等领域，强调整合营销与品牌管理；而数字营销公司，专注品牌程序化、用户洞察、精准营销及技术服务，利用大数据与程序化广告交易平台，提供定制化解决方案与搜索引擎整合服务，凸显数据驱动与精准定向的优势。

2. 数字营销公司的营销方式

精准营销的实施基于大数据，其过程主要包括3个关键步骤：①数据层的数据采集，这一阶段涉及从多种渠道广泛收集相关信息，确保数据的全面性和多样性。②业务层的数据处理，包括数据的清洗、整合与分析，旨在提炼有价值的信息和洞察。③应用层营销策略的制定与执行，基于处理后的数据，精准定位目标受众，制订个性化的营销方案，并通过合适的渠道进行推送，以实现营销效果的最大化。大数据精准营销模型如图7-7所示。

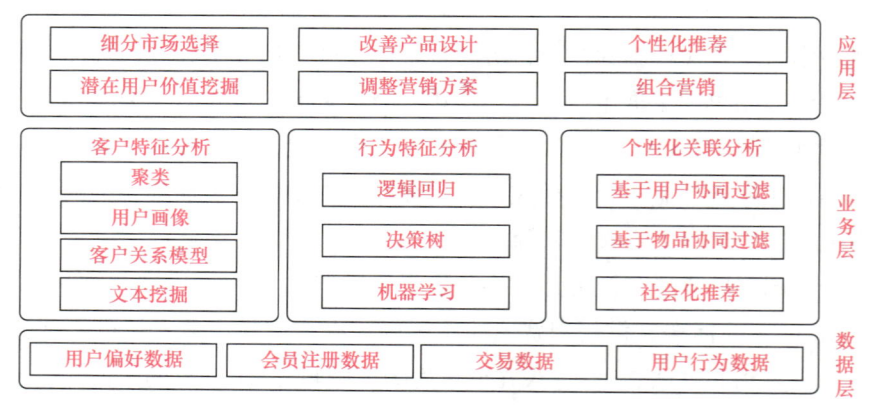

图7-7 大数据精准营销模型

数字营销公司运用Cookies等技术，追踪并记录用户的消费及网络行为，如购买、浏览产品及网站互动方式。它们深入分析这些数据，评估客户群需求的相似性及产品匹配度，从而理解消费者偏好，预测其行为趋势。接着，借助个性化推荐系统，为用户定制感兴趣的产品或服务建议。同时，其还研究促销活动及用户评论对消费者决策的作用，以进一步提升营销效果。

大数据驱动的精准营销模式，使数字营销公司能够深入分析消费者数据，为广告主锁定最集中的目标消费群体，并提供量身定制的营销传播服务。这一转变标志着从"声量至上"的传统营销向"细腻渗透"的精准营销迈进。借助先进的技术与数据力量，数字营销领域已达成广告大师约翰·E.鲍尔斯昔日的愿景，即以最经济的途径，向合适的人群，采用恰当的方式，传递恰当的信息，实现广告效果的最大化。

引领服务机器人数字营销新潮流①

科沃斯——这家自1998年起便致力于服务机器人研发与制造的企业，秉承"让机器人服务每个人"的核心理念，成功推出了家用机器人DEEBOT、擦窗机器人WINBOT及空气净化机器人AIRBOT等多元化产品线，赢得了全球市场的广泛赞誉。面对数字化转型的浪潮，科沃斯携手数云等数字营销伙伴，成功构建了覆盖天猫、抖音、京东等多个主流电商平台的会员运营体系，实现了会员服务的深度精细化。

作为科沃斯线上会员项目的领航者，Ruby深刻理解在高价低频的消费市场中精准触达消费者并掌握关系主动权对于促进交易转化与私域流量积累的重要性。她指出，会员精细化运营并非空洞的口号，而是需要细致入微的实践，这些实践中的细节往往蕴含着提升运营效能的关键。

"1元预订"便是科沃斯会员精细化运营策略中的一颗璀璨明珠。消费者仅需支付1元即可锁定高价值权益，这一策略在《中华人民共和国个人信息保护法》实施前主要依赖订单信息进行消费者触达，促进首次购买并快速获取订单信息。在《中华人民共和国个人信息保护法》生效后，尽管会员成为唯一合法的营销对象，0元入会机制解决了沟通权限难题，但"1元预订"依旧展现出了其不可小觑的价值。它不仅是低成本的营销手段，更通过"购买承诺"机制，高效锁定高意向购买人群，为后续的精准运营奠定了坚实基础。

以"双十一"大促为例，消费者通过预售期支付1元，在正式销售期购买指定机型，即可享受科沃斯随单赠送的399元配件礼包，前4小时下单更有机会额外获赠200元配件。对于已明确购买意向的消费者而言，这样的权益无疑极具吸引力，不仅降低了营销成本，还显著提升了运营效率。

除了"1元预订"，科沃斯还通过直播间专属权益、客服增值服务等多种方式，增强新会员的首购体验，激发其购买意愿。同时，针对老客户，科沃斯实施了跨品类营销与配件营销等复购策略，利用会员购买历史数据，智能推荐同价位其他品类商品，并根据购买时间预测配件消耗，借助数云智能平台实现自动化推送，形成了一套高效且有趣的周期性复购流程。

Ruby强调，触达方式的精准性与性价比是精细化运营的关键。科沃斯通过人群价值细分，选择最合适的触达方式。例如，在抖音平台，科沃斯会叠加"近30天观看直播"的行为标签，筛选出高黏性、高转化概率的会员群体，采用超级短信进行精准触达。为评估触达效果，科沃斯创新性地引入了进店率指标，将触达人群包与触达后一定时间内的进店人数进行比对，通过取交集的方式预估引导效果，确保每一次触达都能实现精准且有效的转化。

科沃斯通过会员精细化运营策略，不仅显著提升了会员体验、运营效率和营销性价比，更为新品推广提供了强有力的支撑。展望未来，科沃斯将持续深化数字化转型，利用大数据、人工智能等先进技术，为会员提供更加个性化、便捷的服务与体验，引领服务机器人行业的数字营销新风尚。

问题：
科沃斯运用了哪些数字营销组织结构与管理内容？请具体说说。

---

① 佚名. 对话科沃斯：会员精细化运营的智慧锦囊，锁定高潜、首购复购、营销效益［EB/OL］. （2024-10-28）［2025-01-13］. https: //www.shuyun.com/3752.html.

数字营销组织结构与管理在智能家电行业中的应用

1. 实践背景

企业的营销组织结构与管理模式直接影响其市场竞争力和运营效率。数字营销组织、运作流程和业务模式是数字营销成功的关键。本次实践调研作业以智能家电行业的领军企业海尔智家（Haier Smart Home）为例，深入分析其数字营销组织结构与管理的应用，帮助学生理解数字营销组织的构建、运作流程的设计及业务模式的创新。

2. 实践目的

★理解数字营销组织的构建原则与模式。

★掌握数字营销组织运作流程的设计与优化方法。

★学会分析数字营销组织的业务模式及其创新点。

★培养数据分析和案例研究能力。

★提升团队协作与报告撰写能力。

3. 实践对象

★调研行业：智能家电行业。

★调研企业：海尔智家。

请同学们结合调研结果，在以下空白处填写你对海尔集团的认知，分享你的发现与见解。

海尔集团创立于1984年，是一家全球领先的美好生活和数字化转型解决方案服务商。它拥有多家上市公司和众多全球化高端品牌，如_____、_____、_____等，并构建了工业互联网平台卡奥斯COSMOPlat。海尔始终坚持"人的价值最大化"的发展理念，以用户体验为中心，不断创新，从濒临倒闭的集体小厂发展成为引领物联网时代的生态型企业，连续多年稳居全球大型家电第一品牌。

4. 实践内容与步骤

本次实践调研作业分为4个阶段：前期准备与调研设计、数据收集与分析、组织结构与管理分析、总结与报告撰写。实践内容与步骤见表7-1。教师根据各组提交的报告、汇报表现及团队协作情况，进行综合评分，实践评价见表7-2。

表7-1 实践内容与步骤

任务阶段	任务内容		交付成果
第1阶段：前期准备与调研设计（1天）	任务1：确定调研主题与目标	1. 调研主题： 数字营销组织结构与管理在海尔智家品牌中的应用 2. 调研目标： （1）了解海尔智家的数字营销组织结构及其构建原则 （2）分析海尔智家的数字营销组织运作流程及其优化方法 （3）评估海尔智家的数字营销业务模式及其创新点 （4）提出优化数字营销组织结构与管理的建议	调研方案文档（包括调研主题、目标、方法、工具及团队分工等）

续表

任务阶段	任务内容		交付成果
第1阶段：前期准备与调研设计（1天）	任务2：设计调研方案	1. 调研方法： （1）文献研究：查阅数字营销组织结构、运作流程和业务模式的相关理论 （2）数据分析：收集海尔智家的公开数据（如组织结构图、营销活动数据等） （3）用户调研：设计问卷或访谈，了解用户对海尔智家品牌和产品的认识与反馈 2. 调研工具： （1）数据分析工具：Python、Excel、Tableau等 （2）问卷工具：问卷星、Google Forms等 （3）文献检索工具：知网、Google Scholar等	调研方案文档（包括调研主题、目标、方法、工具及团队分工等）
	任务3：团队分工与时间规划	1. 团队分工： （1）数据收集与分析组：负责收集平台数据和用户调研数据 （2）案例研究组：负责分析海尔智家的数字营销组织结构与管理 （3）报告撰写组：负责整理调研结果并撰写报告 2. 时间规划： 明确各阶段的时间节点和交付成果	
第2阶段：数据收集与分析（2天）	任务1：文献研究与案例收集	1. 文献研究： 查阅数字营销组织结构、运作流程和业务模式的相关文献，了解理论框架和成功案例 2. 案例收集： 收集海尔智家在数字营销组织结构与管理中的应用案例	数据收集与整理报告（包括数据来源、样本量、分析方法等）、数据分析结果（包括图表和初步结论）
	任务2：数据收集与整理	1. 平台数据： 通过公开渠道收集海尔智家的组织结构图、营销活动数据和用户反馈数据 2. 用户调研： 设计问卷或访谈，收集用户对海尔智家品牌和产品的认识与反馈 3. 问卷内容： 可包括用户对海尔智家的品牌认知度、产品使用体验、购买动机、消费习惯等 4. 数据整理： 对收集到的数据进行清洗和分类，便于后续分析	
	任务3：数据分析	1. 数据质量评估： 检查数据的完整性、准确性和一致性 2. 数据分类： 根据数据类型（如组织结构数据、营销活动数据等）进行分类整理	
第3阶段：组织结构与管理分析（3天）	任务1：数字营销组织结构分析	1. 组织架构： 分析海尔智家的数字营销组织架构及其部门设置（如市场部、数据分析部、社交媒体运营部等） 2. 职能分工： 评估各部门的职能分工与协作机制 3. 组织模式： 分析海尔智家的数字营销组织模式（如集中式、分散式或混合式）	组织结构与管理分析报告（包括数据分析结果、效果评价和优化建议）
	任务2：数字营销组织运作流程分析	1. 流程设计： 分析海尔智家的数字营销运作流程（如市场调研、内容创作、广告投放、效果评估等） 2. 流程优化： 评估流程中的瓶颈与优化空间	

续表

任务阶段	任务内容		交付成果
第3阶段：组织结构与管理分析（3天）	任务3：数字营销业务模式分析	1. 业务模式： 分析海尔智家的数字营销业务模式（如DTC模式、全渠道营销、KOL合作等） 2. 创新点： 评估海尔智家在业务模式上的创新点及其市场表现	组织结构与管理分析报告（包括数据分析结果、效果评价和优化建议）
	任务4：提出优化建议	1. 组织结构优化： 针对组织架构和职能分工提出改进建议 2. 运作流程优化： 针对运作流程中的问题提出优化建议 3. 业务模式优化： 针对业务模式的创新点提出扩展建议	
第4阶段：总结与报告撰写（1天）	任务1：总结调研成果	1. 调研回顾： 总结整个调研过程与成果 2. 经验教训： 分析调研中的成功经验与不足之处 3. 未来展望： 提出数字营销组织结构与管理在智能家电行业的未来发展方向	调研报告与展示PPT
	任务2：撰写调研报告	报告结构： （1）引言：调研背景与目的 （2）调研方法：数据收集与分析过程 （3）调研结果：数据分析与案例研究结果 （4）结论与建议：总结调研成果并提出优化建议 （5）报告格式：图文并茂，逻辑清晰，语言简洁	
	任务3：团队展示与答辩	1. 展示内容： 以PPT形式展示调研过程与成果 2. 答辩环节： 回答评委（教师或其他学生）的提问，进一步阐述调研中的思考与收获	

表7-2 实践评价

实践题目							
完成时间							
学院							
姓名		年级		班级			
成绩评定	评价内容	评价标准	分值	教师评价（占比60%）	个人评价（占比40%）	实际得分	
	调研设计与执行能力	1. 调研方案的合理性与执行效果 2. 团队分工与时间规划的合理性	20				
	数据分析能力	1. 数据收集的全面性 2. 分析方法的科学性 3. 结论的准确性	20				
	案例研究能力	1. 案例分析的深度与广度 2. 优化建议的可行性	20				
	报告撰写与展示能力	1. 报告的逻辑性、完整性 2. 展示的吸引力	20				
	汇报表现	内容完整，表达清晰，视觉美观，互动流畅，自信专业	20				
总分							

华为公司的组织变革之路[①]

华为作为全球领先的ICT（信息与通信技术）解决方案提供商，其成功离不开灵活而高效的组织结构，以及在组织管理上的深思熟虑。从创业初期的直线型组织结构，到如今基于"客户—产品—区域"的三维矩阵式平台型组织，华为的组织变革之路充满了挑战与智慧，同时也体现了对公平、公正、透明原则的坚守。

创业初期，华为只有十来个人，采取的是直线型组织结构，所有员工直接向创始人任正非汇报。这种简单的组织结构使得华为在产品开发上能够迅速做出决策，跟随市场趋势，逐步从代理产品转向自主研发。在这一阶段，华为就注重培养员工的职业道德和社会责任感，为企业的长远发展奠定了坚实的基础。

随着公司规模的扩大，华为进入了直线职能制阶段。这一阶段，华为设立了研发、市场销售、制造等业务流程部门，以及财经、行政管理等支撑流程部门。这种组织结构使得华为的资源能够聚焦，内部运转高效，帮助华为在激烈的市场竞争中存活下来。同时，华为通过分析内部的组织管理案例，不断引导员工关注组织效率和创新能力提升，倡导持续改进和追求卓越的精神。

然而，随着员工数量的激增和销售规模的扩大，直线职能制的弊端逐渐显现。部门间沟通不畅、资源配置不均、组织适应性差等问题制约了华为的进一步发展。因此，华为开始探索二维矩阵式组织结构，将事业部制与地区部相结合，既保留了事业部的自主性，又能够整合区域资源，适应地区及客户的各种变化。在这一过程中，华为始终遵循公平、公正、透明的原则，确保组织管理的公正性和透明度。

进入21世纪，华为的增长速度惊人，逐渐成为跨国大企业。为了应对快速变化的市场和客户需求，华为进一步调整了组织结构，形成了以产品线为主导的流程型产品线组织。这种组织结构加快了决策速度，使得华为能够更有效地和顾客就产品展开广泛的交流，并及时发现和满足客户需求。同时，辅以财务、人力资源等变革项目，华为建立了一个与国际接轨的组织运作体系，继续强调职业道德和社会责任感在数字营销组织管理中的重要性。

2010年，华为迎来了又一次重大的组织变革。从原来的单核架构调整为多核架构，即分出了运营商网络业务、企业业务、终端业务和其他业务。这次变革使得华为能够更灵活地应对不同市场的需求，但同时也暴露出了一些问题，如核心业务边界模糊、企业业务亏损、开发资源不能共享等。针对这些问题，华为在2014年进行了又一次大的组织结构调整，重新确立了区域作为市场体系的主维度，将研发归并到大平台上，形成了基于"客户—产品—区域"的三维矩阵式平台型组织。这种组织结构既保留了事业部的市场敏感性和灵活性，又能够发挥大平台的资源共享和技术创新优势。同时，通过演进式的组织变革方式，华为逐步解决了市场冲突、重复开发等问题，实现了组织的持续优化和升级，不断追求卓越和创新。

华为的组织变革之路充满了智慧和创新，不仅体现在对组织结构的不断调整和优化上，还体现在对组织管理原则的坚守和对员工职业道德、社会责任感的培养上。未来，随着技术的不断进步和市场的不断变化，华为将继续探索和创新组织结构，以保持其领先地位和竞争

[①] Ethan Yin. 组织设计系列3：案例分析——华为组织变革历史［EB/OL］.（2024-01-24）[2025-01-13]. https://www.zhihu.com/tardis/zm/art/617400616.

优势，同时继续倡导公平、公正、透明的组织管理原则，培养职业道德和社会责任感，关注组织效率和创新能力提升，推动企业的持续改进和卓越发展。

本章小结

本章主要探讨了数字营销组织结构与管理的相关内容，包括数字营销组织、数字营销组织运作流程和数字营销组织业务模式。

首先，数字营销组织作为企业与外界沟通的桥梁，在提升企业竞争力方面发挥着至关重要的作用。随着数字技术的深入发展，数据在营销管理与市场监测中扮演着越来越关键的角色，促使企业构建适配数字运营的组织架构。在数字营销组织结构方面，企业可以根据自身需求选择独立式、集中式或混合式。此外，数字营销岗位及职责也是本章的重点内容之一。数字营销岗位广泛分布于市场、销售、产品、运营及数据分析等部门，它们各自负责不同领域，共同推动营销战略的实施与优化。同时，本章还介绍了数字营销岗位的职业发展，以某互联网公司游戏产品数据分析岗位为例，清晰展现了岗位的成长路径。

其次，在数字营销组织的运作流程方面，介绍了从多环节线性流程到团队协作的平台模式的转变、从AE对接客户到团队按需对接客户和从层层审核决策到创意沟通决策。传统广告公司以往遵循的是多环节线性流程，但在快速变化的营销传播环境下，这种模式面临挑战。

最后，本章还探讨了数字营销组织的业务模式。随着数字媒体的蓬勃发展，数字营销公司展现出与传统广告公司截然不同的业务模式。其创新以计算机技术为驱动，体现在媒体资源、代理模式、收费模式及营销方式等方面。数字营销公司注重数字媒体营销、程序化购买及免费换取数字媒体经营权等策略，以适应快速变化的市场环境。

微课资源

微课视频

第8章 数字营销问卷设计实践

知识目标

★ 了解调查问卷的基本概念、调查问卷的基本结构
★ 掌握设计调查问卷的方法

素养目标

★ 培养学生在数字营销实践中运用调查问卷进行市场调研的能力
★ 强化学生的团队协作和沟通能力,鼓励学生在问卷设计和测试过程中积极交流、协作,共同解决问题

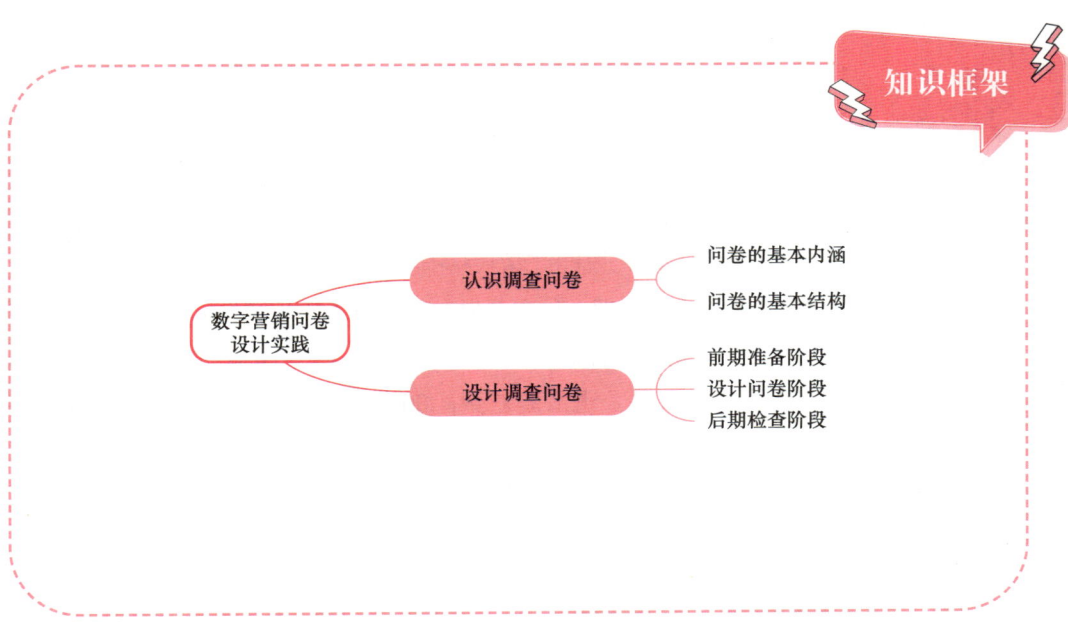

案例导入

京东调研：女性消费差异①

2025年3月，京东消费及产业发展研究院联合京洞察通过问卷形式与1200位女性消费者对话生活状态、情绪调节、消费主张等话题，调研结果显示：

- 58.1%的女性将内核稳定作为2025年自我突破关键词，独立自信、不内耗、爱自己是核心达成标准。
- 睡觉、旅行、买买买是情绪疗愈主要路径，更多女性认为保持乐观心态（44.9%）、关注健康（47.0%）、丰富生活体验（39.4%）可以提升内核稳定性。
- 健康健身、科技智能、自我提升、情绪疗愈成为2025年女性消费关键词，超五成女性表示要理性消费、精准满足需求、重视消费体验感。
- 从消费表现来看，女性在美妆护肤、个人护理品类上消费额占比保持高位，在母婴、家清纸品、生鲜、营养保健等品类上的消费活跃。
- 五成女性2025年关注健康，益生菌、体重管理等营养保健产品，健身训练、骑行等运动装备，以及低糖、低脂、配料干净的食品消费增长显著。
- 女性消费者更加关注商品的情绪疗愈价值，毛绒玩具、创意绿植、香氛香薰类产品受追捧，近四成女性买珠宝首饰看重设计及寓意。
- 女性乐于为科技智能产品买单，智能开关、智能浴室柜等消费额增长超100%。超四成女性表示有新意的智能产品也可以拉满情绪价值。
- 在注重情绪价值的同时，超五成女性主张理性消费，大牌小样产品受追捧。
- 一代人有一代人的消费主张，00后关注悦己和情绪价值、80后注重家庭和健康、60后追求品质和体验。
- 超七成女性表示"三八节"会给自己买礼物，超八成女性期待体验线上送礼功能，黄金饰品、智能家电、美妆护肤成为偏好品类TOP3。

调研结果表明，2025年，女性对于情绪及精神内核稳定的追求成为自我突破的关键词，58.1%的女性将此视为重要目标。90后职场女性张薇和80后二胎妈妈Hayley均表示，情绪稳定是内核强大的体现，通过读书、运动和自律等方式，她们努力保持内核稳定，以更积极地面对工作和生活。

女性在实现情绪稳定的过程中，丰富的人生经历、自律和努力以及个人经济实力成为主要支撑。面对情绪波动，睡觉、旅游和购物成为女性缓解压力的主要方式。未来，女性期待在情绪稳定、乐观心态、生活体验丰富、经济独立和持续学习等方面实现自我提升。

在消费领域，女性展现出多元化和理性的特点。健康健身、科技智能、自我提升和情绪疗愈成为2025年女性消费关键词。益生菌、体重管理和健身训练产品增长显著，女性在健康消费上重新定义"自我关怀"。同时，情绪疗愈价值的产品如创意绿植、毛绒玩具和香氛香薰也受到女性欢迎。

不同代际女性的消费主张呈现显著差异。00后注重悦己和情绪价值，80后平衡家庭责任与个人发展，60后追求品质和体验。

线上购物体验正在重塑节日消费形态，女性期待体验线上送礼功能，赋予社交场景更强的仪式感和节日感。这种"轻流程重体验"的消费模式成为节日经济新趋势。

---

① 新闻晨报. 女性代际消费差异：00后关注悦己和情绪价值、80后注重家庭和健康、60后追求品质和体验［EB/OL］.（2025-03-06）［2025-03-06］. https://baijiahao.baidu.com/s?id=1825811726752735779&wfr=spider&for=pc.（有改动）

市场调研在数字营销中至关重要，它能精准捕捉消费者需求，助力企业定位产品和服务，预测市场趋势，优化数字营销策略，显著提升竞争力。学习数字营销中的市场调研方法，能提升决策质量，避免主观臆断，培养市场敏感度，及时捕捉市场机遇与风险。同时，强化数据分析能力，运用大数据工具处理市场调研数据，为决策提供科学依据。市场调研还能激发创新思维，推动企业基于市场需求不断推出新产品和服务。在数字营销领域，具备市场调研能力的人才更具竞争力，为职业发展注入强劲动力。因此，市场调研及其学习方法对提升企业和个人竞争力至关重要。

8.1 认识调查问卷

8.1.1 问卷的基本内涵

1. 问卷概念

问卷（Questionnaire）是专为收集调查数据而设计的工具，它依据调查者的目的与需求精心构建，融合了问题序列、备选答案、详细说明及编码体系，形成了一种系统化的调查模式。作为深入了解被调查对象态度、意见及反馈的有效手段，问卷在市场调查领域得到了广泛运用。其显著特点包括：

（1）高度标准化。问卷内容构建于统一的问题框架、选项设置及回答格式上，确保对所有受访者实施一致性的标准询问，标准化构成了问卷的核心特质。

（2）利于定量分析。问卷，尤其是采用量表形式的问卷，为定量研究提供了坚实的基础数据，这些数据是进行深入统计分析、挖掘市场洞察的关键所在。

2. 问卷类型

问卷依据不同的分类标准，可被细分为多种类型。

（1）自填式问卷与访问式问卷。自填式问卷是由调查者分发或邮寄给被调查者，由其根据个人实际情况自行填写的问卷形式；访问式问卷则是由调查者依据预先设计的问卷或提纲，直接向被调查者提问，并根据其回答进行填写的问卷方式。

（2）结构式问卷与无结构式问卷。结构式问卷不仅包含一定数量的问题，而且问卷的设计具有明确的结构，要求按照特定的提问方式和顺序进行安排，以确保数据的系统性和可比性；相反，无结构式问卷在问题、顺序及提问方式上没有进行严格的设计和安排，仅提供一个大致的提纲，给予被调查者更多的自由表达空间。

（3）主体问卷与过滤问卷。主体问卷构成了问卷的核心内容，涵盖了问题、答案选项及编号等关键因素，用于直接收集所需信息；过滤问卷则专门用于对被调查者的资格进行筛选，以确保调查对象的准确性和针对性。

3. 问卷工具

问卷工具有很多，常用的平台有问卷星（www.wjx.cn）、腾讯问卷（wj.qq.com）、麦客表单（www.mikecrm.com）、金数据（jinshuju.net）、调查派（www.diaochapai.com）、问卷网（www.wenjuan.com）、番茄表单（fanqier.cn）、乐调查（www.lediaocha.com）、表单大师（www.jsform.com）、易表达（www.

yibiaoda.com）、飞书问卷（wenjuan.feishu.cn）、网易云商（b.163.com/home）、我要调查网（www.51diaocha.com），此外，Google Forms、调研家等工具也可进行问卷调查。这些问卷工具各有特色。下面我们将通过详细介绍问卷星的使用流程，让学生直观了解如何轻松生成高效的在线调研文档。

课堂讨论

对问卷星、腾讯问卷、麦客表单、金数据、调查派、问卷网、番茄表单、乐调查、表单大师、易表达、飞书问卷、网易云商、我要调查网等问卷工具进行深入调研，并详细阐述每个工具的应用特色。应用特色可以包括但不限于工具的易用性、功能丰富性、数据分析能力、模板多样性、价格策略、用户反馈、适用场景等方面。通过对比分析，可以更好地选择适合自己的问卷工具。

问卷星的使用方法具体如下：

（1）注册。在浏览器中输入问卷星的官网网址（www.wjx.cn），点击首页的"注册"按钮，按提示填写信息完成注册。用户名应简单好记，密码需包含字母、数字和符号以确保账号安全。同时，输入准确的邮箱地址以便接收重要通知。

（2）登录。使用新注册的信息登录。问卷星也支持微信、QQ和微博授权登录，点击对应的图标，按照授权提示操作即可。

（3）创建问卷。

1）选择问卷类型。登录后，点击"创建问卷"按钮，会弹出多种类型窗口，如调查、考试、投票等，根据需求选择。

2）创建空白问卷。想自主设计问卷，则选择"创建空白问卷"，输入一个体现核心的标题，然后点击"立即创建"进入编辑页面。

3）使用模板。问卷星提供了许多模板，涵盖市场、员工、学术等场景。可以根据需要在模板库中找到相关模板，点击"使用此模板"后进行修改。

（4）编辑问卷。

1）添加题目。在编辑页面点击"添加题目"，有单选题、多选题、填空题等题型可供选择。

2）题目设置。在编辑框右侧，可以设置题目是否必填，对于多选题可以设置是否允许多选、选项随机排列等，使问卷更合理。

3）逻辑跳转。对于复杂的问卷，可能需要设置逻辑跳转。在编辑页面左侧的"逻辑设置"中，可以根据前一个问题的选项设置后续问题的显示或隐藏。

4）问卷外观。点击"问卷外观"选项卡，可以为问卷上传封面图、设置背景颜色、输入说明文字等，以提升问卷的专业性和吸引力。

（5）发布问卷。

1）预览。发布前要点击"预览"按钮，检查题目、选项、逻辑跳转、排版和外观，有问题及时修改。

2）设置属性。在预览无误后，点击"完成编辑""发布此问卷"。在发布设置里可以设置发布和截止时间、填写次数限制等属性。

3）生成链接。发布后生成问卷链接，可通过发送邀请邮件，嵌入公司网站，分享至QQ、微博等方式将问卷链接发给填写者作答。

(6)查看与分析结果。

1)查看答卷。用户填写后,可以在后台的"分析&下载"选项卡查看答卷,了解填写情况和统计数据。

2)创建报表。在自定义报表中可以设置一系列筛选条件,根据答案做交叉分析和分类统计,还可以根据答卷情况筛选符合条件的答卷集合。

3)下载数据。如有需要,可在"分析&下载"选项卡选择"导出数据",将统计图表导出为Word文件保存、打印,或将原始数据导出为Excel格式,以便进行进一步分析。

通过以上步骤,就可以使用问卷星进行问卷调查了。

8.1.2 问卷的基本结构

一份完整的问卷通常由开头、甄别、主体、背景和结尾5部分构成。

1. 开头部分

开头部分包括问卷标题、说明词、填写说明和问卷的编号4部分。

(1)问卷标题。问卷标题是对调查主题的概括说明。问卷标题要求简明扼要,能引起兴趣。如"汽车消费状况调查""我与住房——×××区居民住房状况调查"等。

(2)说明词。说明调查者的身份、调查内容、调查目的、调查意义、抽样方法、保密措施和致谢等。说明词又称问候语或卷首语。要求简明扼要,不超过300字。例如:

尊敬的先生、女士:

您好!我是××公司的调查员,目前正在进行一项当地市民饮料消费状况的市场调查,希望得到您的支持。答案没有对错之分,请您根据实际情况和感受回答问题。您的回答将按照《中华人民共和国统计法》予以保密。对您的合作我们将奉上一份小小的礼品以示感谢。

(3)填写说明。向被调查者说明如何填写问卷、填表的要求、需要注意的问题等。在自填式问卷中要有仔细的填表说明。例如:

1)请在每一个问题后适合自己情况的答案号码上画圈,或者填上适当的内容。

2)若无特殊说明,每一个问题只能选择一个答案。

(4)问卷的编号。问卷的编号主要用于识别问卷、调查者、被调查者姓名和地址等,以便校对检查和更正错误。问卷编号一般在问卷右上角。

2. 甄别部分

甄别也称过滤,主要是确保被调查者符合调查研究的需要。例如:

您是大学生吗?是,请继续回答!不是,则终止访问。

3. 主体部分

问卷的主体部分聚焦问题和答案的设计及其编号。

(1)问题和答案是问卷的精髓所在。它们以提问的形式呈现给被调查者,供其选择和回答。这部分内容的设计质量,直接关系到调查者能否有效收集信息并实现调查目标。问卷中的问题主要分为两类:一类是事实、行为类问题,旨在揭示市场中的客观现象、人们的行为及其结果;另一类是观念、态度、意见类问题,用于深入了解被调查者的主观认识、消费偏好等。这两类问题在性质和作用上有所不同,因此需采用不同的询问方式和技巧。

（2）问题和答案的编号是将问卷中的调查项目转化为具体数字的过程，每个问题及答案都被赋予一个独特的数字代码。这一步骤对大多数市场调查问卷来说至关重要，因为它有助于分类整理数据，以便于进行计算机处理和统计分析。编码工作通常在问卷设计阶段完成，在调查结束后直接输入计算机，从而提高数据处理的效率和准确性。

4. 背景部分

背景部分主要指被调查者的背景资料。被调查者的背景资料是指被调查者的一些主要特征，如被调查者的性别、年龄、婚姻状况、文化程度、职业、收入等。通过这些项目，可以对调查资料进行分组、分类，以便后期进行统计分析。

5. 结尾部分

结尾部分包括记录调查员的姓名、访问日期、访问时间、访问地点等。目的是核实调查的执行和完成情况，并方便对调查员的工作进行监督和检查。有些极重要的调查还需要记录调查过程中有无特殊情况发生，以及被调查者的配合情况等。

以上5个部分是一份规范、完整的调查问卷所应具备的结构和内容。对于一些简单的调查问卷，可以省略一些部分，无须面面俱到。

8.2 设计调查问卷

问卷设计是由一系列相关的工作过程构成的。为使问卷具有科学性、规范性和可行性，问卷设计一般要经过前期准备、设计问卷和后期检查3个阶段。

8.2.1 前期准备阶段

前期准备阶段主要是确定调查目标和内容、确定调查所需资料及确定调查方法等。

1. 确定调查目标和内容

确定为什么要进行这项调查。明确调查目标是调查设计的首要问题，只有确定了调查目标，才能确定调查的范围、内容和方法，否则就会列入一些无关紧要的调查项目，而漏掉一些重要的调查项目，无法满足调查的要求。

2. 确定调查所需资料

在对二手资料进行收集和评判的基础上，以研究目标和内容为依据，考虑经费和时间限制，科学确定调查所需的资料和来源范围。

3. 确定调查方法

获得调查数据可以有多种方法，主要有访问、电话调查、邮寄调查和网络调查等。每一种方法对问卷设计都有影响，应根据不同的研究问题和目的合理确定恰当的调查方法。

8.2.2 设计问卷阶段

设计问卷阶段的主要任务包括提问项目的设计、回答项目的设计、问题顺序的设计及版面格式的设计。

1. 提问项目的设计

设计提问项目的技巧和注意事项包括：

（1）措辞的选择。

1）用词要确切。有些量词在不同人看来意义是不同的，如多和少、经常和一般等。因而，提问一定要准确，避免晦涩。例如：

"您是否经常看电影？"应改为"您上个月看了几次电影？"。

2）用词要通俗。提问要避免专业性词汇，以提高被调查者的参与率。例如：

"您对哪个ISP（互联网服务提供商）的服务比较满意？"应改为"您对哪个网络服务提供商的服务比较满意？"。

（2）避免否定形式的提问。否定往往是肯定地强调。在调查中如用否定的提问会让被调查者有一种被强迫同意的感觉。例如：

"您觉得这种产品的新包装不美观吗？"应改为"您觉得这种产品的新包装美观吗？"。

（3）一项提问只包含一项内容。

一项提问如果包括多项内容，会让被调查者无所适从，尤其是当多项内容互相矛盾时。例如：

"您觉得这部新款轿车的加速性能和制动性能怎么样？"应改为两个问题：

1）您觉得这部新款轿车的加速性能怎么样？

2）您觉得这部新款轿车的制动性能怎么样？

（4）避免诱导性提问。在诱导情况下，往往不能得到被调查者对事物的客观评价。例如：

"您认为在中国汽车工人有可能失业的情况下，一个爱国的中国人应该购买进口汽车吗？"应改为"您会购买进口汽车吗？"。

（5）尽量避免使用"为何"的问句。"为何"方式的提问会让被调查者感到一种压迫感，应尽量避免。例如：

"您为何购买华为手机？"应改为"您购买华为手机是被它的哪一点所吸引？"。

（6）问句要考虑时间性。时间太过遥远，被调查者将不愿花时间去回忆思考。例如：

"您去年家庭生活费支出是多少？"应改为"您家上个月生活费支出是多少？"，然后由被调查者根据其他相关信息进行推算。

（7）避免推算和估计。如果被调查者需计算和估计才能回答问题，他很可能随意回答，甚至拒绝回答。例如：

"您家每年平均每人的生活费用是多少？"应改为两个问题：

1）您家每月（或每周）的生活费是多少？

2）您家有几口人？

（8）避免敏感性和隐私问题。敏感性和隐私问题往往会引起被调查者的防备，使其产生抵御心理，甚至拒绝合作。例如：

对于"您是否逃过税？逃过几次？余额为多少？"等问题应采用投石问路、旁敲侧击等方式询问。

2. 回答项目的设计

回答项目的设计技巧和注意事项主要包括答案要穷尽、互斥，答案中尽量不用贬义词，单选题的答案设计不宜过多,答案设计要提高可读性等。

3. 问题顺序的设计

问题顺序的设计主要是要吸引被调查者的兴趣,让被调查者能够顺利做完问卷。具体来讲,要注意:问题的安排应该具有逻辑性,问题的安排应该先易后难,能引起被调查者兴趣的问题应放在前面,按信息的类型对问题进行排序,综合性问题要放在具体问题之前,开放式问题放在后面。

4. 版面格式的设计

问卷版面的设计要做到简洁、明快,便于阅读;装订整齐、美观;便于携带、便于保存等。

纸质版问卷版面的设计应注意:避免为节省用纸而挤压卷面空间;同一个问题应排版在同一页;问题按信息的性质可分为几部分,每部分中间以标题区分;调查问卷用纸尽量精良,超过一定的页数,应装订成册。

8.2.3　后期检查阶段

后期检查阶段的主要任务为问卷评估、问卷预先测试、问卷修正和问卷印刷。

1. 问卷评估

问卷评估的内容包括:问题是否必要;问卷是否太长;问卷是否回答了调研目标所需的信息;邮寄和自填式问卷的外观设计是否美观,避免看上去杂乱无章;是否给开放式问题留有足够的空间;问卷中的说明应当用明显字体。

2. 问卷预先测试

当问卷已经获得各方认可后,还必须进行预先测试。由最终将进行实地调查的优秀访问人员对调查的目标应答者以最终访问的相同形式实施调查。问卷预先测试的目的是寻找问卷中存在的错误解释、不连贯的地方、不正规的跳跃模式、为封闭式问题寻找额外的选项以探寻应答者的一般反应。对预先测试获得的数据,研究人员应当考虑进行编码、制表和常规的统计分析。

3. 问卷修正

在预先测试完成后,任何需要改变的地方均应当切实修改。在进行实地调查前应当再一次获得各方的认同,如果预先测试导致问卷产生较大的改动,应进行第二次测试。

4. 问卷印刷

在问卷修正完毕、所有需要调整之处均已切实修改后,方可进入印刷环节。在进行实地调研前,需确保印刷版本的问卷内容与各方最终确认的版本完全一致,并再次获得各方的正式认同。若修正过程中导致问卷结构或内容产生重大变更,建议在印刷前对修改后的问卷进行第二次预先测试,以验证新版本在实际使用中的可行性和有效性,确保调研数据的准确性和可靠性。

案例分析

新品数量是去年的10倍!天猫快消行业3月迎来新品爆发[①]

作为上半年最重要的新品发布节点之一,2025年天猫3月上新季吸引了众多品牌商家积极

[①] 雷锋网. 新品数量是去年的10倍!天猫快消行业3月迎来新品爆发[EB/OL]. (2025-03-05)[2025-03-06]. https://www.leiphone.com/category/industrynews/sQ3zX766OrRaPL4R.html.

参与,首发新品数量创新高。以快消行业为例,数据显示,美妆、个护等品类的品牌新品数同比激增近 10 倍,其中不乏国际大牌和国货品牌重磅新品的独家首发。

国际品牌加速押注天猫新品赛道。香奈儿携可可小姐香水珍珠链条限定款登陆天猫,打造首发阵地;TOMFORD 推出"细黑管"唇颊多用棒,抢占品类蓝海;PRADA 气垫、DIOR 烈艳蓝金唇膏新年版等奢侈品也集中亮相。

国货品牌持续加码,新品同样亮眼。夸迪悬油次抛 2.0、薇诺娜清透防晒乳、珀莱雅轻享阳光防晒等新品密集上新,抢占春季消费高峰。韩束"X 肽光子精华""三八"大促天猫首发,期望与天猫携手打造"超级单品"。

从品类上看,防晒和底妆产品上新最为集中。超 40 款底妆产品,50 款防晒产品一次性上架,其中就包括了 NARS 超水光气垫、迪奥锁妆气垫、珀莱雅持妆油皮气垫、雅诗兰黛 SHUSHU/TONG 联名气垫、安热沙智感倍护防晒乳液、薇诺娜清透防晒乳新包装等。

据悉,此次 3 月上新季,品牌新品的站内投入同比翻了近两番,更通过明星代言、跨平台联动放大声量,展现出对天猫作为新品首发阵地的信心。譬如,理肤泉超级 B5 精华天猫首发之际,也官宣中国乒乓球运动员孙颖莎成为理肤泉品牌修护代言人(精华及面膜),并推出新品"孙颖莎超级 B5 礼盒",邀请孙颖莎在理肤泉直播间开展"云见面会"。消息一经发布,理肤泉的新品礼盒就被"疯抢",首日爆卖数万件,当日天猫店铺销售额创品牌历史 IP 新高。

为加速新品成长,天猫推出多维扶持计划,包括首页流量倾斜、搜索推荐加权、直播补贴等资源矩阵,助力品牌缩短冷启动周期。

品牌也迎来了真正的"上市即爆发"。数据显示,天猫"三八"焕新周开卖四小时,美妆品牌集体迎来大幅增长。

其中,奢美品牌如迪奥美妆同比增长 150%,SISLEY 同比增长近 190%,SK Ⅱ 同比增长 140%,CPB 同比增长超 120%,赫莲娜同比增长 105%⋯⋯国货品牌如毛戈平同比增长近 100%,彩棠同比增长 126%,韩束同比增长近 200%,林清轩同比增长 417%⋯⋯个护品牌也集体大涨,如自由点同比增长 113%,海飞丝同比增长 128%,卡诗同比增长 120%。

天猫相关负责人表示,2025 年,天猫平台将进一步深化与品牌的共创能力,让更多超级新品实现"上市即爆发"。随着消费需求持续升级,天猫 3 月上新季正成为全球品牌开拓市场、引领趋势的核心战场。

问题:

通过以上内容,请同学们调研品牌商家在天猫 3 月上新季期间采用的数字营销策略,如新品首发策略、明星代言选择、跨平台联动方式等,并分析这些策略的特点和优势。

实战演练

数字营销问卷设计实践:以调研华为市场问卷为例

1. 实践背景

问卷设计是数字营销中获取用户反馈、优化产品和服务的重要手段。本次实践调研作业以华为(Huawei)智能手机市场调研为例,帮助学生掌握数字营销问卷设计的基本原则与实践方法,并通过实际调研活动提升数据分析和问题解决能力。

2. 实践目的

★理解调查问卷的基本概念及其在数字营销中的重要性。

★学会根据实际需求设计一份有效的市场调研问卷。

★培养数据收集、分析和报告撰写能力。

★提升团队协作与创新思维能力。

3. 实践对象

★调研行业：信息与通信技术行业。

★调研企业：华为。

请同学们结合调研结果，在以下空白处填写你对华为的认识，分享你的发现与见解。

华为是一家全球领先的信息与通信技术解决方案提供商，专注为全球客户提供端到端的信息与通信技术解决方案和服务。其业务涵盖了_____、_____、_____、_____及_____等领域。华为不仅提供路由器、交换机、无线通信设备等电信网络设备，还涉及服务器、存储、云计算等IT解决方案，同时生产智能手机、平板电脑、智能穿戴设备等智能终端产品，并提供公有云、私有云和混合云服务。此外，华为在AI领域也有显著投入，开发了一系列AI产品和服务，如AI芯片、AI平台等。因此，可以说华为是一家综合性的高科技企业，在信息与通信技术行业具有举足轻重的地位。

4. 实践内容与步骤

本次实践调研作业分为4个阶段：前期准备与调研设计、问卷设计与优化、数据收集与分析、总结与报告撰写。实践内容与步骤见表8-1。教师根据各组提交的报告、汇报表现及团队协作情况，进行综合评分，实践评价见表8-2。

表8-1 实践内容与步骤

任务阶段		任务内容	交付成果
第1阶段：前期准备与调研设计（1天）	任务1：确定调研主题与目标	1. 调研主题： 华为智能手机用户需求与满意度调研 2. 调研目标： （1）了解用户对华为智能手机的功能需求与使用体验 （2）分析用户对华为品牌的认知与忠诚度 （3）评估华为智能手机的市场竞争力 （4）提出优化产品与服务的建议	调研方案文档（包括调研主题、目标、方法、工具及团队分工等）
	任务2：设计调研方案	1. 调研方法： （1）文献研究：查阅问卷设计的相关理论与案例 （2）数据分析：收集华为智能手机的公开数据（如用户评价、销售数据等） （3）用户调研：设计问卷并收集用户反馈 2. 调研工具： （1）数据分析工具：Python、Excel、Tableau等 （2）问卷工具：问卷星、Google Forms等 （3）文献检索工具：知网、Google Scholar等	
	任务3：团队分工与时间规划	1. 团队分工： （1）问卷设计组：负责设计问卷并优化问题 （2）数据收集组：负责问卷发放与数据收集 （3）数据分析组：负责数据整理与分析 （4）报告撰写组：负责整理调研结果并撰写报告 2. 时间规划： 明确各阶段的时间节点和交付成果	

续表

任务阶段	任务内容		交付成果
第2阶段： 问卷设计 与优化 （2天）	任务1： 问卷设计	1. 问卷结构： （1）基本信息：年龄、性别、职业等 （2）使用行为：购买渠道、使用频率、主要功能等 （3）满意度评价：对产品功能、售后服务、品牌形象的满意度 （4）需求与建议：用户对华为智能手机的需求与改进建议 2. 问题类型： 单选题、多选题、量表题（如1~5分评分）、开放式问题 3. 设计原则 （1）问题简洁明了，避免歧义 （2）问题顺序合理，逻辑清晰 （3）问卷长度适中，控制在10~15分钟内完成	问卷设计文档 （包括问卷内容、 设计原则、优化 过程）
	任务2： 问卷优化	1. 预测试： 选择10~20名目标用户进行问卷预测试 2. 优化建议： 根据预测试反馈，调整问题表述、顺序和类型 3. 最终定稿： 确定最终版问卷，准备正式发放	
	任务3： 数据初步分析	1. 数据质量评估： 检查数据的完整性、准确性和一致性 2. 数据分类： 根据数据类型（如组织结构数据、营销活动数据等）进行分类整理	
第3阶段： 数据收集 与分析 （3天）	任务1： 数据收集	1. 问卷发放： 通过社交媒体、邮件、线下活动等渠道发放问卷 2. 数据回收： 确保回收有效问卷不少于200份	数据收集与整理 报告（包括数 据来源、样本 量、数据质量评 估等）、 数据分析结果 （包括图表和初 步结论）
	任务2： 数据整理	1. 数据清洗： 剔除无效问卷（如填写不完整、逻辑矛盾等） 2. 数据分类： 根据问卷维度（如使用行为、满意度评价等）进行分类整理	
	任务3： 数据分析	1. 描述性分析： 分析用户基本信息、使用行为和满意度评价的分布情况 2. 相关性分析： 分析用户满意度与品牌忠诚度的相关性 3. 需求分析： 总结用户对华为智能手机的需求与改进建议	
第4阶段： 总结与报告 撰写 （1天）	任务1： 总结调研成果	1. 调研回顾： 总结整个调研过程与成果 2. 经验教训： 分析调研中的成功经验与不足之处 3. 未来展望： 提出华为智能手机市场调研的未来发展方向	调研报告与展示 PPT

续表

任务阶段	任务内容		交付成果
第4阶段：总结与报告撰写（1天）	任务2：撰写调研报告	报告结构： （1）引言：调研背景与目的 （2）调研方法：数据收集与分析过程 （3）调研结果：数据分析与案例研究结果 （4）结论与建议：总结调研成果并提出优化建议 （5）报告格式：图文并茂，逻辑清晰，语言简洁	
	任务3：团队展示与答辩	1. 展示内容： 以PPT形式展示调研过程与成果 2. 答辩环节： 回答评委（教师或其他学生）的提问，进一步阐述调研中的思考与收获	

表8-2　实践评价

实践题目						
完成时间						
学院						
姓名		年级		班级		
成绩评定	评价内容	评价标准	分值	教师评价（占比60%）	个人评价（占比40%）	实际得分
	调研设计与执行能力	1. 调研方案的合理性与执行效果 2. 团队分工与时间规划的合理性	20			
	数据分析能力	1. 数据收集的全面性 2. 分析方法的科学性 3. 结论的准确性	20			
	案例研究能力	1. 案例分析的深度与广度 2. 优化建议的可行性	20			
	报告撰写与展示能力	1. 报告的逻辑性、完整性 2. 展示的吸引力	20			
	汇报表现	内容完整，表达清晰，视觉美观，互动流畅，自信专业	20			
		总分				

德育天地

利欧数字"双投手范式"：AI赋能营销，驱动品牌新增长[①]

随着数字媒体和平台的多样化复杂化，传统的营销模式已难以满足品牌日益增长的需

[①] Ethan Yin. 组织设计系列3：案例分析——华为组织变革历史［EB/OL］．（2024-01-24）［2025-01-13］．https://www.zhihu.com/tardis/zm/art/617400616．

求。如何在海量的数据和信息中精准定位目标受众，实现高效的内容生产和广告投放，成为营销行业亟待解决的问题。随着AI技术的崛起，数字营销行业正经历着前所未有的变革。作为国内较早一批布局AI在数字营销领域应用的企业，利欧数字凭借"LEO AIAD"与"利欧归一"两大创新产品，正为营销行业提供全新的解决方案。

"LEO AIAD"是利欧数字推出的AIGC生态平台，它打通了从文字到图片再到视频的工作流各个维度和生产过程中的所有环节，以人智协同的各项功能重新定义了营销人的工作流程。这一平台不仅大幅提升了内容生产的效率，更通过智能化的创意生成，为数字营销注入了新的活力。在内容制作方面，"LEO AIAD"能够自动生成高质量的图文和视频内容，极大地减轻了营销人员的工作负担，同时提高了内容的创意性和吸引力。

而"利欧归一"则是利欧数字在营销领域推出的大模型，它基于通用L0级语言模型，并结合了利欧长期积累的大量营销行业知识、投放经验以及对客户需求的理解，能够适配不同平台的投放工作流，形成从核心模型层到工具产品层的综合型解决方案。通过"利欧归一"，企业能够更精准地定位目标受众，优化广告投放策略，从而实现更高的转化率和ROI。

利欧数字利用"LEO AIAD"和"利欧归一"两大平台，共同打造了面向营销全行业的新品"双投手范式"（人类投手+AI投手），实现人类智慧与AI技术优势深度融合与协同效应最大化。人工智能AI投手，其中包括了AI搜索投手、AI电商投手、AI短剧投手，其中AI搜索投手和AI短剧投手在全行业率先发布，在搜索、短剧两大营销场景广泛应用。"人类投手"把控大局，主要负责制定投放策略与创意洞察，"AI投手"则作为智能助手，高效执行投放任务和创意内容的生成。这种创新模式不仅充分发挥了人类投手的专业经验，还借助AI的强大数据处理和自动化能力，显著提升了搜索和短剧投放的效率，通过创新的"双投手范式"，实现人类智慧与AI技术优势深度融合与协同效应最大化。

以某头部互联网企业旗下的SaaS产品为例，该广告主虽手握千万量级的投放词包，却面临实际投放有效关键词展现量不到30%的困境，尽管投放预算充足，但放量受阻。通过"AI搜索投手"的技术优势，不仅解决了放量难题，还实现了广告点击率和付费转化率的显著提升。在不提升流量成本的基础上，AI投手帮助广告主成功抢占更多广告点击机会，最大化盘活流量价值。

随着AI技术的不断发展和应用，"AI搜索投手""AI电商投手"和"AI短剧投手"将帮助企业在投流素材生产、账户基础建设、优化策略执行等方面，充分释放AI营销生产力。未来，利欧数字也将不断优化和升级"LEO AIAD"与"利欧归一"两大产品，为营销行业提供更加智能化、高效化的解决方案，助力品牌全面增长，共创营销新未来。

案例以利欧数字为例，展示了AI技术对数字营销行业的颠覆性影响，为学生提供了宝贵的启发。首先，学生应认识到技术变革的重要性，积极学习AI相关知识，提升自身技能，以适应未来行业发展需求。案例介绍的"LEO AIAD""利欧归一"等创新产品，以及"双投手范式"等新型营销模式，提示学生要关注行业最新动态，了解前沿技术和应用场景，为未来职业发展做好准备。其次，案例还展示了AI技术如何解决传统营销模式中的痛点问题，启发学生培养创新思维，学会运用新技术解决实际问题，提升自身价值。最后，案例强调了人类智慧与AI技术的协同效应，提醒学生注重团队合作，学会与不同背景的人协作，发挥各自优势，共同完成任务。总之，学生应积极拥抱技术变革，关注行业趋势，培养创新思维和团队合作精神，为未来职业发展奠定坚实基础。

本章小结

本章深入探讨了调查问卷在数字营销中的重要性及其应用。

首先，明确了调查问卷的基本概念，理解了问卷作为收集目标受众信息、评估市场趋势和顾客需求的重要工具，在数字营销策略制定和实施中的关键作用。问卷的类型多样，适应不同的调查需求和场景，为我们提供了丰富的数据收集手段。

其次，详细剖析了调查问卷的基本结构，从开头部分的引导语、甄别部分的筛选条件，到主体部分的核心问题、背景部分的受访者信息，再到结尾部分的感谢语，每一部分都承载着特定的功能和作用，共同构成了问卷的完整框架。

再次，在设计调查问卷的前期准备阶段，强调了确定调查目标和内容、确定调查所需资料及确定调查方法的重要性。这些前期工作为问卷设计的顺利进行奠定了坚实的基础。

复次，进入设计问卷阶段，深入学习了提问项目、回答项目、问题顺序和版面格式等关键因素的设计原则和方法。通过合理的提问和回答设计，我们可以有效地引导受访者提供准确、有用的信息；而恰当的问题顺序和版面格式能提升问卷的易读性和受访者的填写体验。

最后，掌握了后期检查阶段的工作流程，包括问卷评估、问卷预先测试和问卷修正的方法。这些步骤对于确保问卷的有效性和可靠性至关重要，能够帮助我们及时发现并修正问卷中的潜在问题，从而收集到更加准确、有价值的数据。

通过本章的学习，我们全面了解了调查问卷在数字营销中的应用和设计流程，为未来的市场调研和数据分析工作打下了坚实基础。

微课资源

微课视频

参考文献

[1] 黄劲松. 数字营销学[M]. 北京：机械工业出版社，2024.

[2] 周青，王雷，陈畴镛. 数字营销：浙江省大学生经济管理案例竞赛优秀案例精选[M]. 西安：西安电子科技大学出版社，2024.

[3] 韩红梅，王佳. 数字营销基础与实务（微课版）[M]. 北京：人民邮电出版社，2023.

[4] 阳翼. 数字营销（第3版）[M]. 北京：中国人民大学出版社，2022.

[5] 李永平，董彦峰，黄海平. 数字营销[M]. 北京：清华大学出版社，2021.

[6] 周茂君. 数字营销概论[M]. 北京：科学出版社，2019.

[7] 曹虎，王赛，乔林，等. 数字时代的营销战略[M]. 北京：机械工业出版社，2017.

[8] 查菲，查德威克. 数字营销：战略、实施与实践（第7版）[M]. 王峰，韩晓敏，译. 北京：清华大学出版社，2022.